Gefährliche Ferien Bretagne und Atlantikküste

mit Martin Walker,
Fred Vargas und Alex Capus

Ausgewählt von Anna von Planta

Diogenes

Mitarbeit: Shelagh Armit
Nachweis am Schluss des Bandes
Covermotiv: Foto von Mathias Rehberg,
›Ploumanae'h, Leuchtturm‹
Copyright © Mathias Rehberg

Diogenes Taschenbuch 24486

Inhalt

Zwei Freunde unterwegs durch die Bretagne

Am 1. Mai 1847, morgens um halb neun, haben die beiden Monaden, deren Verbindung dazu dienen wird, die folgenden Bögen zu schwärzen, Paris mit dem Ziel verlassen, zwischen Farnkraut und Ginster oder auf den weiten Sandstränden am Meeressaum unbeschwert Atem zu schöpfen. Sie hatten keinen anderen Ehrgeiz, als nach einem von Wattewolken geflockten, klaren Stück Himmel zu suchen oder auf der Rückseite einer weißen Klippe, versteckt unter Stechpalmen und Eichen, zwischen Fluss und Hügel, eines jener armen kleinen Dörfer zu entdecken, wie sie noch zu finden sind, mit Holzhäusern, Wein, der die Wände hochrankt, Wäsche, die auf der Hecke trocknet, und Kühen an der Tränke.

Auf ein andermal, auf später die großen Reisen um die Welt, auf dem Rücken von Kamelen, auf türkischen Sätteln oder unterm Baldachin auf Elefanten; auf ein andermal, wenn es denn je dazu kommt, das Schellengeläut andalusischer Maultiere, die verträumten Wanderungen in der Maremma und die Melancholien der Geschichte, die mit dem Dunst der Morgendämmerung aus der Tiefe jener Horizonte aufsteigen, wo sich die Dinge zugetragen haben, die man sich aus alten Büchern zusammenspinnt.

Heute ziehen wir los, ohne ihn allzu sehr aufzugeben, den Platz am Kamin, wo man seine Pfeife und seine Träumereien zurücklässt, um sie fast warm noch wiederzufinden, und, ohne die geringste Qual von Abschiedsschmerz, mit Rucksack, Nagelschuhen an den Füßen, Knotenstock in der Hand, Rauch auf den Lippen und Grillen im Kopf querfeldein zu laufen, um in Herbergen in großen Himmelbetten zu schlafen, wenn es geregnet hat unter den Bäumen die Vögel singen zu hören und sonntags die Bäuerinnen mit ihren hohen weißen Hauben und ihren dicken roten Röcken unter der Kirchentür aus der Messe kommen zu sehen, und was noch? gewiss, um sich das Fell zu verbrennen und vielleicht, um sich Flöhe einzufangen?

So kam es denn, dass zwei vernunftbegabte Wesen (Definition des Menschen in Büchern) sieben Monate lang über Muster, Farbe, Form, Ausführung und passende Zusammenstellung folgender Dinge nachgedacht haben, als da sind:

Ein Hut aus grauem Filz;

Ein Stock für Pferdehändler (eigens aus Lisieux gekommen)

Ein Paar derbe Schuhe (weißes Leder, Nägel in Form von Krokodilzähnen)

dito aus Lackleder (Stadtkostüm für diplomatische Besuche, wenn sich welche ergeben, oder für Fahrten nach Paphos, falls uns zufällig die Gänse jener göttlichen Schönheit im Wagen der Göttin entführen sollten)

Ein Paar Ledergamaschen (passend zu den derben Schuhen); dito aus Tuch (um an Lackschuhtagen unsere Socken vor Staub zu schützen);

Eine Leinenjacke (Stallburschenschick)

Eine Leinenhose (ordentlich weit, um in die Gamaschen gesteckt zu werden)

Eine Leinenweste (deren eleganter Schnitt die Gewöhnlichkeit des Stoffes ausgleicht)

Dazu füge man den gleichen Anzug noch einmal aus Tuch, außerdem ein vorzügliches Messer, zwei Feldflaschen, eine Pfeife aus Holz, drei seidene Hemden, was ein Europäer so für seine Tagespflege braucht, und dann hat man das Drum und Dran, in dem wir in der Bretagne aufgetaucht sind, in dem wir ein paar Wochen lang bei Sonne und Regen gelebt haben: über einen Anzug für den Ball wurde nie liebevoller nachgedacht, und ganz sicher wurde er nie mit so wenig Bedenken getragen.

Die Kanone donnerte, um den König zu feiern, die Nationalgarden schickten sich an, in ihrer Uniform das Kinn zu recken, und die Zündmeister der fürstlichen Verwaltung bereiteten ihren Talg für die abendliche Feierlichkeit vor, als wir nach dem Abschied von unseren beiden Freunden Fritz und Luigi in unseren Eisenbahnwagon stiegen; der Schlag wurde geschlossen; das eiserne Biest schnaubte wie ein ungeduldig stampfendes Pferd, und wir fuhren ab.

*

Guérande ist jetzt nur noch eine kleine Stadt, die von hübschen Mädchen mit hohen Hauben geschmückt wird. Früher, in den Kriegen der Bretagne, spielte sie eine wichtige Rolle, die sie sicher ganz vergessen hat. 1340 nahm der für Charles de Blois kämpfende Louis d'Espagne die Stadt ein und plünderte sie: man vergewaltigte, man raubte wie im Land von Ungläubigen; am 11. April 1356 dann, acht Monate nachdem die Schlacht von Auray dem Kampf der Kronbewerber ein Ende gesetzt hatte, wird in Guérande ein Abkommen unterzeichnet, das Jean de Montfort als obersten Herzog der Bretagne anerkennt und bestimmt, dass keine Mädchen die herzogliche Thronfolge antreten, solange es männliche Nachkommen der bretonischen Linie gibt. Die Comtesse Jeanne de Blois behielt ihr ererbtes Herzogtum von Penthièvre und bekam als Entschädigung die Grafschaft von Limoges und andere Ländereien; ihre Söhne blieben jedoch nichtsdestoweniger Gefangene in London. Später, am 4. April 1381, schlossen hier der Duc Jean iv und Charles vi von Frankreich auf Ersuchen der bretonischen Stände Frieden, und 1431 wurde die Stadt durch Jean v mit einem Ring von Festungswerken umgeben, die immer noch da sind und die wir besichtigten.

Sie sind nicht mehr schrecklich und auch nicht mehr kriegslustig, jetzt sehen sie freundlich, dick und behäbig aus: die Zeit ist darüber hinweggegangen; unter ihren harmonischen Farben hat sie alle Diskrepanzen gelöscht; zwischen die Steine hat sie die ausdauernden Pflanzen gesät, die ihr die Natur verliehen hat und die mit ihren grünen Büscheln die Schießscharten der Artillerie und die lückenhaften Zinnen verbergen. Die einst tiefen und unüberwindlichen Gräben sind nur noch friedliche Teiche, wo die Vögel trinken, wo der Wind das Schilf zum Wogen bringt, wo sich tausenderlei junges Grün ausbreitet, das in seiner schönen feuchten Zuflucht glücklich gedeiht. Hier und da schwingen sich die Wände zu dickbauchigen Türmen auf, gekrönt von Pechnasen, hinter deren zerbröckelten oder verschwundenen Brüstungen die Wipfel der Bäume in den inneren Gärten zum Vorschein kommen. Ein kleiner Winkel vor allem ließ uns durch seine liebliche und befriedete Ausstrahlung verharren. Die Festungsmauer erstreckte sich zwischen zwei Geschütztürmen, auf die das Licht große, violette Schatten warf; unter ihnen waren vier oder fünf Pappeln und ein paar dichtbelaubte, dicke Brombeerbüsche gewachsen; an der Seite hatte sich Efeu daran geklammert, während auf dem Vorsprung der umgestürzten Pechnasen Goldlack blühte. Die Wasserlinsen bedeckten den Graben mit einem einheitlichen und flachen grünen Teppich; an den Rändern wucherte das Gras und reichte bis zu einer kühlen Allee von Kastanien und Linden. Dort und sonst nirgends werden die Liebespaare von Guérande, wenn der Abend gekommen ist, umherspazieren, sich dabei um die Taille fassen, sich fest an der Hand halten und sich in ihre Blicke versenken. So liegt in bestimmten Orten, bestimmten Dingen eine gewisse Idee, die zu ihnen gehört und untrennbar mit ihnen verbunden ist. Im Petersdom von Rom denkt man an Luther, der Anblick eines Tigers versetzt einen an die Ufer des Ganges, wenn die Sonne untergeht und die Nilpferde, den Bambus unter ihren Füßen zermalmend, zum Trinken kommen; beim Heiraten denkt man an den Tod und bei den Werken von Monsieur Villemain ans Schlafen.

Als wir weiter um die Stadtmauern schlenderten, kamen wir bis zu einem Platz, wo Bauern, Bäuerinnen, Ochsen, Pferde, Händler und Hunde durcheinanderwogten. Es war Markttag in Guérande, und die zu zweit angeschirrten gedankenverlorenen Ochsen schienen verwirrt von dem Getöse, das sich um sie erhob. Wir bahnten uns mühsam einen Weg durch die versammelte Menge und gelangten bis zu einer Blechhütte, vor der ein Mann trommelte und ein großes Bild zeigte. Der Mann war ein Kerl von ungefähr fünfunddreißig Jahren, breitschultrig, kräftig, mit einem klugen Kopf auf seinem muskulösen Hals, weißen Zähnen und krausem Haar. Er sprach mit absolut südländischer Lebhaftigkeit. Das Bild war eine große Schautafel, die eine rote Kuh und ein weißes Schaf zeigte, welche mitten auf dem Körper menschliche Arme hatten. Um sie herum gerieten Damen mit gelben Hüten, Soldaten mit goldenen Epauletten und Herren in blauen Anzügen in Verzückung. Der Mann lud alle ein, sich für die Kleinigkeit von zwei Sous seine beiden jungen Naturwunder anzusehen: in Erwartung einer Enttäuschung gingen wir hinein, sie trat nicht ein, und wir sahen, was versprochen worden war, das heißt, das Schaf und die Kuh, auf dem Rücken behindert von einem Auswuchs, der annähernd die Form eines Arms besaß. Wir hatten damit gerechnet, uns von einer dicken Lüge zu überzeugen, und mussten bedauernd nichts als die Wahrheit feststellen: wir waren darüber erstaunt und sogar schockiert, so wahr es ist, dass man gerade auf Kosten der Wahrheit nicht gerne betrogen wird.

Am Morgen nach diesem zur Betrachtung der Stadtmauern von Guérande und der Kapitelle seiner Kirchen so gut verwendeten Tag brachen wir sehr früh auf, denn wir hatten eine lange Strecke bis zu unserem Nachtquartier zurückzulegen. Die Frösche quakten noch, als wir an ihnen vorüberkamen; der Wind war kühl und der blassblaue Himmel überzog sich mit weißen Wolken, lose wie fliegende Mähnen. Der Weg führte durch ein kahles Gelände ohne Vegetation, bisweilen gesprenkelt durch Haufen von grauen Häusern, die sich um einen spitzen Kirchturm versammeln. So wandelten wir, ohne etwas Besonderes neben uns zu erblicken, vor uns hin und kamen nach Piriac, einem am Meer liegenden kleinen Marktflecken. Er wird von Fischern bewohnt, und doch sahen wir kein einziges Netz an den Mauern trocknen, an denen sich der angewehte Sand häuft und die Straßen füllt. Während in der widerlichen Spelunke, in der wir eingekehrt waren, unser Déjeuner zubereitet wurde, machten wir einen Besuch beim Bürgermeister, für den wir einen Empfehlungsbrief hatten.

Man bekommt schwerlich etwas Schmutzigeres und Schmierigeres zu Gesicht als diesen Herrn, der sich dennoch einer Rente von fünfzehntausend Pfund erfreut. Seine Füße wanderten in zerfransten und löchrigen Straßburger Filzpantoffeln einher; er hüllte sich in einen blauen Schlafrock, dessen zweifelhafte Farben unter dicken, glänzenden Fettschichten verschwanden, und ich weiß nicht, was öliger war, die Mütze, die er lüpfte, um uns zu begrüßen, oder der Kopf, den er entblößte. Dieser abstoßende Mensch führte uns in eine Art Arbeitszimmer, das zugleich als Bibliothek diente. Die Regale bogen sich unter der Last des gesammelten *Moniteur* und der Handbücher Roret. Nachdem er uns ziemlich unwirsch zwei oder drei Auskünfte gegeben hatte, für die wir ihn aufgesucht hatten, ließ er uns in den ersten Stock seines Hauses steigen und das Land mit einem Fernrohr betrachten, das er äußerst sorgfältig mit einem Flanelltuch abwischte und putzte. Ein ziemlich dicker Nebel verdunkelt den Horizont und wir erkennen kaum die mitten im Meer hinter einer Dunstwand versunkene Île Dumet.

Schnell verlassen wir die Höhle dieses stinkenden Dummkopfs. Rasch schlingen wir ein aus Eiern und Kalbfleisch zusammengestelltes Déjeuner hinunter: oh! das Kalbfleisch!

Axiom: Kalbfleisch ist gegen Rinderfilet, was Sainte-Beuve gegen Victor Hugo ist.

Wir gehen über den Strand, wo ein paar Boote ohne Masten noch Segelwerk ohnmächtig auf der Seite liegen, und steigen in den Kahn, der uns zur Île Dumet bringen soll. Man hisst die Fock, der Patron setzt sich ans Ruder und wir ziehen los. Der Himmel war grau von Wolken, ein paar Regentropfen fielen, der Wind frischte auf und das wogende Meer spritzte in Schaumfetzen zu uns herauf. Wenn der Kiel unseres Bootes durch die Welle schnitt, neigte sich das Schiff unter der Last seines geblähten Segels. Der Patron war ein alter Seemann, der wenig redete und den Kurs nicht aus den Augen ließ. In eine mit tausend verschiedenen Flicken besetzte Jacke gekleidet, nahm er sich gut aus mit seiner Mütze aus brauner Wolle und seinem mit weißem und rotem Haar melierten Bart. Wenn man ihn sah, ahnte man, dass er sein Leben auf etlichen Meeren und unter etlichen Sonnen geführt hatte, bevor er bei diesen kurzen, kleinen Fahrten des täglichen Fischfangs angelangt war; aber er erzählte uns nichts von seiner Vergangenheit, erst als wir die Kontinentalsperre erwähnten, schnalzte er als

Zeichen der Verehrung einer guten Zeit, die nicht zurückkehren würde, mit der Zunge.

Durchnässt von den hochschlagenden Wellen und aus-
gekühlt vom Wind langten wir auf der Île Dumet an. Ein
Sonnenstrahl kam sehr gelegen, um uns klamme Herrschaf-
ten wieder aufzuwärmen. Die Insel hat nur ein Haus und
keinen einzigen Baum: es ist eine von Klippen umgebene
Wiese. Man bearbeitet die Wiese mit der Hacke, um dort
ein Fort zu bauen, und die Hammerschläge haben die See-
vögel aus ihren Schlupfwinkeln verjagt, kleine Möwen, Sil-
bermöwen und Sturmschwalben, die einst, von Generation
zu Generation, ihre Eier dort in den trockenen Tang legten
und sich zur Zeit ihres Liebeswerbens auf der Spitze der
nassen Felsen versammelten. Wir sind über die Klippen gelaufen, um sie zu sehen, diese glücklichen Vögel, die durch
die Lüfte segeln und über die Fluten schwimmen, und es
waren bloß ein paar scheckige Austernfischer und einige
unglückselige Brachvögel, die, als wir näher kamen, das
Weite suchten. Wir haben uns hinter jene Marmorblöcke
gesetzt, die das Meer jeden Tag kerbt und poliert. Lange
saßen wir dort reglos und ohne zu sprechen, versunken in
eine jener stummen Anbetungen der Natur, die einem aus
dem Herzen in den Kopf steigen und den Geist so benom-
men machen, dass er in sich selbst aufgeht und nicht mehr
zu denken vermag: solche Anblicke bleiben immer wie ins
Gedächtnis eingraviert und eingemeißelt. Man kann die
Erinnerung an seine Familie, seine Liebeserlebnisse, seine
Freundschaften verlieren, man kann seine Missgeschicke
und den Namen seiner Geliebten vergessen; doch nie vergisst man, dass man eines Tages, während große dunkle

Wolken über den Himmel eilten und sich am Horizont zusammenballten, auf dem Strand gesessen und gesehen hat, wie das tiefe, grüne Meer in weißen Perlen an den von Tang ganz glitschigen grauen Felsen emporschoss.

Für die Rückfahrt hatten wir Rückenwind, und so schnitt unser Kahn die Welle und teilte rauschend das Wasser. Sobald wir ausgestiegen waren, zogen wir los und scherten uns nicht darum, dass der Herr Bürgermeister uns zu einem Spaziergang erwartete. Wir wanderten am Meer entlang, mal auf die Steilküste steigend, mal mit den Füßen durch den von Muschelschalen übersäten Sand stapfend. Wir sind allein, der Ozean hat sich beruhigt und liegt ohne Schiff noch Segel unter der Sonne ausgebreitet; auf der anderen Seite reicht ödes und verlassenes Heideland bis zu fernen Baumgruppen, die uns den Horizont verschließen; manchmal tut sich die Steilküste unter unseren Füßen auf und zeigt uns ihr hartes Inneres aus grün bemoostem, schwarzem Fels. Hinter einem jener grasbedeckten Erdhügel, die die Zöllner aufschütten, um sich in kalten Winternächten vor dem Wind zu schützen, sehen wir einen Mann halb liegend seine nackten Füße in der Sonne trocknen. Wir fragen ihn nach unserem Weg; auf seinen Stock gestützt und den zerrissenen Bettelsack festhaltend, der ihm über den Schultern hängt, steht er auf. Da merken wir, dass er verkrüppelt ist. Seine blauviolette, dürre Hand krümmt sich, so dass ihre hakenförmigen Finger das Handgelenk berühren. Gestern, erzählt er uns, war er in Guérande und heute Abend hofft er ein Nachtlager in der Scheune irgendeines Bauernhofs zu finden. Als Bettler und Landstreicher, der heute unterm Sternenhimmel liegt und von einem Almosen lebt und morgen auf dem Mist schläft und sein Diebesgut verzehrt, war er dort auf den steilen Klippen, vor dem grenzenlosen Meer, im Stechginster, zwischen brachliegenden Feldern genau an seinem schicksalhaften und natürlichen Platz. Als er uns unseren Weg gezeigt und uns für ein paar Sous gedankt hatte, die wir ihm gegeben hatten, legte er sich wieder ins Gras und sah uns noch lange nach, als beneide er unseren Geldbeutel, unsere Jugend und unser Leben.

Bald verlassen wir die Küste und wandern Richtung Festland. Der Weg durch die streng von Zöllnern bewachten Salzfelder führt uns bis zu einem kleinen Eichenhochwald, der in einen Bauernhof verwandelte, halb verfallene alte Gebäude beschirmt. Auf einem zerbröckelten Türsturz hatte ein Büschel wilden Roggens seine kräftigen Ähren getrieben und reichte bis zu den Fenstern mit steinernen Sprossen, über denen ein gemeißeltes Kreuz aufragte. In einer Ecke kläffte ein Hund; Hühner pickten in einem Mistklumpen, und unter dem Vordach verscheuchten zwei an ein Fuhrwerk geschirrte Ochsen mit ihren biegsamen Schwänzen die Fliegen, während uns ein verdreckter und blondgelockter zweijähriger Knirps, der unten in dem Karren hockte, mit seinen erstaunten großen blauen Augen anschaute. Über all das breitete der kleine Wald tiefe Schatten, die mit kapriziösen und überraschenden Linien durch das Licht schnitten, und ein Weißdorn, an eine umgestürzte Mauer geklammert, breitete stolz seine weißen Blüten aus. Ungern verließen wir dieses in der ländlichen Einöde verlorene liebliche Landschaftsbild und zogen, als es 5 schlug, im Dorf, in MESQUER ein.

Wir waren hungrig, wir wollten uns gleich zum Diner

niederlassen; aber Madame Joufflot, unsere Wirtin, eine picklige und starrsinnige, halb verrückte kleine Alte, war nicht damit einverstanden und erklärte uns unverblümt, dass wir erst speisen könnten, wenn ihr Pensionsgast heimgekehrt sei. Der Pensionsgast kam aber erst um halb 7, und dann wurde uns mitgeteilt, dass der Tisch uns erwarte. Wir kamen in einen großen Raum, möbliert mit einem weißen Bett, ein paar Stühlen mit Strohgeflecht und einer Kommode. An den Wänden hingen neben Lithographien mit Heiligen und Mariengestalten ein Flageolett und zwei Jagdhörner; in einer Ecke lag ein Kontrabass mit seinem über den Bauch gesteckten Bogen auf zwei aneinandergerückten Stühlen. Es war aufgedeckt: eine gelbgeblümte Suppenterrine dampfte und ließ die Zinnkelle beschlagen. Der Pensionsgast stand da, bereit uns zu begrüßen und uns in seiner Unterkunft willkommen zu heißen, denn wir waren in seinem Zuhause.

Es war ein blonder junger Mann mit spärlichem Haar, schüchternem Aussehen und gehemmtem Benehmen, bis zur Krawatte in einen zu engen, alten, schwarzen Frack geknöpft, in eine gestreifte Hose gezwängt, an den Füßen dicke, spitze Stiefel. Beim Zoll angestellt, verbringt er sein Leben in diesem traurigen Weiler, wo sich kaum das Nötige für das anspruchsloseste Leben findet. Zweifellos bläst er sonntags, wenn er nicht mit irgendeinem hiesigen hohen Tier in der Kneipe trinkt, in sein Flageolett, singt Romanzen oder kratzt auf seinem Kontrabass. Tagsüber hofft er, während er die Arbeit seiner Zöllner überwacht, seine Salzsäcke zählt und durch die Sümpfe wandert, dass die Vorsehung irgendeinen müden Reisenden zu seinem Gasthaus führt, der in seinem Zimmer dinieren, an seinem Tisch speisen und mit ihm plaudern wird.

Manchmal, im Winter, wenn es einen Ball in Guérande gibt, lädt man ihn ein, damit er Kontrabass spielt. Dann zieht er mit seinem schweren Instrument los, vergisst nicht, sein Flageolett in die Tasche zu stecken, um sich nützlich zu machen und zu einem weiteren Abend gebeten zu werden. Er schaut traurig auf die jungen Mädchen, die seine Musik zum Tanzen bringt; gern wäre er ihr Kavalier, da sie so nett hübsche Zweideutigkeiten sagen und dabei ein ordentlich schallendes Lachen von sich geben; er füllt sich den Bauch mit Mandelmilchsaft und Gebäck, und wenn dann die letzte Öllampe erloschen und die letzte Tänzerin verschwunden ist, geht er fort, die Füße in seinen Überschuhen und die Schultern unter seinem karierten Zweireiher, und leckt sich die Lippen von dem Schmaus, zu dem er eingeladen war; er kehrt zurück in seine arme Herbergskammer; er erzählt allen, die es hören wollen, die Einzelheiten der Freuden, die er genossen hat; und viele Monate lang lebt er von der Erinnerung an den vergangenen Ball und der oft trügerischen Hoffnung auf den zukünftigen. Bisweilen reichen seine Wünsche weiter: er denkt an Nantes, die große und glückliche Stadt, die Flittchen, Promenaden und Theater hat, nebst Cafés, wo Domino gespielt wird: nicht dass er mit diesen jungen Damen verkehren würde; aber er liebt es, sie abends im trüben Laternenlicht vorüberkommen zu sehen, wenn sie mit wiegenden Hüften dahinschlendern und leise irgendein Liebeslied singen. Auf mehrere Meilen ringsum kennt er all die hübschen Bäuerinnen des Landstrichs; eine hat er sogar geliebt; aber sie hat geheiratet und grüßt ihn nicht mehr. Wenn man ihm von Paris erzählt, sagt er nichts: allein der Name bringt ihn um und macht ihn fertig. Er wäre gern sein Chef, der in Nantes ist, sein Vorgesetzter, der in Guérande ist, sein Inspektor, der überall ist; er wäre gern alle, die nicht in Mesquer sind. Er geht um 9 Uhr schlafen und steht um 8 auf; er hofft, die Zeit durch Schlaf und den Kummer durch Betäubung totzuschlagen; außerdem hegt er tiefe Verachtung gegen seine Wirtin, die sich mit ihrem Mann herumstreitet, und doch setzt er sich nach dem Diner unten vor die Tür, um mit ihr zu plaudern; voller Neid schaut er uns an, denn wir besitzen das höchste Gut, das er nicht kennt und nie kennenlernen wird: die Freiheit.

Wir waren für diesen armen Teufel eine Abwechslung, ein Ereignis, an das er sich lange erinnern wird. Rauchend, schwatzend und Grog trinkend verbrachten wir den Abend an seinem Tisch: und so beneidete er am nächsten Morgen, als wir abreisten und er uns Adieu sagte, unser Glück; nur zu gern wäre er mitgekommen, bereit, unsere beiden Rucksäcke zu tragen und unterwegs vor Erschöpfung umzufallen.

Das Mädchen mit der
rotweiß gepunkteten Bluse

Zu der Zeit, da mein Großvater Louise Janvier kennenlernte, war er siebzehn Jahre alt. Ich stelle ihn mir gern als ganz jungen Mann vor, wie er im Frühling 1918 in Cherbourg seinen Koffer aus verstärkter Pappe aufs Fahrrad band und das Haus seines Vaters für immer verließ.

Was ich über ihn als jungen Mann weiß, ist nicht sehr viel. Auf der einen Familienfotografie, die es aus jener Zeit gibt, ist er ein kräftiger Bursche mit hoher Stirn und unbändig blondem Haar, der das Treiben des Studiofotografen neugierig und mit spöttisch zur Seite geneigtem Kopf beobachtet. Weiter weiß ich aus seinen eigenen Erzählungen, die er im Alter wortkarg und mit gespieltem Widerwillen vortrug, dass er am Gymnasium oft fehlte, weil er lieber mit seinen besten Freunden, die Patrice und Joël hießen, an den Stränden von Cherbourg unterwegs war.

Zu dritt hatten sie an einem stürmischen Januarsonntag 1918, als kein vernünftiger Mensch sich dem Ozean auf Sichtweite nähern wollte, im Schneegestöber an der Ginsterböschung das angeschwemmte Wrack einer kleinen Segeljolle gefunden, die mittschiffs ein Loch hatte und auf ganzer Länge ein bisschen angesengt war. Sie hatten das Boot hinters nächste Gebüsch geschleppt und es in den folgenden Wochen, da der rechtmäßige Besitzer sich partout nicht bei ihnen melden wollte, eigenhändig mit großem Eifer repariert und geschrubbt und knallbunt angemalt, bis es aussah wie neu und nicht mehr wiederzuerkennen war.

Von da an fuhren sie in jeder freien Stunde hinaus auf den Ärmelkanal, um zu fischen, zu dösen und getrockneten Seetang zu rauchen in Tabakspfeifen, die sie aus Maiskolben geschnitzt hatten; wenn etwas Interessantes im Wasser dümpelte – eine Planke, das Sturmlicht eines versenkten Schiffes oder ein Rettungsring –, nahmen sie es mit. Manchmal fuhren Kriegsschiffe so nah an ihnen vorbei, dass ihr kleiner Kahn auf und ab hüpfte wie ein Kalb am ersten Frühlingstag auf der Weide. Oft blieben sie den ganzen Tag draußen, umrundeten das Kap und fuhren westwärts, bis am Horizont die britischen Kanalinseln auftauchten, und kehrten erst im letzten Licht der Abenddämmerung an Land zurück. An den Wochenenden verbrachten sie die Nächte in einer Fischerhütte, deren Besitzer am Tag seiner Einberufung nicht mehr die Zeit gehabt hatte, das rückseitige kleine Fenster ordentlich zu verbarrikadieren.

Léon Le Galls Vater – also mein Urgroßvater – wusste nichts von der Segeljolle seines Sohnes, nahm aber dessen Streunerei am Strand mit einiger Besorgnis zur Kenntnis. Er war ein zigarettenverschlingender, vor der Zeit gealterter Lateinlehrer, der sich in jungen Jahren nur deswegen fürs Lateinstudium entschieden hatte, weil er damit seinem Vater den größtmöglichen Verdruss hatte bereiten können; dieses Vergnügen hatte er in der Folge mit jahrzehntelangem Schuldienst bezahlt und war darob kleinlich, engherzig und bitter geworden. Um sein Latein vor sich selbst zu rechtfertigen und sich weiterhin lebendig zu fühlen, hatte er sich ein enzyklopädisches Wissen über die Zeugnisse römischer Zivilisation in der Bretagne angeeignet und betrieb dieses Steckenpferd mit einer Leidenschaft, die in groteskem Gegensatz zur Geringfügigkeit des Themas stand. Seine endlosen, quälend eintönigen und von Kettenrauch begleiteten Referate über Tonscherben, Thermalbäder und Heeresstraßen waren am Gymnasium legendär und gefürchtet. Die Schüler hielten sich schadlos, indem sie seine Zigarette beobachteten und darauf warteten, dass er damit an die Wandtafel schrieb und die Kreide rauchte.

Dass er am Tag der Generalmobilmachung wegen seines Asthmas zurückgestellt worden war, empfand er einerseits als Glück, andrerseits als Schande, da er im Lehrerzimmer der einzige Mann unter lauter jungen Frauen war. Fürchterlich war sein Zorn gewesen, als er von den Kolleginnen hatte erfahren müssen, dass sein einziger Sohn seit Wochen kaum mehr an der Schule gesehen worden war, und endlos waren seine Vorträge am Küchentisch gewesen, mit denen er den Jüngling vom Wert klassischer Bildung zu überzeugen versuchte. Dieser hatte über den Wert klassischer Bildung nur gelächelt und seinerseits dem Alten darzulegen versucht, weshalb seine Anwesenheit am Strand gerade jetzt unabdingbar nötig sei: weil die Deutschen in den letzten Wochen dazu übergegangen seien, ihre U-Boote mit hölzernen Aufbauten und bunter Lackfarbe, mit behelfsmäßigen Segeln und falschen Netzen als Fischerboote zu verkleiden.

Darauf wünschte der Vater zu erfahren, worin bitte der kausale Zusammenhang zwischen deutschen U-Booten und Léons Präsenz am Gymnasium liege.

Die verkleideten U-Boote, erklärte der Sohn geduldig, würden sich unerkannt französischen Fischkuttern nähern und diese gnadenlos versenken, um die Versorgungslage des französischen Volkes zu verschlechtern.

»Und?«, fragte der Vater, hustete und versuchte sich zu beruhigen. Jede Aufregung konnte ihn in eine asthmatische Krise stürzen.

Tag für Tag werde wertvollstes Treibgut an Land gespült – Teakholz, Messing, Stahl, Segeltuch, fassweise Petroleum …

»Und?«, fragte der Vater.

Diese kostbaren Rohstoffe müsse man bergen, bevor das Meer sie wieder mitnehme, sagte Léon.

Während ihre Auseinandersetzung unaufhaltsam dem dramaturgischen Höhepunkt zustrebte, saßen Vater und Sohn in jener scheinbar lässig-entspannten Haltung am Küchentisch, die allen Le Galls eigen ist; sie hatten die Beine lang unter dem Tisch ausgestreckt und lehnten sich weit über die Stuhllehne hinaus nach hinten, sodass ihr Hintern nur noch knapp auf der Stuhlkante auflag. Da sie beide große und schwere Männer waren, hatten sie ein feines Empfinden für die Schwerkraft und wussten, dass die horizontale Lage dem Zustand des Schwebens am nächsten kommt, weil in ihr jedes Körperglied nur sein Eigengewicht zu tragen hat und von der Masse des restlichen Leibs befreit ist, während im Sitzen oder Stehen ein Glied sich auf das andere türmt und sich in der Summe eine zentnerschwere

Last ergibt. Jetzt aber waren sie wütend, und ihre Stimmen, die kaum voneinander zu unterscheiden waren, seit der Sohn den Stimmbruch hinter sich hatte, bebten vor mühsam im Zaum gehaltenem Zorn.

»Du gehst morgen wieder zur Schule«, sagte der Vater und unterdrückte einen Hustenreiz, der aus der Tiefe seiner Brust die Kehle hochstieg.

Die nationale Kriegswirtschaft sei dringend auf Rohstoffe angewiesen, erwiderte der Sohn.

»Du gehst morgen wieder zur Schule«, sagte der Vater.

Der Vater solle an die nationale Kriegswirtschaft denken, sagte der Sohn und registrierte beunruhigt, wie schwer der väterliche Atem ging.

»Die nationale Kriegswirtschaft kann mich am Arsch lecken«, keuchte der Vater. Dann hatte er einen Hustenanfall, der das Gespräch für eine Minute unterbrach.

Und ein hübsches Taschengeld lasse sich damit auch verdienen, sagte der Sohn.

»Erstens ist das kriminelles Geld«, keuchte der Vater. »Und zweitens gilt das Absenzenreglement des Gymnasiums für alle, also auch für dich und deine Freunde. Es gefällt mir nicht, dass ihr euch jede Freiheit herausnehmt.«

Was der Vater gegen Freiheit einzuwenden habe, fragte der Sohn, und ob er jemals bedacht habe, dass jedes Gesetz, um Beachtung zu verdienen, Ausdruck einer Sinngebung sein müsse.

»Ihr nehmt euch jede Freiheit allein schon deshalb heraus, weil sie eine Freiheit ist«, ächzte der Vater.

»Und?«

»Es ist aber gerade das Wesen eines Reglements, dass es

für jeden ohne Ansehen der Person gilt – auch und gerade für jene, die sich für schlauer halten als andere.«

»Es ist doch aber eine nicht zu leugnende Tatsache, dass manche Menschen schlauer sind als andere«, wandte der Sohn vorsichtig ein.

»Erstens tut das nichts zur Sache«, sagte der Vater, »und zweitens hast gerade du dich bisher, soweit ich orientiert bin, im Unterricht keineswegs überragender geistiger Kräfte verdächtig gemacht. Du gehst morgen wieder zur Schule.«

»Nein«, sagte der Sohn.

»Du gehst morgen wieder zur Schule!«, brüllte der Vater.

»Ich gehe überhaupt nie wieder zur Schule!«, brüllte der Sohn.

»Solange du deine Füße unter meinen Tisch streckst, tust du, was ich sage!«

»Du hast mir gar nichts zu befehlen!«

Nach diesem geradezu klassischen Wortwechsel artete die Auseinandersetzung in eine Prügelei aus, bei der die beiden sich auf dem Küchenboden wälzten wie Schulbuben und nur deshalb kein Blut vergossen, weil die Mutter rasch und beherzt eingriff.

»Jetzt ist Schluss«, sagte sie und hob ihre zwei Männer, von denen der eine weinte und der andere zu ersticken drohte, an den Ohrläppchen hoch. »Du, Chéri, nimmst jetzt dein Laudanum und gehst zu Bett, ich komme gleich nach. Und du, Léon, gehst morgen früh zum Bürgermeister und meldest dich zum Arbeitsdienst. Wo dir doch die nationale Kriegswirtschaft so sehr am Herzen liegt.«

Wie sich am nächsten Morgen herausstellte, konnte die nationale Kriegswirtschaft den Gymnasiasten Le Gall aus

Cherbourg tatsächlich gebrauchen – aber nicht am Strand, wie er gehofft hatte. Der Bürgermeister drohte ihm im Gegenteil drei Monate Gefängnis an für den Fall, dass er sich noch einmal widerrechtlich Strandgut aneigne, und befragte ihn eingehend nach seinen anderweitigen kriegswirtschaftlich relevanten Kenntnissen und Fähigkeiten.

Dabei erwies es sich, dass Léon zwar kräftig gebaut war, aber keinerlei Neigung zum Einsatz seiner Muskelkraft hatte. Er wollte kein Bauernknecht sein und auch kein Fließbandarbeiter, und den Handlanger für einen Schmied oder Zimmermann machen wollte er auch nicht. Ähnlich war's mit seinen geistigen Kräften: Zwar war er nicht eigentlich dumm, aber am Gymnasium hatte er für kein Fach eine Vorliebe erkennen lassen und in keinem sonderlich dicke Stricke zerrissen, weshalb er auch für seine berufliche Zukunft keine festen Pläne oder Wünsche hatte. Natürlich wäre er gern im Dienst des Vaterlands mit seiner Segeljolle auf Spionagefahrt in die Nordsee gefahren und hätte gefälschte Reichsmark an der deutschen Küste in Umlauf gebracht, um die feindliche Währung zu destabilisieren; aber weil das keine realistische Berufsperspektive war, zuckte er nur mit den Schultern, als der Bürgermeister ihn nach seinen Plänen fragte. Das Interesse an der nationalen Kriegswirtschaft war ihm schon gänzlich abhandengekommen. Erschwerend kam hinzu, dass der Bürgermeister einen Hals wie ein Truthahn und eine rotblau geäderte Nase hatte. Wie die meisten jungen Leute hatte Léon ein starkes ästhetisches Empfinden und konnte sich nicht vorstellen, dass man einen Menschen mit so einem Hals und so einer Nase ernst nehmen konnte. Der Bürgermeister ging mürrisch die Liste der offenen Stellen durch, die der Kriegsminister ihm geschickt hatte.

»Na, mal sehen. Ah, hier. Kannst du Traktor fahren?«

»Nein, Monsieur.«

»Und hier – Lichtbogenschweißer gesucht. Kannst du schweißen?«

»Nein, Monsieur.«

»Verstehe. Optische Linsen schleifen kannst du wohl auch nicht, wie?«

»Nein, Monsieur.«

»Und Spulen für Elektromotoren wickeln? Eine Straßenbahn lenken? Pistolenläufe drehen?« Der Bürgermeister lachte ein wenig, die Sache begann ihm Spaß zu machen.

»Nein, Monsieur.«

»Bist du vielleicht Facharzt für innere Medizin? Experte für internationales Handelsrecht? Elektroingenieur? Tiefbauzeichner? Sattler oder Wagner?«

»Nein, Monsieur.«

»Dachte ich mir. Von Ledergerberei und doppelter Buchhaltung verstehst du auch nichts, wie? Und Kisuaheli – sprichst du Kisuaheli? Kannst du stepptanzen? Morsen? Die Zugkraft von Hängebrückenstahlseilen berechnen?«

»Jawohl, Monsieur.«

»Wie … Kisuaheli? Hängebrückenstahlseile?«

»Morsen, Monsieur. Ich kann morsen.«

Tatsächlich hatte die Jugendzeitschrift *Le Petit Inventeur*, auf die Léon abonniert war, wenige Wochen zuvor das Morsealphabet abgedruckt, und Léon hatte es aus einer Laune heraus auswendig gelernt an einem regnerischen Sonntagnachmittag.

»Stimmt das denn auch, Kleiner? Schwindelst du mich nicht an?«

»Nein, Monsieur.«

»Dann wäre das doch etwas! Der Bahnhof von Saint-Luc-sur-Marne sucht einen Morseassistenten als Stellvertreter des ordentlichen Stelleninhabers. Frachtbriefe ausstellen, Ankunft und Abfahrt der Züge vermelden, aushilfsweise Fahrkarten verkaufen. Traust du dir das zu?«

»Jawohl, Monsieur.«

»Mindestalter sechzehn, männlich, Homosexuelle, Geschlechtskranke und Kommunisten unerwünscht. Du bist doch nicht etwa – Kommunist?«

»Nein, Monsieur.«

»Na, dann morse mir mal was. Morse mir, mal sehen, ah ja: Aus der Tiefe rufe ich, Herr, zu dir. Na los, gleich hier auf dem Schreibtisch!«

Léon hielt die Luft an, schaute kurz zur Decke hoch und begann mit dem Mittelfinger der rechten Hand zu trommeln. Kurz-kurz-lang, kurz-lang-kurz, kurz-kurz-kurz …

»Das reicht«, sagte der Bürgermeister, der das Morsealphabet nicht beherrschte und außerstande war, Léons Fingerfertigkeit zu bewerten.

»Ich kann morsen, Monsieur. Wo bitte liegt Saint-Luc-sur-Marne?«

»An der Marne, du Holzkopf, irgendwo zwischen Schnittlauch und Stangenbohnen. Keine Angst, die Front verläuft jetzt woanders. Dringliche Ausschreibung, du kannst sofort anfangen. Bekommst sogar Lohn, hundertzwanzig Franc. Wir können es ja versuchen.«

So kam es, dass Léon Le Gall an einem Frühlingstag des Jahres 1918 seinen Pappkoffer aufs Fahrrad band, innig seine Mutter küsste und nach kurzem Zögern auch den Vater umarmte, aufs Rad stieg und in die Pedale trat. Er beschleunigte, als müsste er am Ende der Rue des Fossés vom Boden abheben wie Louis Blériot, der kürzlich mit seinem aus Eschenholz und Fahrradrädern selbstgebastelten Flugzeug den Ärmelkanal überquert hatte. Er raste vorbei an den armseligen, tapfer wohlanständigen Kleinbürgerhäusern, in denen seine Freunde Patrice und Joël gerade sägemehlhaltiges Kriegsbrot vom Vortag in ihren Milchkaffee tunkten, vorbei an der Bäckerei, aus der fast jeder Bissen Brot stammte, den er in seinem Leben gegessen hatte, und vorbei am Gymnasium, an dem sein Vater noch vierzehn Jahre, drei Monate und zwei Wochen sein täglich Brot verdienen würde. Er fuhr vorbei am großen Hafenbecken, in dem ein amerikanischer Getreidetanker friedlich neben britischen und französischen Kriegsschiffen lag, überquerte die Brücke und bog rechts in die Avenue de Paris ein, glücklich und ohne jeden Gedanken daran, dass er das alles möglicherweise nie wiedersehen würde, fuhr vorbei an Lagerhäusern, Hebekränen und Trockendocks, hinaus aus der Stadt und hinein in die endlosen Wiesen und Weiden der Normandie. Nach zehn Minuten Fahrt versperrte eine Herde Kühe die Straße, er musste halten; danach fuhr er langsamer.

In der Nacht zuvor hatte es geregnet, die Straße war angenehm feucht und staubfrei. Auf dampfenden Wiesen standen blühende Apfelbäume und weidende Kühe. Léon fuhr der Sonne entgegen. Er hatte leichten Westwind im Rücken und kam rasch voran. Nach einer Stunde zog er die Jacke aus und band sie auf den Koffer. Er überholte ein Fuhrwerk, das von einem Maulesel gezogen wurde. Dann kreuzte er eine Bäuerin mit einer Schubkarre und fuhr an einem Lastwagen vorbei, der mit rauchendem Motor am Straßenrand stand. Pferde sah er keine; Léon hatte im *Petit Inventeur* gelesen, dass nahezu sämtliche Pferde Frankreichs an der Front Dienst taten.

Am Mittag aß er das Schinkenbrot, das ihm die Mutter eingepackt hatte, und trank Wasser aus einem Dorfbrunnen. Nachmittags legte er sich unter einen Apfelbaum, blinzelte hoch in die weißrosa Blüten und zartgrünen Blätter und stellte fest, dass der Baum seit Jahren nicht mehr geschnitten worden war.

Am Abend traf er in Caen ein, wo er bei Tante Simone übernachten sollte. Sie war die jüngste Schwester jenes Serge Le Gall, dem ein Gefängnisinsasse mit einer Axt den Schädel gespalten hatte. Es war ein paar Jahre her, dass Léon sie zum letzten Mal gesehen hatte; er erinnerte sich an die vollen Brüste unter ihrer Bluse, an ihr Gelächter und ihren großen roten Frauenmund und dass ihr Drachen am Strand höher gestiegen war als alle anderen. Aber dann waren kurz nacheinander ihr Mann und ihre beiden Söhne in den Krieg gezogen, und seither schrieb Tante Simone, fast wahnsinnig vor Kummer und Sorge, jeden Tag drei Briefe nach Verdun.

»Da bist du also«, sagte sie und ließ ihn eintreten. Das Haus roch nach Kampfer und toten Fliegen. Ihr Haar war wirr, der Mund fahl und rissig. In der rechten Hand hielt sie einen Rosenkranz.

Léon küsste sie auf beide Wangen und richtete die Grüße seiner Eltern aus.

»Auf dem Küchentisch stehen Brot und Käse«, sagte sie. »Und eine Flasche Cidre, wenn du willst.«

Er überreichte ihr die gebrannten Mandeln, die seine Mutter ihm als Gastgeschenk mitgegeben hatte.

»Danke. Geh jetzt in die Küche und iss. Du schläfst neben mir heute Nacht, das Bett ist breit genug.«

Léon machte große Augen.

»Das Bubenzimmer kannst du nicht haben, das habe ich zusammen mit dem Schlafzimmer vermieten müssen an Flüchtlinge aus dem Norden. Und das Sofa im Salon habe ich verkauft, weil ich Platz für das Bett brauchte.«

Léon machte den Mund auf und wollte etwas sagen.

»Das Bett ist breit genug, stell dich nicht so an«, sagte sie und fuhr sich mit der Hand durchs matte Haar. »Ich bin müde vom langen Tag und habe nicht die Kraft, mich mit dir herumzuschlagen.«

Ohne ein weiteres Wort ging sie hinüber in den Salon und schlüpfte mit all ihren Röcken, Blusen, Schlüpfern und Strümpfen unter die Decke, drehte sich zur Wand und rührte sich nicht mehr.

Léon ging in die Küche. Er aß Brot und Käse, schaute durchs Fenster auf die Straße und trank, während er auf die Dunkelheit wartete, die ganze Flasche Cidre leer. Erst als er Tante Simone schnarchen hörte, ging er hinüber in den Salon und legte sich neben sie, atmete den süßsauren Duft ihres weiblichen Schweißes und wartete darauf, dass ihn die Zauberkraft des Cidre hinübertrug in die andere Welt.

Als er am nächsten Morgen die Augen aufschlug, lag Tante Simone in unveränderter Haltung neben ihm, aber sie schnarchte nicht mehr. Léon fühlte, dass sie sich schlafend stellte und darauf wartete, dass er aus ihrem Haus verschwand. Er nahm seine Schuhe in die rechte Hand und den Koffer in die linke und schlich leise die Treppe hinunter.

Es war ein windstiller, sonniger Morgen. Léon nahm die Küstenstraße über Houlgate und Honfleur; weil gerade Ebbe war, hievte er sein Fahrrad über die Mauer hinunter zum Strand und fuhr einige Kilometer auf dem nassen, harten Sand der Wasserlinie entlang. Der Sand war gelb, das Meer war grün und wurde zum Himmel hin blau; die wenigen Kinder, die im Sand spielten, trugen rote Badeanzüge, ihre Mütter weiße Röcke; manchmal standen alte Männer in schwarzen Jacketts im Sand und stocherten mit ihren Stöcken in vertrocknetem Algengewirr.

Weil sein Vater und der Bürgermeister von Cherbourg weit weg waren und ihn unmöglich sehen konnten, hielt Léon ein wenig Ausschau nach Strandgut. Er fand ein ziemlich langes, nicht sehr zerfranstes Stück Seil, ein paar Flaschen, ein Fensterkreuz samt Verschlussgestänge und einen halbvollen Kanister Petroleum.

Mittags traf er in Deauville ein und abends in Rouen, wo er bei Tante Sophie übernachten sollte; zuvor aber, das hatte ihm der Vater dringend ans Herz gelegt, sollte er die Kathedrale besichtigen, weil sie eines der schönsten Zeugnisse gotischer Baukunst sei. Léon zog in Erwägung, sowohl die Tante als auch das Zeugnis gotischer Baukunst fahren zu lassen und irgendwo auf freiem Feld zu übernachten. Dann bedachte er, dass die Tage im April zwar lang, die Nächte aber immer noch feucht und kühl waren und dass Tante Sophie weder Mann noch Söhne in Verdun haben konnte, weil sie zeitlebens ledig geblieben war; zudem war sie berühmt für ihren Apfelkuchen. Als er bei ihr eintraf, stand sie in ihrer weiß gestärkten Schürze im Vorgarten und winkte ihm zu.

Am dritten Tag stellte er beim Aufstehen fest, dass er fürchterlichen Muskelkater hatte. Das Treppensteigen war eine Qual, die erste Stunde auf dem Rad eine Tortur; danach ging es besser. Der Wind hatte auf Norden gedreht, Nieselregen setzte ein. Von Süden her kreuzten lange Kolonnen von Armeelastwagen seinen Weg; unter den Planen saßen Soldaten mit mürrischen Gesichtern, die Zigaretten rauchten und ihre Gewehre zwischen den Knien hielten. Mittags kam er an einem abgebrannten Bauernhof vorbei. Grüne Wicken rankten sich an schwarzen Balken empor, im Schweinekoben wuchsen junge Birken, aus den schwarzen Fensterlöchern drang modriger Kohlegeruch; im Miststock steckte eine rostige Mistgabel ohne Stiel. Er nahm sie an sich und steckte sie zu den anderen Fundsachen auf dem Gepäckträger.

Léon wusste, dass er seinem Ziel nun nahe war; hinter dem nächsten oder übernächsten Hügel musste der Kirchturm von Saint-Luc-sur-Marne auftauchen. Tatsächlich lag hinter der nächsten Anhöhe ein Dorf mit einer Kirche, aber es war nicht Saint-Luc. Léon durchquerte das Dorf und erklomm den nächsten Hügel, fuhr hinunter ins nächste Dorf und hinauf auf den nächsten Hügel, hinter dem wiederum ein Dorf lag und hinter diesem wiederum ein Hügel. Er beugte sich tief über den Lenker, versuchte seine Schmerzen zu ignorieren und stellte sich vor, er sei eine fest mit dem Rad verbundene Maschine, der es gleichgültig war, wie viele Hügel hinter dem nächsten Hügel noch folgen mochten.

Es war später Nachmittag, als es mit den Hügeln endlich ein Ende hatte. Vor Léon lag eine Allee, die schnurgerade über eine endlose Ebene führte. Die Fahrt in der Waagrechten war eine Wohltat, zudem schien es ihm, als schützten ihn die Platanen ein wenig vor dem Seitenwind. Da hörte er in seinem Rücken ein Geräusch – ein kurzes Quietschen, das sich in hastiger Folge gleichmäßig wiederholte und stetig lauter wurde. Léon drehte sich um.

Was er sah, war eine junge Frau auf einem alten, ziemlich rostigen Herrenfahrrad, die locker aufrecht auf dem Sattel saß und rasch näher kam; das Quietschen wurde offenbar durch das rechte Pedal verursacht, das bei jeder Umdrehung das Blech des Kettenschutzes streifte. Sie kam sehr rasch näher, gleich würde sie ihn überholen; um das zu verhindern, stieg er aus dem Sattel. Aber nach wenigen Sekunden war sie heran, winkte ihm zu, rief »Bonjour!« und zog leichthin vorbei, als würde er am Straßenrand stillstehen.

Léon schaute ihr hinterher, wie sie in der weiten Ebene unter leiser werdendem Quietschen klein und immer kleiner wurde und schließlich an jenem Punkt verschwand, an dem die Doppelreihe der Platanen an den Horizont stieß. Ein sonderbares Mädchen war das gewesen. Sommersprossen und dichtes dunkles Haar, das sie, womöglich eigenhändig, am Hinterkopf von einem Ohrläppchen zum anderen durchgehend auf gleicher Höhe abgesäbelt hatte. Ungefähr in seinem Alter, vielleicht etwas jünger oder älter, das war schwer zu sagen. Großer Mund und zartes Kinn. Ein nettes Lächeln. Kleine weiße Zähne und eine lustige Lücke zwischen den oberen Schneidezähnen. Die Augen – grün? Eine weiße Bluse mit roten Punkten, die sie zehn Jahre älter gemacht hätte, wenn nicht der blaue Schülerinnenrock sie wieder zehn Jahre jünger gemacht hätte. Hübsche Beine, soweit er das in der Kürze der Zeit hatte beurteilen können. Und verdammt schnell gefahren war sie.

Léon fühlte seine Müdigkeit nicht mehr, die Beine taten wieder ihren Dienst. Ein sensationelles Mädchen war das gewesen. Er versuchte sich ihr Bild vor Augen zu halten und wunderte sich, dass es ihm schon nicht mehr gelingen wollte. Wohl sah er die rotweiß gepunktete Bluse, die strampelnden Beine, die ausgetretenen Schnürschuhe und das Lächeln, das übrigens nicht nur nett, sondern hinreißend, umwerfend, beglückend, atemberaubend, herzzerreißend gewesen war in seiner Mischung aus Freundlichkeit, Klugheit, Spott und Scheu. Aber die einzelnen Teile wollten sich, sosehr er sich bemühte, nicht zu einem Ganzen fügen, immer sah er nur Glieder, Farben, Formen – die Erscheinung als Ganzes verweigerte sich ihm.

Deutlich im Ohr hatte er immerhin das Quietschen der Pedale auf dem Kettenschutz, ebenso ihr helles »Bonjour!« – da fiel ihm ein, dass er nicht zurückgegrüßt hatte. Verärgert schlug er mit der rechten Hand auf die Lenkstange, dass das Rad einen Schlenker machte und er beinahe gestürzt wäre. »Bonjour, Mademoiselle!«, sagte er leise, als ob er üben würde, dann kräftiger, entschiedener: »Bonjour!«, und dann noch eine Nuance männlicher, selbstbewusster: »Bonjour!«

Léon erneuerte seinen vor der Abreise gefassten Vorsatz, in Saint-Luc ein neues Leben zu beginnen. Er würde ab sofort seinen Kaffee nicht mehr zu Hause, sondern im Bistrot trinken und immer fünfzehn Prozent Trinkgeld auf den Tresen legen, und er würde nicht mehr den *Petit Inventeur* lesen, sondern den *Figaro* und den *Parisien,* und er würde auf dem Trottoir nicht mehr rennen, sondern schlendern. Und wenn eine junge Frau ihn grüßte, würde er nicht mit offenem Mund gaffen, sondern ihr einen kurzen, scharfen Blick zuwerfen und dann lässig zurückgrüßen.

Bleischwer war die Müdigkeit in seine Beine zurückgekehrt. Jetzt verwünschte er die uferlose Ebene. Die Hügellandschaft vorhin hatte immerhin ein Wechselspiel von Hoffnung und Enttäuschung geboten, jetzt gab es nur mehr illusionslose Klarheit, dass das Ziel noch fern war. Um die Weite nicht mehr sehen zu müssen, legte er seine Unterarme auf die Lenkstange und ließ den Kopf zwischen die Schultern fallen, beobachtete das Auf und Ab seiner Füße und behielt, damit er nicht vom Weg abkam, den Straßengraben im Auge.

So bemerkte er nicht, dass weit vor ihm die Wolkendecke aufriss und ein Bündel schräger Sonnenstrahlen auf die grünen Weizenfelder fiel und dass am Horizont zwischen den Platanen ein Punkt auftauchte, der rasch größer wurde und eine rotweiß gepunktete Bluse trug. Léon bemerkte auch nicht, dass die junge Frau diesmal freihändig fuhr, und als er das vertraute Quietschen hörte, war sie schon heran, zeigte ihm ihre Zähne mit der hübschen Lücke in der Mitte, winkte ihm zu und fuhr vorbei.

»Bonjour!«, rief Léon und ärgerte sich, dass er aufs Neue zu spät gekommen war. Fehlte nur noch, dass sie ihn, da sie nun wieder in seinem Rücken war, ein zweites Mal überholte; diese Demütigung wollte er sich ersparen. Er beugte sich über den Lenker, versuchte zu beschleunigen und schaute schon nach wenigen hundert Metern besorgt nach hinten, ob sie wieder am Horizont auftauche; bald aber richtete er sich auf und zwang sich, langsamer zu fahren. Schließlich war es sehr unwahrscheinlich, dass die rasante Person binnen weniger Minuten ein drittes Mal über dieselbe Straße fahren würde. Und falls doch, würde er das Rennen – das für sie ja noch nicht mal eines war – sowieso verlieren. Er hielt an und legte sein Rad in den Kies, sprang über den Straßengraben und streckte sich lang im Gras aus. Nun konnte sie ruhig kommen. Er würde im Gras liegen und an einem Grashalm kauen wie einer, der gerade Lust auf eine kleine Rast hatte, und er würde mit dem Zeigefinger an den Mützenrand tippen und laut und deutlich »Bonjour!« rufen.

Léon aß das letzte der drei Käsebrote, die Tante Sophie ihm mitgegeben hatte. Er zog die Schuhe aus und rieb seine brennenden Füße, und ab und zu schielte er nach links über die einsame Straße. Ein Windstoß brachte etwas Nieselregen, der aber rasch wieder aufhörte. Ein nachtblauer Lastwagen fuhr vorbei, an dessen Seitenwänden in goldener Schrift »L'Espoir« stand, etwas später trottete ein schwarzweißer Hund querfeldein. Plötzlich wurde ihm klar, wie sehr er sich gerade zum Affen machte mit seinem Grashalm und der ostentativen Entspanntheit; selbstverständlich würde das Mädchen, falls es nochmal vorbeikäme, die Komödie auf den ersten Blick durchschauen. Er spuckte den Grashalm aus und zog seine Schuhe wieder an, sprang über den Wassergraben zurück auf die Straße und stieg aufs Rad.

*

Der Bahnhof von Saint-Luc-sur-Marne lag einen halben Kilometer vor der Stadt zwischen Weizenfeldern und Kartoffeläckern an einer Nebenlinie der *Chemins de Fer du Nord*. Das Stationsgebäude bestand aus rotem Backstein, der Güterschuppen aus verwittertem Fichtenholz. Léon bekam eine schwarze Uniform, die Sergeantenstreifen an den Ärmeln hatte und ihm erstaunlicherweise wie angegossen saß. Er war der einzige Untergebene seines einzigen Vorgesetzten, des Bahnhofsvorstehers Antoine Barthélemy. Dieser war ein hageres, friedfertiges Männchen mit Tabakspfeife und einem Schnurrbart à la Vercingetorix, das wortkarg und gewissenhaft seinen Dienst tat. Tag für Tag brachte er viele Stunden damit zu, im Dienstbüro kleine geometrische Muster auf seinen Schreibblock zu zeichnen in geduldiger Erwartung des Augenblicks, da er in seine Dienstwohnung im Obergeschoss über der Schalterhalle zurückkehren durfte. Dort erwartete ihn seit vielen Jahrzehnten rund um die Uhr sehnsüchtig seine Frau Josianne, die rosige Wangen und runde Hüften hatte, leicht in herzhaftes Lachen ausbrach und eine ausgezeichnete Köchin war.

Gerade viel zu tun gab es nicht am Bahnhof von Saint-Luc-sur-Marne. Am Morgen wie am Nachmittag hielten fahrplanmäßig je drei Regionalzüge in beide Richtungen; die Schnellzüge fuhren mit großer Geschwindigkeit vorüber und zogen einen Fahrtwind hinter sich her, dass einem

39

auf dem Bahnsteig die Atemluft wegblieb. Nachts um zwei Uhr siebenundzwanzig fuhr der Nachtzug Calais–Paris vorbei mit seinen dunklen Schlafwagen, in denen ab und zu ein Fenster erleuchtet war, weil ein reicher Reisender in seinem weichen Bett nicht in den Schlaf fand.

Zu Léon Le Galls eigener Überraschung war er seiner Aufgabe als Morseassistent vom ersten Tag an einigermaßen gewachsen. Sein Dienst begann morgens um acht und endete abends um acht, mit einer Stunde Pause am Mittag. Sonntags hatte er frei. Es gehörte zu seinen Pflichten, bei der Einfahrt eines Zuges auf den Bahnsteig hinauszutreten und dem Lokführer mit einer kleinen roten Fahne zu winken. Morgens musste er den Postsack und den Sack mit den Pariser Zeitungen gegen die leeren Säcke vom Vortag tauschen. Wenn ein Bauer eine Kiste Lauch oder Frühlingszwiebeln als Stückgut zum Spedieren aufgab, musste er die Ware wiegen und einen Frachtbrief ausstellen. Und wenn das Morsegerät tickte, musste er den Papierstreifen abreißen und die Nachricht auf ein Telegrammformular übertragen. Es waren stets dienstliche Mitteilungen, das Morsegerät diente ausschließlich der Bahn.

Natürlich hatte Léon dreist gelogen, als er behauptet hatte, er könne morsen, und den Praxistest auf dem Schreibtisch hatte er nur deswegen bestanden, weil der Bürgermeister von der Materie noch weniger Ahnung hatte als er selbst. Glücklicherweise aber war der Bahnhof von Saint-Luc ein abgeschiedener Ort, an dem höchstens vier oder fünf Telegramme täglich eintrafen; so hatte Léon alle Zeit der Welt, diese mithilfe des *Petit Inventeur*, den er vorsorglich eingesteckt hatte, zu entziffern.

Etwas umständlicher war's, wenn er selbst eine Nachricht verschicken musste, was etwa jeden zweiten Tag vorkam.

Dann schloss er sich, bevor er ans Morsegerät ging, mit Papier und Bleistift auf der Toilette ein und übertrug die lateinischen Buchstaben in Punkte und Striche. Das ging gut, solange die Telegramme aus nur wenigen Wörtern bestanden. Am Montag der dritten Woche aber drückte ihm der Chef den Monatsrapport in die Hand und beauftragte ihn, diesen vollumfänglich und wortgetreu an die Kreisdirektion nach Reims zu übermitteln.

»Per Post?«, fragte Léon und blätterte den Rapport durch, der aus vier ziemlich eng beschriebenen Seiten bestand.

»Telegrafisch«, sagte der Chef. »Ist Vorschrift.«

»Wieso?«

»Keine Ahnung. Ist einfach Vorschrift. War schon immer so.«

Léon nickte und überlegte, was zu tun sei. Als der Chef wie gewohnt pünktlich um halb zehn zum Kaffeetrinken hinauf zu seiner Josianne stieg, griff er zum Telefon, ließ sich mit der Kreisdirektion in Reims verbinden und begann den Rapport zu diktieren, als wäre das seit Jahrzehnten so und nicht anders guter Brauch. Und als die Telefonistin sich über die ungewohnte Mehrarbeit beschwerte, erklärte er ihr, letzte Nacht habe der Blitz eingeschlagen und das Morsegerät außer Funktion gesetzt.

Léons Zimmer lag weitab von der Wohnung des Bahnhofsvorstehers im Obergeschoss des Güterschuppens. Er hatte ein eigenes Bett und einen Tisch samt Stuhl sowie einen Waschtisch mit Spiegel und ein Fenster mit Blick auf das Gleis. Hier war er ungestört und konnte tun und lassen, was er wollte. Meist tat er nicht viel, sondern lag nur auf dem Bett mit am Hinterkopf verschränkten Händen und betrachtete die Maserung des Gebälks.

Mittags und abends brachte ihm die Frau des Bahnhofsvorstehers, die er Madame Josianne nennen durfte, sein Essen; dabei überschüttete sie ihn mit mütterlicher Fürsorge und verbalen Zärtlichkeiten, nannte ihn Liebling, Engel, Pferdchen und Goldstück, erkundigte sich nach der Qualität seiner Verdauung, seines Schlafs und seines seelischen Befindens und bot sich an, ihm die Haare zu schneiden, Wollsocken zu stricken, die Beichte abzunehmen und die Wäsche zu waschen.

Ansonsten behelligte ihn niemand, das genoss er sehr. Wenn ein Zug vorbeifuhr, trat er ans Fenster, zählte die Personen-, Güter- und Viehwagen und versuchte zu erraten, was sie transportierten. Einmal nahm er eine Zeitung mit aufs Zimmer, die ein Reisender auf der Wartebank liegen gelassen hatte, aber nach wenigen Minuten war er der Meldungen über Clemenceaus Kabinettsbildung, die Butter-Rationierung, Truppenverschiebungen am Chemin des Dames und Goldabgaben an die *Banque de France* müde; auch für die nationale Kriegswirtschaft brachte er nun, da der Strand von Cherbourg so weit weg war, kein rechtes Interesse mehr auf. Und allmählich gestand er sich ein, dass ihn auf dieser Welt genau genommen nur eines interessierte – das war das Mädchen mit der rotweiß gepunkteten Bluse.

Obwohl er sie seit dem Tag seiner Ankunft nicht mehr gesehen hatte, musste er immerzu, ob er wollte oder nicht, an sie denken. Wie sie wohl heißen mochte – Jeanne? Marianne? Dominique? Virginie? Françoise? Sophie? Jeden Namen sprach er zur Probe leise aus und schrieb ihn mit dem Finger auf die geblümte Tapete neben seinem Bett.

Léon fühlte sich wohl in seinem neuen Zuhause, sein altes Leben fehlte ihm nicht. Weshalb hätte er Heimweh haben sollen? Wenn er wollte, konnte er jederzeit auf sein Rad steigen und nach Cherbourg zurückkehren. Seine Eltern würden ihn bis ans Ende ihrer Tage mit offenen Armen empfangen in ihrem ewig gleichen Häuschen an der Rue des Fossées, und der Strand von Cherbourg würde am Tag seiner Heimkehr genau gleich daliegen, wie er ihn verlassen hatte, und er würde mit Joël und Patrice auf der Segeljolle ausfahren, als sei inzwischen keine Zeit vergangen, und schon nach drei Tagen würde jedermann in Cherbourg vergessen haben, dass er überhaupt weggegangen war. Zu überstürzter Heimkehr bestand also, auch wenn er sich zuweilen einsam fühlte, kein Anlass. Fürs Erste konnte er genauso gut in Saint-Luc bleiben und sein neues, selbstbestimmtes Leben erproben.

Unangenehm an seinem Zimmer war nur, dass das Gebälk und die Holzwände des Güterschuppens knarrten, ächzten und knirschten, dass es einem unheimlich werden konnte. Sie quarrten tagsüber, wenn die Sonne sie erwärmte, und sie girrten abends, wenn sie sich wieder abkühlten; sie knackten im Morgengrauen, wenn die Kälte der Nacht am größten war, und sie knarzten bei Sonnenaufgang, wenn sie sich wieder erwärmten. Mal klang es, als würde jemand die Treppe hinauf zu Léons Zimmer steigen, dann wieder, als schleiche einer durch den Dachstock oder als kratze jemand nebenan mit einem Schraubenzieher über die Wand. Léon wusste wohl, dass da niemand war, musste aber trotzdem immer horchen und fand nie vor Mitternacht in den Schlaf.

So gewöhnte er sich an, nach dem Abendessen mit dem Fahrrad ausgedehnte Streifzüge durchs Umland zu unternehmen und erst lang nach Einbruch der Nacht, wenn er richtig müde war, heimzukehren. Weil aber das Meer weit weg war und es in weitem Umkreis nichts anderes zu sehen gab als Weizen- und Kartoffelfelder, zwischen denen undurchdringliche Haselhecken und brackige kleine Entwässerungskanäle verliefen, wurden seine Ausfahrten immer kürzer und endeten immer rascher im Städtchen.

In jenem Frühsommer 1918 bestand Saint-Luc-sur-Marne aus etwa hundert Häusern, die in konzentrischen Kreisen um die Place de la République angeordnet waren. Im innersten Kreis standen ein pompöses klassizistisches Rathaus, eine im selben Stil erbaute Grundschule sowie ein paar Bürgerhäuser. Außerdem gab es eine Markthalle, die *Brasserie des Artistes* und das *Café du Commerce* sowie eine romanische Kirche, an deren hinterem Ende der Bürgermeister gegen den erbitterten Widerstand des Pfarrers mit republikanischer Boshaftigkeit ein Urinal hatte anbauen lassen. Im mittleren Kreis gab es das Postamt und zwei Bäckereien, einen Friseur und einen Spezereiladen, zudem eine Metzgerei sowie einen Eisenwarenladen und eine Kleiderboutique namens *Aux Galeries Place Vendôme,* in der die Bürgerinnen des Städtchens und die Bäuerinnen des Umlands einkauften, was sie für Pariser Chic hielten. Im äußersten Kreis fanden sich zwischen einfachen Wohnhäusern die Schmiede und die Tischlerei sowie der Verkaufsladen der landwirtschaftlichen Genossenschaft, weiter die Sattlerei und das Kriegerdenkmal für die Gefallenen von 1870 und schließlich das Bestattungsinstitut sowie eine mechanische Werkstatt und das Feuerwehrlokal.

Im ersten Jahr war die Front für ein paar Wochen ungemütlich nahe gerückt und im dritten Jahr nochmal, und beinahe in Sichtweite gab es Trümmerfelder zu besichtigen, die früher blühende Dörfer gewesen waren; Saint-Luc selbst aber war verschont geblieben von den Schrecken des Krieges. Das Schlimmste, was das Städtchen zu erdulden gehabt hatte, war die Requisition des Feuerlöschwagens durch einen vorbeiziehenden Truppenkommandanten sowie der gelegentliche Einfall von Soldatenhorden auf Fronturlaub, die wild entschlossen waren, ihren Sold in einer Nacht zu verprassen. Ansonsten hatte man sich in Saint-Luc an den eigenartigen Umstand gewöhnt, dass der Krieg nur dort wütete, wo er tatsächlich stattfand, während gleich um die Ecke die Butterblumen blühten, die Marktfrauen ihre Waren feilboten und die Mütter ihren Töchtern bunte Bänder ins Haar flochten.

Als Neuankömmling hatte Léon geglaubt, das *Café du Commerce* sei das Stammlokal der Gewerbetreibenden, die *Brasserie des Artistes* hingegen Treffpunkt der lokalen Künstler und Intellektuellen; aber natürlich war es umgekehrt. Denn wie überall auf der Welt litten auch in Saint-Luc die erfolgreichsten Rechtsanwälte, Händler und Handwerker abends, wenn sie ihre Tageseinnahmen gezählt und sicher im Geldschrank versperrt hatten, auf moderate Weise unter einem gewissen Mangel an Witz und Schönheit in ihrem Leben, weshalb sie ihre spärliche Freizeit gern in der

Brasserie des Artistes verbrachten, die sie für den Künstler-treffpunkt hielten, weil an den Wänden nikotingelbe Kunst-drucke von Henri de Toulouse-Lautrec hingen. Aber wie überall auf der Welt gab es im vermeintlichen Künstlertreff längst keine Künstler mehr, weil diese vor den allzu Lebenstüchtigen quer über den Platz ins *Café du Commerce* geflohen waren. Dort saß nun nach dieser Rochade die lokale Boheme Abend für Abend in sicherer Entfernung zur Bourgeoisie, langweilte sich genauso wie diese und litt an der unleugbaren Tatsache, dass auch das Künstlerleben bei Weitem nicht so lustig und abwechslungsreich ist, wie es gerechterweise sein müsste.

Die Boheme von Saint-Luc bestand aus zwei schriftstellernden Lehrern, die sich einander künstlerisch weit überlegen glaubten, dann dem chronisch schwermütigen Kirchenorganisten und einer aquarellierenden Jungfer sowie dem lispelnden Grabsteinmetz und ein paar alteingesessenen Trinkern, Quatschköpfen und Pensionisten. Alle saßen sie Abend für Abend trotzig fröhlich beisammen an ihrem Stammtisch nahe beim runden Kohleofen, dessen Rohr quer durch den Saal führte und zur Küche hin in der Wand verschwand, tranken Pernod und dünsteten Knoblauch aus, während in knapp hundert Kilometern Entfernung komplette Jahrgänge junger Männer erschossen, vergast und durch den Fleischwolf gedreht wurden.

Gerechterweise muss man sagen, dass es nicht die Schuld der Quatschköpfe war, dass es ihnen so gut ging. Das Geld lag nun mal auf der Straße, seit der Staat seine Soldaten und deren Familien mit großzügigen Renten, Stipendien und Pensionen bei Laune hielt; zwar konnte man mit dem

Geld nicht immer alles kaufen, worauf man gerade Lust hatte, aber Brot und Speck und Käse gab es reichlich. Im *Commerce* war der Wein vielleicht manchmal ein wenig mit Wasser verdünnt, dafür war er billig, nicht allzu sauer und verursachte keine Kopfschmerzen.

Natürlich hatte unter den Stammgästen die Nachricht längst die Runde gemacht, dass der alte Barthélemy am Bahnhof fürs Nichtstun einen neuen Assistenten bekommen hatte, weshalb Léon, als er in seiner Eisenbahneruniform zum ersten Mal durch die gläserne Eingangstür trat, sich ihnen gar nicht mehr vorstellen musste. »Zu Ihren Diensten, mein General!«, hatte der dienstälteste Quatschkopf gerufen und im Sitzen salutiert, und einer der Lehrer hatte sich zu ihm an den Tresen gestellt, um ihn namens der Einwohnerschaft eingehend zu seinem Vorleben, seinen aktuellen Lebensumständen und seinen Zukunftsplänen zu befragen. Befriedigt nahmen die Stammgäste im Lauf der folgenden Abende zur Kenntnis, dass Léon keine großen Reden schwang und keine Keilereien anzettelte, sondern still am Tresen ein oder zwei Gläser Bordeaux trank und nach einer halben Stunde höflich das Feld räumte, wie es sich für einen Jungen seines Alters gehörte.

Léon war jeden Abend im *Commerce*. Manchmal sprach er mit dem Wirt ein paar Worte, manchmal auch mit dessen Tochter, die montags, mittwochs und freitags hinter dem Tresen stand und ein großgewachsenes, ernstes Mädchen war, das immer ein wenig abwesend schien, aber selbst bei den größten Saufgelagen jederzeit die Übersicht behielt über die Trinkschulden jedes einzelnen Gasts. Léon wusste, dass sie ihm gelegentlich aus den Augenwinkeln prüfende

Blicke zuwarf, und er versuchte vor ihr zu verheimlichen, dass er seinerseits die Eingangstür im Auge behielt.

Denn natürlich war er nicht nur wegen des Rotweins da, sondern hauptsächlich in der Hoffnung, dass irgendwann das Mädchen mit der rotweiß gepunkteten Bluse auftauchen würde. Sie hatte kein Gepäck auf dem Fahrrad gehabt, also musste sie in der Gegend leben; wenn nicht in Saint-Luc selbst, so doch in einem der umliegenden Weiler. Der Ort war klein, schon nach wenigen Tagen war ihm kaum ein Gesicht mehr unbekannt; er kannte den Pfarrer und die drei Polizisten und den Gemeindediener und sämtliche Gassenjungen und das Blumenmädchen. Die schöne Radfahrerin aber fand er nicht mehr, weder in der Bäckerei noch im Postamt, noch auf der Straße oder in der Sonntagsmesse, weder auf dem Friedhof noch in der Wäscherei oder im Blumenladen, nicht auf den Sitzbänken auf der Place de la République und nicht unter den Platanen, die den Kanal säumten, und auch nicht am Eingangstor zur Ziegelbrennerei auf der anderen Seite des Bahngleises. Einmal war er einer Radfahrerin hinterhergerannt, bis sie abstieg und sich als die Ehefrau des Bäckers in der Rue des Moines entpuppte, und einmal hatte er ein regelmäßiges Quietschen gehört, dessen Herkunft aber nicht orten können, bevor es leiser wurde und verstummte.

Oft war Léon nahe daran, den Wirt des *Commerce* oder dessen Tochter nach einem Mädchen mit rotweiß gepunkteter Bluse zu fragen; er tat es aber nicht, weil er wusste, dass es in kleinen Orten zu nichts Gutem führt, wenn ein fremder Mann sich nach einem einheimischen Mädchen erkundigt. Eines Abends aber, als Léon gerade bezahlt hatte, ging schwungvoll die Tür auf, und herein kam leichten, schnellen Schrittes das Mädchen mit der rotweiß gepunkteten Bluse, nur dass sie diesmal keine Bluse, sondern einen blauen Pullover trug. Sie warf in vollem Lauf mit wohldosiertem Schwung die Tür hinter sich zu, ging zielstrebig zum Tresen und grüßte unterwegs die Stammgäste links und rechts. Nur eine Armlänge von Léon entfernt blieb sie stehen und bestellte beim Wirt zwei Schachteln Turmac-Zigaretten. Während er die Zigaretten aus dem Regal nahm, kramte sie Münzen hervor und legte sie in die Geldschale, dann räusperte sie sich und strich sich mit den Fingerspitzen der rechten Hand eine Strähne hinters Ohr, die dort aber nicht bleiben wollte und sofort wieder nach vorne schnellte.

»Bonsoir, Mademoiselle«, sagte Léon.

Sie wandte sich nach ihm um, als bemerke sie ihn erst jetzt. Léon schaute ihr in die Augen, und in der ersten Sekunde schien ihm, als erkenne er in der Tiefe ihres grünen Augengrunds die Ahnung einer großen Freundschaft.

»Dich kenne ich«, sagte sie, »aber woher?« Ihre Stimme war noch bezaubernder, als Léon sie in Erinnerung gehabt hatte.

»Von der Landstraße«, sagte er. »Sie haben mich auf dem Fahrrad überholt. Zweimal.«

»Ach ja.« Sie lachte. »Ist eine Weile her, nicht?«

»Fünf Wochen und drei Tage.«

»Ich erinnere mich, du sahst müde aus. Hattest komisches Zeug hinten aufs Rad gebunden.«

»Einen Kanister Petroleum und ein Fensterkreuz«, sagte er. »Und eine Mistgabel ohne Stiel.«

»Sowas schleppst du mit dir rum?«

»Manchmal finde ich sowas, dann schleppe ich es mit mir rum. Übrigens bin ich froh, dass es Ihrem rechten Auge besser geht.«

»Was ist mit meinem rechten Auge?«

»Das war damals ziemlich rot. Vielleicht war eine Mücke hineingeflogen oder eine Fliege.«

Das Mädchen lachte. »Ein Maikäfer war's, groß wie ein Hühnerei. Daran erinnerst du dich?«

»Und Ihr Fahrrad hat gequietscht.«

»Das quietscht immer noch«, sagte sie und steckte sich eine Zigarette an, die sie zwischen Daumen und Zeigefinger hielt wie ein Straßenjunge. »Und du? Stehst dir hier jeden Abend die Beine in den Bauch?«

Oh, dachte Léon. Das Mädchen weiß, dass ich hier jeden Abend rumstehe. Oh, oh. Das bedeutet doch wohl, dass es meine Existenz bereits zur Kenntnis genommen hat, und zwar verschiedentlich. Oh, oh, oh. Und jetzt kommt es her und lügt und tut, als ob es mich nicht wiedererkennen würde. Oh, oh, oh, oh.

»So ist es, Mademoiselle. Sie finden mich hier, wann immer Sie wollen.«

»Wieso?«

»Weil ich nicht weiß, wo ich mir sonst die Beine in den Bauch stehen soll.«

»Ein großer Bursche wie du? Sonderbar«, sagte sie, verstaute die Zigarettenschachteln in der Tasche und wandte sich zum Gehen. »Ich habe immer gedacht, Eisenbahner seien regsame Leute, vielleicht sogar mit Fernweh. Da habe ich mich wohl getäuscht.«

»Ich wollte gerade gehen«, sagte er. »Darf ich Sie ein Stück begleiten?«

»Wohin denn?«

»Wohin Sie wollen.«

»Lieber nicht. Mein Heimweg führt durch eine dunkle Gasse. Dort würdest du mir womöglich etwas über Geschwisterseelen erzählen. Oder versuchen, mir die Zukunft aus der Hand zu lesen.«

Und weg war sie.

Geh, Karedig

Hafer und Gerste waren schon eingebracht, und seit zwei Tagen war der Weizen an der Reihe. Die aufgeheizte Luft vibrierte, flirrender, dichter Staub brannte in den Augen und im Hals, und dazu kam das Rattern der Maschine. Die dunklen Röcke der Frauen waren grau geworden, grau wie die Haare und die Hauben, und den Männern rann der bräunliche Schweiß über Gesicht und Hals. Nur Gauvain arbeitete mit nacktem Oberkörper. Er stand oben auf einem Wagen, zerschnitt mit einem Sichelschlag das Strohband, das die Garbe zusammenhielt, spießte diese auf die Gabel und warf sie mit einer Bewegung, die mir majestätisch schien, auf das Förderband, auf dem sie rüttelnd hinunterglitt. Jugendlich schweißglänzend stand er in der Sonne, inmitten des blonden Weizens, der ihn umwirbelte; und ähnlich wie bei den beiden kräftigen Pferden, die regelmäßig neue Ladungen herbeibrachten, spielten seine Muskeln unaufhörlich unter der Haut.

Noch nie hatte ich einen so männlichen Mann gesehen, außer in amerikanischen Filmen, und ich war stolz, an dieser Zeremonie teilzuhaben und mich ausnahmsweise mit seiner Welt solidarisch zu fühlen. Alles gefiel mir in diesen glühenden Tagen: der herbe Geruch der dampfenden Weizensäcke, Sinnbilder des Überflusses (Gauvains Vater wachte am Fuß der Dreschmaschine darüber, daß beim Auffüllen nicht ein einziges Korn seines Schatzes danebenfiel); gegen drei Uhr nachmittags das üppige »Vesperbrot« aus Speck, Fleischpastete, goldgelber Butter, die großzügig auf das dunkle Brot geschmiert wurde, so daß unser pariserischer Vieruhrtee geradezu kärglich erschien im Vergleich; sogar die wüsten Schimpfworte der Männer, jedesmal, wenn der Treibriemen heraussprang und man ihn wieder auf die Scheiben setzen mußte, während diejenigen, die es sich erlauben konnten, schnell ihre ausgetrocknete Kehle mit einem Schluck Cidre befeuchteten; und zu guter Letzt, wenn alle Säcke in der Scheune bereitstanden für den Müller, das »fest-noz«, für das ein Schwein geschlachtet worden war.

An jenem Abend waren alle in einem Zustand der äußersten, fast rauschhaften Erschöpfung vereint, in der Zufriedenheit über die getane Arbeit, die eingebrachte Ernte, eingetaucht in jenes für die Bretagne Ende Juli so typische Dämmerlicht, das sich nicht entschließen kann, der Nacht zu weichen. Der Tag zieht sich dahin, wehrt sich, und jeder hofft irgendwo, daß er endlich, einmal, die Finsternis besiegen wird.

Ich saß neben Gauvain, ganz dem Gefühl hingegeben, diesen heiligen Augenblick mit ihm zu teilen, ohne Hoffnung, dieses Gefühl ausdrücken zu können. Bei den Bauern spricht man sehr diskret von der Natur. Wir blieben stumm, gehemmt, verlegen darüber, daß wir erwachsener geworden waren. Die Spiele und Kämpfe der Kindheit hatten wir aufgegeben und durch nichts ersetzt. Die Lozerech-Buben und die Gallois-Mädchen waren im Begriff, sich in ihrer jeweiligen sozialen Schicht niederzulassen, nach dem künstlichen Aufschub der Kinderjahre, und sie richteten sich darauf ein, ihre Verbindung auf das belanglose Kopfnicken und Lächeln der Leute zu beschränken, die sich im Dorf begegnen, aber einander nichts mehr zu sagen haben, nicht einmal mehr häßliche Schimpfwörter. Man duzte sich noch, erkundigte sich höflich nach der Arbeit oder nach der Fischerei: »Na, war's ein guter Fang?« – »Und du, was machen deine Prüfungen?«, Fragen, deren Antworten man mit halbem Ohr aufnahm, wie Muscheln am Strand im Winter, die man nicht einmal mehr aufliest.

Und dann dieser Abend, wie schwebend zwischen Tag und Nacht, zwischen Traum und Wirklichkeit … Als wir uns verabschiedeten, schlug Gauvain ganz unvermittelt, trotz der Müdigkeit, die seine Züge sanfter erscheinen ließ, »einen kleinen Abstecher nach Concarneau« vor, was keine sonderliche Begeisterung hervorrief, da jeder sich nur nach seinem Bett sehnte. Trotzdem erklärte sich einer seiner Brüder bereit, mitzumachen, und um nicht das einzige Mädchen zu sein, zwang ich Yvonne, mich zu begleiten. Dazu mußte ich sämtliche Mittel einsetzen, die ich zur Verfügung hatte:

»Du kriegst meinen neuen BH, den mit der Spitze … oder mein Eau de Cologne, Canoë von Dana.« Gauvain war einer der wenigen im Dorf, die ein Auto besaßen, einen alten kleinen Renault, in den er nun so viele Menschenleiber einlud, wie hineinpaßten. Meine Schwester war nicht mit von der Partie: Mit fünfzehn Jahren geht man nicht tanzen nach Concarneau.

Mir, die ich bisher nur den Ball der exklusiven Ecole

Polytechnique oder den »Point Gamma«, das alljährlich stattfindende Fest der Ingenieurstudenten, kennengelernt hatte, mir erschien das Tanzlokal Ty Chupenn Gwen so exotisch wie ein Treffpunkt der Unterwelt. Yvonne nahm mich freundlich unter ihre Fittiche in diesem Kreis, wo ich die einzige »hergelaufene Pariserin« war inmitten einer Horde von lauten und schon etwas angeheiterten Knaben. Aber zumindest würde ich hier nicht Mauerblümchen sein, wie allzuoft auf Pariser Festen, wo mich meine Schüchternheit jedesmal hinter den Plattenspieler verbannte, wenn ich den auf der Einladung geforderten »Tänzer« nicht mitgebracht hatte.

Kaum hatten wir einen Tisch gefunden, zerrte mich Gauvain schon – ohne zu fragen und bevor es ein anderer tat – auf die Tanzfläche, und dabei nahm er mich so fest in seinen Arm, wie er es vermutlich bei Sturm auf seinem Fischkutter mit einem Stag machte. Ich spürte jeden Finger seiner Hand auf meinen Rippen – richtige Hände, dachte ich, Hände, die das, was sie festhalten, nicht loslassen, und nicht solche blassen, vornehmen Verlängerungen, wie sie jene vornehmen und blassen jungen Leute zierten, mit denen ich in Paris Umgang pflegte.

Er tanzte wie ein Mann aus dem Volk, wie Coupeau, der Mann von Gervaise, oder die anderen Fabrikarbeiter in Zolas *Schnapsbude:* mit der gleichen Schaukelbewegung der Schultern, die viel zu übertrieben war, um nach meinen bürgerlichen Maßstäben nicht vulgär zu erscheinen. Nicht ein einziges Mal trafen sich unsere Blicke, und wir wechselten kein Wort. Er wußte nicht, was er sagen sollte, und auch mir fiel kein Thema ein, das ihn hätte interessieren können.

Zwischen »Mögen Sie die *Briefe an einen jungen Dichter*?« und »Ging das Geschäft mit dem Fisch gut diese Woche?«, das ebenfalls zu verwerfen war – was konnte eine Studentin der Geschichte und der alten Sprachen einem Jungen sagen, der den größten Teil seiner Zeit auf einem Fischkutter in der Irischen See verbrachte? Meine natürliche Schüchternheit, gepaart mit dem absonderlichen Gefühl, mich in den Armen des Lozerech-Sohnes zu bewegen, machte mich stumm. Aber das spielte keine Rolle, da er mich ja zwischen allen Tänzen fest im Griff behielt, bis die Musik wieder einsetzte. Er roch noch nach Sonne und Weizen, und ich hatte den Eindruck, daß er mich wie eine seiner Garben behandelte, mit dem finsteren, konzentrierten Gesichtsausdruck, den er bei der Arbeit hatte.

Welche Worte hätten im übrigen die Empfindung auszudrücken vermocht, die uns überflutete und die offensichtlich vollkommen unpassend und absurd war? Das Gefühl, daß sich unsere Körper erkannten und unsere Seelen – denn unsere Hirne waren es nicht – danach strebten, sich zu vereinen, ohne Rücksicht auf all das, was uns auf dieser Welt trennen konnte. Natürlich dachte ich an Platon. Damals kamen meine Ansichten und meine Empfindungen nur in Anlehnung an die Dichter und Philosophen zum Ausdruck. Gauvain ließ sich, ohne eine vergleichbare Bürgschaft, von dem gleichen Zauber überwältigen, das spürte ich. Solche Eindrücke entstehen niemals einseitig.

Einen Walzer und zwei Paso doble lang hielten wir stand. »Poema-Tango« riß uns gemeinsam hinweg. Die Konturen der Wirklichkeit verwischten sich. Wie auf einem anderen Planeten hörte ich die Freunde um uns herum, die mit plumpen Witzeleien ihre wachsende Lust zu verbergen suchten, die vom Alkohol und ein paar angedeuteten Annäherungsversuchen nachgiebig gestimmten Mädchen zu vögeln. Ohne uns abzusprechen, die jäh eintretende Dunkelheit nutzend, waren Gauvain und ich plötzlich draußen. Mit dem unbekümmerten Egoismus der Glücklichen beschlossen wir, daß Yvonne und ihr Bruder leicht Freunde finden würden, um sich ins Dorf zurückbringen zu lassen, verließen feige die heitere Gesellschaft und flüchteten in dem kleinen Renault.

Selbstverständlich fuhr Gauvain in Richtung Küste. In solchen Fällen strebt man instinktiv zum Meer. Wir wußten, daß es uns die Sprache ersetzen würde und daß es uns in seine mütterliche Größe, in sein wohlwollendes Schweigen hüllen würde. Immer wieder, wenn der Weg zu Ende war, haben wir für einige Zeit angehalten: in Cabellou, in La Jument, in Trévignon, in Kersidan und am Strand von Raguenès. Jedesmal machten wir kehrt, denn eine Küstenstraße gab es damals noch nicht, nur Sackgassen, und das entsprach dem Bild unseres Lebens an jenem Abend. Je weniger wir sprachen, desto weniger gelang es uns, das Schweigen zu brechen, das unsere Herzen erfüllte. Gauvain begnügte sich damit, seinen Arm zärtlich um meine Schultern zu legen und mich zitternd an sich zu pressen. Dabei berührte er zuweilen mit seiner Schläfe meine Wange.

In Raguenès war Ebbe. Die Sandzunge, die nur bei großer Tide Küste und Insel verbindet, glänzte im Mondlicht. Links, auf der gegen den ständigen Wind geschützten Ostseite, konnte man den Übergang zwischen Wasser und Strand kaum erkennen: Das Meer war spiegelglatt. Auf der Westseite fältelte eine ganz leichte Brise das große Silberlaken, das mit einer phosphoreszierenden Kräuselbordüre abschloß. Es war alles so rein, uns so ähnlich, daß wir hinunterstiegen, um in diesem stillen Wasser ein wenig zu gehen.

»Was hältst du von einem Mitternachtsbad?«

Der Gedanke war mir plötzlich gekommen. Es war das erstemal, daß wir uns gemeinsam an einem Strand befanden. In jener Zeit gingen die Bretonen kaum je ans Ufer. Baden kam ihnen wie eine Touristenspinnerei vor. Das Meer war keine Vergnügungsstätte; zu oft und seit Jahrhunderten hatten die Seeleute sich hier ihr »Loch im Wasser gegraben«. Ohne uns anzusehen, in respektvollem Abstand, legten wir unsere Kleider ab. Noch nie hatte ich mich vor einem Jungen nackt ausgezogen, aber es tat mir leid, daß Gauvain nicht wenigstens einen Blick nach mir warf. Ich wähnte mich schön im Mondschein und weniger nackt als in einem Zimmer im harten Licht einer Glühbirne. Sowohl um meine Vorderseite zu verbergen, als auch um zu verhindern, daß ich seine Vorderseite sehen mußte, stürzte ich mich als erste ins Meer, und zwar auf der Ostseite, aus Freude daran, diesen allzu glatten Spiegel aufzubrechen. Aber weit schwamm ich nicht hinaus. Sehr schnell ahnte ich, daß Gauvain nicht schwimmen konnte. »Wozu auch? Wenn man nachts von einer Sturzwelle weggerissen wird, muß man nur noch länger leiden im eisigen Wasser«, sagte er. Ich erkannte, daß wir nicht das gleiche Verhältnis zum Meer hatten. Gauvain und ich verkehrten nicht mit ein und derselben Person, aber er kannte die echte.

Lange ließen wir uns von den empfindlich kühlen Wellen treiben und wiegen; wir streiften uns lachend wie zwei glückliche Wale und konnten uns nicht entschließen, aus dem Wasser zu gehen, weil wir wußten, daß wir an Land, im Trockenen, gleichzeitig mit unseren Kleidern auch unsere Standesidentität und unsere Konventionen wieder anziehen würden.

Es war eine jener unwirklichen Nächte, in denen ein gewisses phosphoreszierendes Plankton an die Oberfläche steigt, und bei jeder Bewegung, bei jedem Spritzer schien das Meer Funken zu sprühen. Allmählich überflutete uns eine Welle von Melancholie, die scheinbar in keinem Verhältnis stand zu dem Augenblick, den wir gerade erlebt hatten, als ob wir eine lange Zeit der Leidenschaft hinter uns hätten und ein so unaufhaltsames Ereignis wie ein Krieg im Begriff sei, uns zu trennen. Das Ereignis war in diesem Fall das Morgengrauen. Nach Osten hin wurde der Himmel schon heller und rückte das Festland allmählich wieder zu seinen wahren Proportionen zurecht.

Gauvain hat mich vor meiner Haustür abgesetzt. In Mamans Zimmer brannte noch Licht. Sie wartete auf mich. Er sagte, und dabei hielt er sich in respektvoller Distanz: »Ja, dann auf Wiedersehen!« Er hatte zu seiner üblichen Stimme zurückgefunden. Mit einem leichten Zögern fügte er etwas leiser hinzu: »Vielleicht auf bald« – und ich antwortete genauso platt, die Arme am Körper: »Danke fürs Nachhausebringen«, dabei konnte er gar nicht anders, da unsere Häuser ja unmittelbar nebeneinander lagen.

Zwei Tage später ging er wieder an Bord seiner *Vaillant-Couturier,* und ich sollte ihn in diesem Sommer nicht mehr wiedersehen, denn wir fuhren Anfang September nach

Paris zurück. Denkt man an die Seeleute im Winter, wenn man in seiner behaglichen Wohnung sitzt? Welche Brücke soll man denn auch zwischen dem Deck eines Trawlers und dem Descartes-Hörsaal schlagen, in dem Professor Pauphilet die wundersame Geschichte von Aucassin und Nicolette auseinandernehmen und uns die höfische Liebe entschlüsseln würde.

Er ist auf seinen Hof zugegangen und schnell von der Dunkelheit aufgesogen worden. Ich habe die Haustür geöffnet und meine nassen Haare geschüttelt. Die Notwendigkeit, mich bei Maman zu melden, bevor ich in mein Zimmer gehen konnte, scheuerte mir jegliche Romantik vom Leib: Was ich gerade empfunden hatte, löste sich bereits auf, entfernte sich in Windeseile wie jene Träume, die trotz allen Bemühungen in wenigen Sekunden verblassen, während man erwacht, und einem nichts zwischen den Fingern zurücklassen. Aber bis zum Ende jenes Sommers ging ich, wie mir scheint, mit weniger sicherem Gang, und ein leichter Nebel legte sich über das Blau meines Blickes.

*

Erst zwei Jahre später habe ich Gauvain wiedergesehen. Beruflich hatte er sich endgültig für das Meer entschieden. Mittlerweile war er Bootsmann geworden, und in Raguenès verbrachte er alle vierzehn Tage knappe achtundvierzig Stunden. Im Herbst wollte er die Schiffahrtsschule in Concarneau besuchen, um Fischereikapitän zu werden.

Der Tanzsaal war ungemütlich kahl und brutal beleuchtet; in einem Spiegel sah ich, daß ich seit dem Vormittag nicht unbedingt schöner geworden war. Zumal jetzt neue, unverbrauchte Gäste eintrafen, darunter auch ein paar Sommerfrischler, die ich kannte, und die das Ganze als eine Art Zoobesuch betrachteten. Wie selbstverständlich wurde ich von ihrem Kreis aufgesogen. Ich warf Gauvain verzweifelte Blicke zu, aber es gelang mir nicht mehr, seine Aufmerksamkeit auf mich zu lenken; ich existierte überhaupt nicht für ihn.

Ich setzte einige alterprobte Mittel ein, magnetisierte ihn mit durchdringenden Blicken in seinen Nacken, machte mich so leuchtend wie ein Glühwürmchen, jedesmal wenn ich in seinem Blickfeld war, lehnte ostentativ die schmalzigsten Tangos mit meinen Freunden ab und schlich wie eine arme Seele durch den Ballsaal … Keiner meiner Tricks funktionierte, und bei allen meinen Lieblingstänzen nahm Gauvain Marie-Josée in die Arme.

Nun denn! Es blieb mir nichts anderes übrig, als in die Gruppe, zu der ich schließlich gehörte, zurückzukehren und diesen schönen Rüpel zu vergessen. Ich hatte nichts mehr zu erhoffen hier, dieser Ball war das Letzte, meine Chancen waren versaut, und das war auch besser so. Was hätte ich mit Gauvain danach gemacht? Ich hätte ihm ja doch nur übel mitgespielt. Dieser edle Gedanke war Balsam für meinen gekränkten Stolz.

Ich war bereits im Garten des Hotels angelangt, kletterte über die betrunkenen Wracks am Wegrand, die sich teilweise noch bewegten und Bruchstücke von Liedern brabbelten oder einen Arm gen Himmel reckten, um eine endgültige Weisheit zu verkünden, als ich plötzlich eine Hand auf meiner Schulter spürte, die mich zusammenschrecken ließ.

»Ich muß dich sehen!« flüsterte Gauvain eindringlich. »Warte auf mich heute nacht am Dock, ich komme, sobald ich kann. Vor ein Uhr ganz bestimmt.«

Es war keine Frage gewesen. Er wartete auch gar nicht erst auf die Antwort.

Nach den Tabakdämpfen des Ballsaals brachte der Westwind schubweise den intensiven Geruch des Tangs, einen Geruch nach Sex. Ich bin nach Hause gegangen, des Alibis wegen. Und auch um vorsorglich meinen Dufflecoat mitzunehmen, denn ich konnte mir vorstellen, daß er ein guter Schutz wäre gegen die Unebenheiten des Bodens, sobald Gauvain seine achtzig Kilo über mir ausbreiten würde. Und das Gedicht, das ich zwei Jahre zuvor für ihn geschrieben hatte und das in einer Schublade ruhte, steckte ich in die Tasche, man kann ja nie wissen. Bevor ich ging, zeigte ich es meiner Schwester, die die Nase rümpfte.

»Sehr jungmädchenhaft«, sagte sie.

Ich fand es schön! Wird man nicht immer wieder zum jungen Mädchen, wenn man losläuft, den Armen eines Mannes entgegen?

An jenem Abend konnte man den Mond nicht sehen. Die Insel von Raguenès lag wie eine tiefschwarze Masse auf dem fast schwarzen Meer, und alles schien reglos, als läge es in der Erwartung eines Ereignisses. Eigentlich mußte ich diesen Eindruck korrigieren: *Ich* erwartete ein Ereignis. Für die Natur war es eine Sommernacht wie jede andere auch.

Von der ersten Minute des Wartens an war ich in den

genußreichen Prozeß der Lust eingetreten. Ich erlebte das Beste, was das Leben zu bieten hat, und war mir dessen bewußt. An jenem Abend wäre ich verrückt genug gewesen, um auf zehn Jahre meines Lebens zu verzichten – sagen wir fünf –, nur damit nichts den Verlauf des Stückes behindern möge, das wir nun spielen würden und bei dem noch keiner von uns seine Rolle kannte. Was haben ein paar Jahre im Alter schon zu bedeuten, wenn man zwanzig ist? Ich bereitete mich darauf vor, eine Nacht ohne Morgen zu erleben, eine den Konventionen, der Vorsicht und sogar der Hoffnung gestohlene Nacht, und ich empfand dabei wilde Freude.

Endlich kam Gauvain. Sein Auto hat er ganz am Rand des Feldes abgestellt, ich habe ihn die Tür zuschlagen hören und seine Gestalt erahnt, wie er durch die Dunkelheit spähte. Vermutlich hatte er mich schon im Licht der Scheinwerfer gesehen, denn nun rannte er den felsigen Abhang herunter. Ich hatte mich an ein auf den Sand gezogenes Boot gelehnt, um mich gegen den Wind zu schützen; die Arme um die Knie geschlungen, saß ich da, in einer Haltung, die mir zugleich sportlich und romantisch erschien … Mit zwanzig legt man sehr viel Wert auf seine Haltung. Gauvain hat mich an beiden Händen gepackt, um mich schneller hochzuziehen, und noch bevor ich ein Wort sagen konnte, hat er mich heftig an sich gepreßt, sein Bein sofort zwischen meine geschoben und mit dem Mund mir die Lippen geöffnet, meine Zunge hat sich an seinem kaputten Zahn verfangen, meine Hand ist zum erstenmal unter seine Jacke geglitten, in seine duftende Wärme, meine Finger sind eingedrungen in jenen rührenden Hohlraum, den der Gürtel bei manchen Männern zwischen den Lendenmuskeln freigibt. Lautlos begann es zu regnen, und wir bemerkten es nicht sofort, so entrückt waren die Gefilde, in denen wir schwebten. Einen Augenblick glaubte ich, daß Gauvain weinte, und rückte ein wenig von ihm ab, um seine Augen zu erkennen ... Schon ringelten sich die nassen Haarsträhnen auf seiner Stirn, Gischttropfen glänzten zwischen seinen gebogenen Wimpern. Vielleicht waren es doch Tränen. Unsere Lippen haben sich wieder vereint, sich voneinander gelöst und sich lachend wiedergefunden, ganz glitschig vom Wasser des Himmels, das köstlich schmeckte, und die Schwärze der Luft, die Melancholie des feuchten Strands und die Gänsehaut des Meeres unter den Regentropfen umringten uns von allen Seiten, lösten uns heraus aus der Betriebsamkeit des Tages und tauchten uns in die fast unerträgliche Einfachheit der Liebe.

Der Regen bahnte sich allmählich einen Weg in unsere Kragen, und der Südwestwind wurde stärker, aber wir konnten uns schon nicht mehr trennen. Mit einer Bewegung des Kinns wies Gauvain zur Insel und zu der Ruine hinüber, von der noch ein Stück Dach übrig war, das am letzten Balken hing. Ich lächelte: Da hatten wir in unserer Kindheit oft gespielt!

»Wir können noch rübergehen. Erst gegen zwei Uhr früh kommt die Flut.«

Wir sind auf dem Sandkamm entlanggelaufen, der bei Ebbe die Insel mit der Küste verbindet, auf dem Tang habe ich mir die Knöchel verstaucht, und Gauvain, dessen Husky-Augen auch im Dunkeln sehen, hat mir geholfen, auf das grasbedeckte Plateau zu steigen, wo unser Häuschen stand ... oder das, was noch von ihm übrig war. Außer

Atem haben wir uns wortlos bei den Händen genommen, ganz durchdrungen vom Ernst der Freude, so heftig zu begehren, was wir nun gemeinsam tun würden, hier in diesem unsicheren Unterschlupf, ohne Sorge um die Vergangenheit und um die Zukunft. Wenn das Leben ganz und gar im Augenblick Platz findet, wenn es einem gelingt, alles andere zu vergessen, dann erreicht man vielleicht die intensivste Form der Freude.

Wir haben uns in die einzige trockene Ecke der verfallenen Behausung verkrochen, und ich war froh, daß ich meinen Dufflecoat mitgenommen hatte. Ich wußte nichts anderes zu sagen als immer wieder: »Bist du da? Sag mir, daß du es wirklich bist ... Es ist so dunkel, daß ich Zweifel habe.«

»Ich wußte doch, daß wir uns eines Tages wiederfinden würden, ich wußte es«, antwortete er und streichelte mein Gesicht, um es besser zu sehen, dann tastete er sich langsam unter der Bluse über meine Schultern, über den Nacken hinab zur Taille, formte mich behutsam aus dem wunderbaren Material der Erwartung.

Ich hatte nicht gerade oft in meinem Leben mit einem Mann geschlafen. Mit zwanzig Jahren hatte ich bisher erst Gilles, meinen Initiator, erlebt, der mich in nichts eingeweiht hatte, denn beide wußten wir so gut wie nichts vom Gebrauch der Geschlechtsorgane. Und dann noch Roger, dessen Intelligenz mich vor Bewunderung stumm und des Urteils unfähig machte, selbst dann, wenn er mich zwischen zwei Physikreferaten auf der marokkanischen Decke in seiner Studentenbude – fließend Wasser auf der Treppe – in fünf Stößen absolvierte, wobei die vorangehenden Kitzel-

Streichel-Knutschaktionen, die als Starthilfe gedacht waren, auch nicht langatmiger ausfielen. Ich muß unwillkürlich jedesmal daran denken, wenn ich einen Geiger sehe, der mit der Mittelfingerspitze eine Saite seines Instrumentes zum Vibrieren bringt und sie wieder losläßt, wenn die gewünschte Wirkung erzielt oder vermeintlich erzielt wurde. Während der Penetration machte er sich freundlicherweise die Mühe, ein paar »Ich liebe dich« zu gurgeln, und ich antwortete mit »Ich liebe dich«, um mir Mut zu machen und um diese Viertelstunde, der ich jedesmal hoffnungsfroh entgegenfieberte und aus der ich erkennbar ohne die bei ihm eintretende Erleichterung wieder hervorging, mit ein wenig Seele anzureichern. Da er mir aber keinerlei Fragen stellte und »es« in regelmäßigen Abständen mit mir wiederholte, war ich anscheinend »in Ordnung«, und das war sie wohl, »die körperliche Liebe«, wie ich sie damals nannte. Ich mochte das Vorher lieber, er das Nachher. Vielleicht lag darin der berühmte Unterschied der Geschlechter.

Ich erinnere mich nicht, ob Gauvain damals schon ein so guter Streichler war, wie er es später wurde. In seinen Kreisen wurde damals nicht viel gestreichelt. Und damals ließ ich mich auch nicht leicht streicheln. Ich fand Roger ganz normal. Man kann doch Männer nicht langweilen mit Äußerungen wie »Nein, ein bißchen höher«, oder »Aua, das ist zu heftig …«, oder gar »Noch ein bißchen mehr, bitte«. Denn wenn man ihnen mit solchen Forderungen auf den Wecker geht, wirkt man unersättlich, und dann gehen sie anderswohin, zu allzeit zufriedenen Mädchen, die ihren Zauberstab anbeten und ihr heiliges Salböl mit den wonneerfüllten Gesichtern von Erstkommunikantinnen trinken. Zumindest wurde dies in meinen Kreisen behauptet, und wie sollte ich das nachprüfen? Ehrlichkeit war damals nicht üblich dem männlichen Geschlecht gegenüber. Sie sprachen ja nicht die gleiche Sprache wie wir. Man gehörte zu seinem Geschlecht, wie man zu seiner Heimatgegend gehörte.

In jener Nacht fielen zum erstenmal diese Schranken, als ob sich unsere Körper schon immer gekannt hätten, und wir tasteten uns voran im Takt der gleichen Lust, bis all unsere Unterschiede sich verwischten, als ob wir aufeinander gewartet hätten, um uns zu lieben und uns ineinander aufzulösen, ohne Ende, denn die Lust an der Lust erschöpft sich nicht durch die Befriedigung der Lust, und in der Tiefe der gerade verklingenden spürten wir schon die ersten Schwingungen der zukünftigen Lust. Wir erlebten eine jener Nächte ohne Dauer, wie sie einem nur ganz selten im Leben widerfahren.

Die steigende Flut war es, die uns wieder auf den Boden der Realität zurückbrachte: Gauvain hat plötzlich das Geräusch der näher kommenden Wellen gehört. Dieser Mann wußte immer, wie es mit dem Meer stand.

»Wenn wir nicht auf der Stelle abhauen, müssen wir zurückschwimmen«, verkündete er und tastete hektisch nach unseren am Boden verstreuten Kleidern. Mein Büstenhalter hatte sich in Luft aufgelöst, und ich gab es auf, ihn zu suchen. Schließlich stand ja nicht mein Name drauf. Gauvain gelang es nicht, die feuchten Knöpfe in die im Regen geschrumpften Knopflöcher hineinzuzerren, und ich hörte ihn im Dunkeln fluchen. Schließlich hatten wir uns notdürftig wieder in unsere Sachen eingenestelt – ich mit meiner idiotischen Handtasche am Arm, als käme ich gerade aus einem Café, mein großer bretonischer Fischertölpel mit der Hose um den Hals gebunden, vom Regen durfte sie naß werden, nicht vom Meer –, und wir liefen los zum Sandsteg, wo bereits eine starke Strömung auflief. Wir hatten Mühe, unsere Lachausbrüche zu beherrschen, und wir stolperten in den Pfützen. Wir hielten uns fest an der Hand, um nicht fortgerissen zu werden, und es gelang uns im letzten Augenblick, den Priel zu durchqueren, das Wasser ging uns bis zu den Hüften. Aber gab es eine schönere Art, sich nach der Liebe zu waschen?

Als wir zu dem alten Renault gelangten, kam er uns unglaublich komfortabel und trocken vor, und wir stiegen mit viel Mühe wieder in unsere triefenden Kleider. Im Dorf parkte Gauvain sein Auto im Hof und begleitete mich zu Fuß bis an die Haustür. Die Straße roch nach warmem Stall, und man hörte das Vieh sich im Stroh bewegen. Auch wir sehnten uns nach der Wärme eines Stalls, aber wir mußten nach Hause, jeder für sich zurück in sein Leben. Es war plötzlich kalt, und wir haben uns ein letztes Mal in die Wärme unserer Lippen gerettet.

»Ich hab’ etwas für dich«, flüsterte ich und kramte aus meiner feuchten Handtasche ein Gedicht. »Ich weiß, daß du mich lächerlich finden wirst ... aber ich habe es damals nach dem Abend geschrieben ... du weißt schon, vor zwei Jahren ...«

»Also du auch?« fragte Gauvain mit seiner Nachtstimme. »Ich hatte gedacht ...«

»Du hast mir doch nie wieder ein Zeichen gegeben!«

»Mir schien, es wäre für uns beide besser. Aber heute abend war es dann doch stärker als ich, und ich bereue es auch irgendwie. Im Grunde bin ich ein Schuft.«

»Warum? Weil du verlobt bist?«

Er hob die Schultern. »Ich habe mich verlobt, um mich gegen dich zu wehren ... gegen die falschen Vorstellungen, die ich mir hätte machen können. Zwischen uns beiden war die Sache von vornherein faul und zum Scheitern verurteilt, darüber habe ich mir nie Illusionen gemacht. Und heute abend hätte ich dich nicht dahin schleppen sollen, das war Quatsch. Verzeih mir.«

Seinen dicht gelockten Kopf ließ er auf meine Schulter fallen. Er atmete heftig. Ich hätte ihm gerne erklärt, daß der einzige, unverzeihliche Quatsch gewesen wäre, einem jener Augenblicke zu widerstehen, die uns das Leben so knausrig beschert, das spürte ich damals schon. Aber er hätte es nicht verstanden. Sein Denksystem funktionierte anders. Und außerdem regnete es immer stärker, mein Dufflecoat roch nach nassem Hund, der Schlamm sickerte durch unsere Schuhe, und wir erschauerten vor Kälte und Schwermut. Gauvain auch vor Wut. Er hatte sich zur Gefühlsduselei hinreißen lassen, das paßte nicht in sein Lebenskonzept. Ich spürte, wie er innerlich steif wurde, nun hatte er es eilig, seine Gewißheiten, seine wohlgeordnete Welt wiederzufinden.

»Ich verzeih' dir«, habe ich zu ihm gesagt, »wenn du mir schwörst, daß wir uns wiedersehen, bevor du im Winter mit deiner Schule anfängst. Einmal, ein richtiges Mal, in einem richtigen Bett ... ohne Angst vor der Flut. Ich möchte dich besser kennenlernen, bevor ich dich vergesse.«

Gauvain hat mich stärker an sich gepreßt. Mich vergessen, das konnte er schon nicht mehr.

»Geh, Karedig«, flüsterte er, »in der Sprache von Paris könnte ich es dir nicht sagen. Und ich wage es auch nur, weil es so dunkel ist ... Ich kann dir nichts versprechen ... Ich weiß es nicht. Aber du mußt wissen ...«

Es gelang ihm nicht, den Satz zu Ende zu führen. Ich wußte es ja, daß er Fischer und Seemann und verlobt war, daß er voller Moralempfinden und Komplexe steckte und fest entschlossen war, »ein anständiger Mensch« zu bleiben, wie er das nannte. Ich aber wollte unvergeßlich für ihn bleiben, auch wenn ich ihm damit seine Ehe vermieste, ich hatte die naive Grausamkeit der jungen Mädchen, die nicht einen Augenblick daran zweifeln, daß die raffinierte Freude, im geliebten Mann eine unheilbare Sehnsucht zurückzulassen, besser ist als der fade Trost, ihn in den Armen einer anderen in Frieden zu wissen.

»Kenavo ... A Wechall«, fügte er noch leiser hinzu. Dann löste er sich von mir. »Und was Paris angeht, ich werd' sehen, was ich tun kann«, sagte er mit jenem bretonischen Akzent, der die Wörter verkürzt und dessen Herbheit ich mochte. Und er hob die rechte Hand, als wollte er sagen: ich schwör' es –, so lange, bis ich die niedrige Haustür hinter mir verschlossen hatte.

Ein Drama am Ufer des Meeres

Die jungen Leute haben fast alle einen Zirkel, mit dem sie sich darin gefallen, die Zukunft zu messen; wenn ihr Wille sich mit der Kühnheit des Winkels vereint, den sie öffnen, so gehört ihnen die Welt. Aber diese Erscheinung des Seelenlebens gilt nur bis zu einem bestimmten Alter. Dieses Alter, das bei jedem Manne die Jahre zwischen zweiundzwanzig und achtundzwanzig umfaßt, ist das Alter der großen Gedanken, der ersten Konzeptionen, weil es das Alter der ungeheuren Wünsche ist, das Alter, in dem man an nichts zweifelt: wer zweifelt, bekennt seine Unfähigkeit. Nach diesem Alter, das so schnell wie die Saatzeit verläuft, kommt das der Erfüllung. Es gibt gewissermaßen zwei Jugendalter: die Jugend, in der man glaubt, und die Jugend, in der man handelt; bei den von der Natur begünstigten Menschen vereinigen sie sich oft, und das sind, wie Cäsar, Newton und Bonaparte, die größten unter den großen Menschen.

Ich berechnete, wie viel ein Gedanke an Zeit braucht, um sich zu entwickeln, und, meinen Zirkel in der Hand, auf einem Felsen stehend, hundert Klafter über dem Ozean, dessen Wellen in der Brandung spielten, maß ich meine Zukunft, indem ich sie mit Werken ausfüllte wie ein Ingenieur, der, auf einem leeren Feld, Befestigungen und Paläste absteckt. Das Meer war schön; ich hatte mich eben nach dem Schwimmen angezogen; ich erwartete Pauline, meinen Schutzengel, die in einem Granitbecken badete, der reizendsten Wanne, die die Natur für ihre Seenixen geschaffen hat. Wir befanden uns am äußersten Ende von le Croisic, einer lieblichen Halbinsel der Bretagne; wir waren weit vom Hafen, an einer Stelle, die der Fiskus für so unzugänglich gehalten hat, daß der Zollbeamte dort fast niemals vorbeikommt. In den Lüften zu schwimmen, nachdem man im Meer geschwommen hat! Ach, wer hätte nie in der Zukunft geschwommen? Warum dachte ich? Warum kommt ein Unglück? Wer weiß es? Die Gedanken überfallen dein Herz oder deinen Kopf, ohne dich zu befragen. Keine Kurtisane war je grillenhafter noch gebieterischer, als es die Konzeption für die Künstler ist; man muß sie im rechten Augenblick wie das Glück bei der Stirnlocke fassen. Hinaufgeklettert auf meinen Gedanken, wie Astolph auf seinen Hippogryph, ritt ich also durch die Luft, um dort ganz nach meinem Willen zu schalten. Als ich um mich her nach einem Vorzeichen suchen wollte für die kühnen Gebilde, die meine tolle Eingebung mir zu unternehmen riet, übertönte ein holder Schrei, der Schrei einer Frau, die uns in der Stille einer Einöde ruft, der Schrei einer Frau, die, belebt und fröhlich, aus dem Bade steigt, das Murmeln des unaufhörlich beweglichen Saumes, den Ebbe und Flut an den Buchten des Ufers abzeichneten. Als ich diese Seelenregung vernahm, glaubte ich zwischen den Felsen den Fuß eines Engels gesehen zu haben, der, seine Flügel ausbreitend, gerufen hatte: »Du wirst Erfolg haben!« Ich stieg hinab, strahlend, leicht; ich kletterte hüpfend wie ein Stein, der einen steilen Abhang hinunterrollt. Als sie mich sah, sagte sie: »Was hast du?« Ich antwortete nicht; meine Augen wurden feucht. Tags vorher hatte Pauline meine Schmerzen begriffen, so wie sie jetzt meine Freude begriff, mit der magischen Feinfühligkeit einer Harfe, die den Veränderungen der Atmosphäre unterworfen ist. Das menschliche Leben hat schöne Augenblicke! Wir gingen schweigend den Strand entlang. Der Himmel war ohne Wolken, das Meer ohne Furchen; andere hätten darin nichts gesehen als zwei blaue Steppen, eine über der anderen; aber wir, wir, die wir uns verstanden, ohne des Worts zu bedürfen, wir, die wir zwischen Himmel und Meer, diesen beiden Winkeln des Unendlichen, die Illusionen spielen lassen konnten, von denen man sich in der Jugend nährt, wir drückten uns die Hände bei der geringsten Bewegung, die sich zeigte, sei es auf der Wasserfläche, sei es in den Luftwellen. Wir nahmen diese flüchtigen Erscheinungen für den körperlichen Ausdruck unser beider Gedanken. Wer hat nie im Genuß den Augenblick unbegrenzter Freude gekostet, wo die Seele sich von den Fesseln des Fleisches gelöst zu haben scheint und sich gleichsam dem Weltall hingegeben fühlt, von dem sie gekommen ist? Der Genuß ist nicht unser einziger Führer in diesen Regionen. Gibt es nicht Stunden, wo die Gefühle sich ineinanderschlingen und dann losstürmen, wie zwei Kinder sich oft bei der Hand fassen und dann zu laufen anfangen, ohne zu wissen warum? Gingen auch wir so einher?

In dem Augenblick, wo die Dächer der Stadt am Horizont auftauchten, auf dem sie eine graue Linie abzeichneten, begegneten wir einem armen Fischer, der nach le Croisic zurückkehrte; er war barfuß; seine Leinwandhosen waren unten zerrissen, durchlöchert, schlecht geflickt; er trug ein Hemd aus Segelleinwand, zerfranste Hosenträger und einen Lumpen als Rock. Dieses Elend tat uns weh, gleich als wenn eine Dissonanz mitten in unsere Harmonien gedrungen wäre. Wir sahen uns an, um uns gegenseitig zu bedauern, daß wir in diesem Augenblick nicht die Kraft hatten, aus den Schätzen von Abulkaßim zu schöpfen. Wir bemerkten einen prächtigen Hummer und eine Seespinne, die an einer Schnur befestigt waren, welche der Fischer in seiner rechten Hand hin und her bewegte, während er in der andern sein Segel- und Fanggerät hielt. Wir gingen auf ihn zu, in der Absicht, ihm seinen Fisch abzukaufen, ein Gedanke, der uns beiden gleichzeitig kam, und der sich in Paulines Lächeln ausdrückte, auf das ich mit einem leichten Druck ihres Armes antwortete, den ich an meine Brust zog. Das sind Geringfügigkeiten, die hernach die Erinnerung zu einem Gedicht gestaltet, wenn wir uns, beim Schein des Feuers, der Stunde erinnern, wo dieses Nichts uns bewegt hat, des Orts, wo es sich zugetragen hat, und des Wahns, dessen Wirkungen noch nicht festgestellt sind, der sich aber oft aus den Dingen entwickelt, die uns umgeben, in den Augenblicken, wo das Leben leicht und unser Herz voll ist. Die schönsten Stätten sind unsere eigne Schöpfung. Welcher Mensch, der ein wenig Dichter ist, hat nicht in seiner Erinnerung ein Fleckchen Erde, das dort einen größeren Platz einnimmt als all' die berühmten Bilder aus fremden Ländern, die man nur unter hohen Kosten aufgesucht hat. Das ist die Stätte seiner stürmischsten Gedanken, seiner kühnsten Hoffnungen.

In diesem Augenblick warf die Sonne, gleichgestimmt

mit jenen Gedanken der Liebe oder der Sehnsucht, auf die fahlen Hänge des Felsens einen brennenden Schein; einige Gebirgsblumen zogen die Aufmerksamkeit auf sich; Ruhe und Schweigen steigerten noch den Eindruck dieser düsteren Kluft, die nur durch unsern Traum belebt wurde; wie schön wurde sie mit ihrer dürftigen Vegetation, ihren glühenden Kamillen, ihren haarigen, sammetartigen Blättern! Welch endloses Fest, prächtiger Schmuck, selige Steigerung der menschlichen Kräfte! Schon einmal hatte der See von Bienne, der Blick auf die Insel Saint-Pierre so zu mir gesprochen; der Felsen von le Croisic wird vielleicht die letzte dieser Freuden gewesen sein! Doch was wird dann aus Pauline werden?

»Sie haben heute morgen einen schönen Fang gemacht, mein Lieber?« sage ich zu dem Fischer.

»Ja, mein Herr«, antwortete er, indem er stehenblieb und uns das gebräunte Gesicht der Leute zeigte, die stundenlang den Rückstrahlungen der Sonne über dem Wasser ausgesetzt sind.

Dieses Gesicht kündigte eine tiefe Resignation an, die Geduld des Fischers und seine wilden Sitten. Dieser Mann hatte eine Stimme ohne Klang, gutmütige Lippen, keinerlei Ehrgeiz, irgend etwas Dürftiges, Armseliges. Jede andere Physiognomie hätte uns mißfallen.

»Wohin bringen Sie das zum Verkauf?«

»Nach der Stadt.«

»Wieviel wird man Ihnen für den Hummer geben?«

»Fünfzehn Sous.«

»Für die Seespinne?«

»Zwanzig Sous.«

»Warum solch ein Unterschied zwischen dem Hummer und der Seespinne?«

»Mein Herr, die Seespinne ist sehr viel feiner; und dann ist sie boshaft wie ein Affe und läßt sich nur selten fangen.«

»Wollen Sie uns das Ganze für hundert Sous lassen?« sagte Pauline.

Der Mann war wie versteinert.

»Du wirst es nicht dafür bekommen!« sagte ich lachend; »ich gebe zehn Franc. Man muß für seine Gemütsregungen zu zahlen wissen, was sie wert sind.«

»Nun gut!« antwortete sie, »ich werde es doch haben, ich gebe zehn Franc zwei Sous.«

»Zehn Sous.«

»Zwölf Franc.«

»Fünfzehn Franc.«

»Fünfzehn Franc fünfzig Centimes«, sagte sie.

»Hundert Franc.«

»Hundert und fünfzig.«

Ich verneigte mich. Wir waren in diesem Augenblick nicht reich genug, um den Preis noch höher zu treiben. Unser guter Fischer wußte nicht, ob er sich über eine Täuschung ärgern oder sich freuen sollte; es gelang uns nur mit Mühe, ihm den Namen unserer Wirtin zu geben und ihm aufzutragen, den Hummer und die Seespinne zu ihr zu bringen.

»Verdienen Sie Ihren Lebensunterhalt?« fragte ich ihn, um zu erforschen, welcher Ursache sein Elend zuzuschreiben war.

»Mit viel Mühe und Not«, sagte er. »Der Fischfang vom Meeresufer aus ist für den, der weder Barke noch Netz hat und ihn nur mit Falle oder Angel betreiben kann, ein unsicherer Erwerb. Sehen Sie, man muß auf den Fisch oder die Muschel lauern, während die großen Fischer sie aus dem offenen Meere holen. Es ist so schwer, auf diese Weise seinen Lebensunterhalt zu verdienen, daß ich der einzige bin, der an der Küste fischt. Ich verbringe ganze Tage, ohne etwas mitzubringen. Damit ich einen Fang machen kann, muß schon eine Seespinne verschlafen haben oder ein Hummer weit genug verschlagen sein, um zwischen den Felsen stecken zu bleiben. Manchmal kommen Lubinen hierher nach der Flut; dann fasse ich sie.«

»Nun, wieviel verdienen Sie im ganzen täglich?«

»Elf oder zwölf Sous. Ich würde damit durchkommen, wenn ich allein wäre; aber ich habe meinen Vater zu ernähren, und der arme Mann kann mir nicht helfen: er ist blind.«

Bei diesen Worten, die so schlicht gesprochen waren, sahen wir uns schweigend an, Pauline und ich.

»Sie haben eine Frau oder eine gute Freundin?«

Er warf uns einen der jammervollsten Blicke zu, den ich je gesehen habe, während er erwiderte: »Wenn ich eine Frau hätte, müßte ich doch meinen Vater im Stich lassen. Ich kann nicht ihn ernähren und noch Frau und Kinder dazu.«

»Nun gut, mein armer Kerl, warum versuchen Sie nicht damit Geld zu verdienen, daß Sie am Hafen Salz tragen oder in den Salzteichen arbeiten?«

»Ach, mein Herr, ich würde diese Arbeit nicht drei Monate aushalten. Ich bin nicht kräftig genug, und wenn ich stürbe, müßte mein Vater betteln gehn. Ich brauche einen Beruf, der nicht mehr verlangt als ein wenig Geschicklichkeit und viel Geduld.«

»Und wie bringen es zwei Personen fertig, mit zwölf Sous täglich zu leben?«

»Oh, mein Herr, wir essen Buchweizenkuchen und Entenmuscheln, die ich von den Klippen losmache.«

»Wie alt sind Sie denn?«

»Siebenunddreißig.«

»Waren Sie auch mal fort von hier?«

»Ich bin einmal nach Guérande gegangen, um mich zum Militär zu stellen, und habe mich nach Savenay begeben, um mich von Herren untersuchen zu lassen, die mich gemessen haben. Wenn ich einen Zoll mehr hatte, war ich Soldat. Ich wäre bei der ersten Strapaze krepiert, und mein armer Vater würde heute betteln.«

Ich habe viele Dramen ersonnen. Pauline war bei einem Menschen, der so litt wie ich, an starke Gemütsbewegungen gewöhnt; und dennoch! Noch niemals hatte weder sie noch ich Worte vernommen, die uns so bewegt hätten wie die des Fischers. Wir gingen einige Schritte schweigend, ermaßen beide die stumme Tiefe dieses unbekannten Lebens und bewunderten den Adel dieser Ergebenheit, die sich selbst nicht kannte; die Kraft dieser Schwäche setzte uns in Erstaunen; der sorglose Edelmut machte uns klein. Ich sah ganz instinktiv dieses arme Wesen an der Klippe geschmiedet, wie ein Galeerensklave an seine Kugel, und dort seit zwanzig Jahren auf Muscheln lauern, um sein Leben zu fristen, bestärkt in seiner Geduld durch ein einziges Gefühl. Wieviel Stunden wurden so verbracht in einem Winkel des Strandes! Wieviel Hoffnungen durch ein Körnchen, durch einen Wetterwechsel vernichtet! Er hing am Rande einer Granitplatte und hielt den Arm ausgestreckt wie ein indischer Fakir, während sein Vater, auf einem Schemel sitzend, in Stille und Dunkelheit darauf wartete, daß er die gemeinsten Muscheln und Brot bekam, wenn es dem Meer so beliebte.

»Trinken Sie manchmal Wein?« fragte ich ihn.

»Drei- oder viermal im Jahr?«

»Nun, dann sollen Sie heute welchen trinken, Sie und Ihr Vater, und wir werden Ihnen ein Weißbrot schicken.«

»Sie sind sehr gütig, mein Herr.«

»Wir werden Ihnen Mittagessen geben, wenn Sie uns am Meeresufer entlang bis nach Batz bringen wollen, wo wir uns den Turm ansehen werden, der das Wasserbecken und die Küste zwischen Batz und le Croisic beherrscht.«

»Mit Vergnügen«, sagte er zu uns. »Gehen Sie gradeaus weiter und folgen Sie dem Weg, auf dem Sie sich befinden; ich treffe Sie dort, nachdem ich mich meines Geräts und meines Fischfangs entledigt habe.«

Wir machten ein Zeichen des Einverständnisses, und er schritt lustig nach der Stadt zu. Diese Begegnung erhielt unsere seelische Erregung, aber sie hatte unsere Fröhlichkeit gedämpft.

»Armer Mann«, sagte Pauline in jenem Ton, der der Teilnahme einer Frau das Verletzende nimmt, was Mitleid haben kann, »schämt man sich nicht, sich glücklich zu fühlen angesichts dieses Elends?«

»Nichts ist schmerzlicher, als unerfüllbare Wünsche zu haben«, antwortete ich ihr. »Diese beiden armen Wesen, der Vater und der Sohn, sie werden nicht mehr davon wissen, wie stark unser Mitgefühl für sie war, als die Welt weiß, wie schön ihr Leben ist, denn sie sammeln Schätze im Himmel.«

»Armes Land!« sagte sie, indem sie auf ein Feld hinwies, das rings umgeben war von einer Mauer ausgedörrter Steine, von Kuhfladen, die symmetrisch aufgeschichtet waren. »Ich habe gefragt, was das wäre. Eine Bäuerin, die mit dem Aufschichten beschäftigt war, hat mir geantwortet, daß sie Holz mache. Stelle dir vor, mein Freund, daß, wenn diese Fladen getrocknet sein werden, die armen Leute sie sammeln, sie aufstapeln und damit einheizen. Im Winter verkauft man sie, wie man Lohkuchen verkauft. Was glaubst du wohl, wieviel die bestbezahlte Näherin verdient? Fünf Sous den Tag«, sagte sie nach einer Pause, »aber man gibt ihr zu essen.«

»Sieh nur«, sage ich zu ihr, »die Seewinde dörren oder vernichten alles; es ist nicht ein Baum da; die Trümmer der außer Dienst gesetzten Fahrzeuge werden an die Reichen verkauft, denn die Transportkosten hindern die Leute ohne Zweifel daran, das Holz als Feuerung zu benutzen, an der es gerade der Bretagne mangelt. Dieses Land offenbart seine Schönheit nur den großen Seelen, gefühllose Menschen können darin nicht leben; es kann nur bewohnt werden von Dichtern oder von Teichmuscheln. Hat nicht der Salzspeicher auf diesen Felsen gesetzt werden müssen, damit er bewohnt wurde? Auf der einen Seite das Meer, hier Sand, darüber der Äther.«

Wir hatten die Stadt bereits hinter uns und befanden uns in einer Art Wüste, die le Croisic von Bourg de Batz trennt. Stellen Sie sich, mein teurer Onkel, eine Steppe von zwei Quadratmeilen vor, angefüllt von dem schimmernden Sand, der am Meeresufer zu finden ist. Hier und da erhoben einige Felsen ihre Häupter, und Sie hätten gemeint, gigantische Tiere vor sich zu haben, die sich in den Dünen lagerten. Längs des Meeres wurden einige Riffe sichtbar, um die das Wasser spielte, indem es ihnen das Aussehen großer weißer Rosen gab, die über der Wasserfläche dahinschweben und sich auf das Ufer setzen wollen. Beim Anblick dieser Savanne, die zur Rechten von dem Ozean begrenzt, zur Linken von dem großen See umsäumt wird, der sich aus dem Durchbruch des Meeres zwischen le Croisic und den sandigen Höhen von Guérande gebildet hat, an deren Fuße Salzteiche, entblößt von aller Vegetation, sich ausbreiten, bei diesem Anblick sah ich Pauline an und fragte sie, ob sie den Mut in sich fühle, der Sonnenhitze zu trotzen, und die Kraft, durch den Sand zu marschieren.

»Ich habe Schnürstiefel an, vorwärts«, sagte sie zu mir, indem sie auf den Turm von Batz zeigte, der die Sicht mit seinem gewaltigen Bau versperrte, welcher sich dort gleich einer Pyramide erhob, aber einer spindelförmigen, zierlich geschnittenen Pyramide, einer so phantastischen Pyramide, daß sie der Vorstellung erlaubte, die bedeutendste Ruine einer großen asiatischen Stadt vor sich zu sehen. Wir machten einige Schritte, um uns auf ein Stück Felsen zu setzen, das noch im Schatten lag; aber es war elf Uhr vormittags, und dieser Schatten, der bei unsern Füßen aufhörte, schwand reißend.

»Wie ist diese Stille schön«, sagte sie zu mir, »und welche Tiefe gewinnt sie durch das gleichmäßige Rauschen des Meeres an dieser Küste!«

»Wenn du dein Augenmerk«, antwortete ich ihr, »auf die drei Unermeßlichkeiten richten willst, die uns umgeben, Wasser, Luft und Sand, und lauschst ausschließlich dem

Klang, den Ebbe und Flut immer wieder hervorbringen, – du erträgst diese Sprache nicht, du glaubst einen Gedanken zu erfassen, der dich zu Boden drückt. Gestern, bei Sonnenuntergang, erlebte ich diese Sensation; sie hat mich niedergeschmettert.«

»O ja! sprechen wir«, sagte sie nach einer langen Pause. »Schweigen ist unerträglich. Ich glaube den Ursprung der Harmonien zu erfassen, die uns umgeben«, begann sie wieder. »Diese Landschaft, die nur drei scharf abgegrenzte Farben hat: das strahlende Gelb des Sandes, das Blau des Himmels und das gleichmäßige Grün des Meeres, ist groß, aber nicht wild, ist unendlich, aber nicht öde; sie ist monoton, aber nicht ermüdend; sie hat nur drei Elemente und ist doch mannigfach.«

»Nur die Frauen verstehen ihre Eindrücke so wiederzugeben«, erwiderte ich, »du würdest einen Dichter zur Verzweiflung bringen, teure Seele, die ich so wohl begriffen habe!«

»Die übermäßige Mittagshitze legt über jene drei Ausdrucksformen des Unendlichen eine verzehrende Farbe«, begann Pauline wieder. »Ich begreife hier die Dichtungen und die Leidenschaften des Orients.«

»Und ich begreife hier die Verzweiflung.«

»Ja«, sagte sie, »diese Düne ist ein erhabenes Kloster.«

Wir hörten den eiligen Schritt unseres Führers; er hatte Sonntagskleider angezogen. Wir richteten einige Worte an ihn; er glaubte zu bemerken, daß unsere Seelenverfassung sich geändert habe; und mit jener Zurückhaltung, die das Unglück verleiht, beobachtete er Stillschweigen. Obgleich wir uns von Zeit zu Zeit die Hand drückten, um uns unsere beiderseitigen Gedanken und Eindrücke mitzuteilen, schritten wir während einer halben Stunde schweigend einher, sei es, daß wir von der Hitze niedergedrückt waren, die in leuchtenden Wellen aus der Mitte der Sandwüste ausstrahlte, sei es, daß die Schwierigkeit des Marsches unsere Aufmerksamkeit in Anspruch nahm. Wir gingen Hand in Hand wie zwei Kinder; wir hätten nicht zwölf Schritte machen können, wenn wir uns den Arm gegeben hätten. Der Weg, der nach Bourg de Batz führt, war nicht abgesteckt; es genügte ein Windstoß, um die Spuren zu verwischen, die Pferdehufe oder Karrenräder zurückließen; aber das geübte Auge unseres Führers erkannte an etwas tierischem Kot, an ein paar Stückchen Pferdemist unsern Weg, der bald zum Meere hinablief, bald zur Höhe der Hänge hinanstieg oder um die Felsen herumführte. Zu Mittag hatten wir nicht mehr als den halben Weg zurückgelegt.

»Wir wollen uns dort unten ausruhen«, sage ich, indem ich auf ein aus Felsen gebildetes Vorgebirge zeige, hoch genug, um vermuten zu lassen, daß wir dort eine Grotte finden würden.

Als er mich dies vorschlagen hörte, schüttelte der Fischer, der der Richtung meines Fingers gefolgt war, den Kopf und sagte zu mir: »Da ist jemand. Alle die von Bourg de Batz nach le Croisic gehen oder von le Croisic nach Bourg de Batz, machen einen Umweg, um dort nicht vorbeizukommen.« Die Worte dieses Mannes waren halblaut gesprochen und ließen ein Geheimnis ahnen.

»Ist es denn ein Dieb, ein Mörder?«

Unser Führer antwortete uns nur durch ein tiefes Atemholen, das unsere Neugierde verdoppelte.

»Aber wenn wir da vorbeigehen, wird uns ein Unglück zustoßen?«

»O nein!«

»Gehen Sie mit uns dort lang?«

»Nein, mein Herr.«

»Wir werden dennoch hingehen, wenn Sie uns versichern, daß keine Gefahr für uns damit verbunden ist.«

»Das sage ich nicht«, antwortete der Fischer lebhaft. »Ich sage nur, daß der, der dort anzutreffen ist, Ihnen nichts sagen und Ihnen nichts Böses antun wird. O mein Gott! er wird sich nicht einmal von seinem Platze rühren.«

»Wer ist es denn?«

»Ein Mensch!«

Niemals sind zwei Silben so tragisch ausgesprochen worden.

In diesem Augenblick hatten wir uns auf zwanzig Schritt jenem Riff genähert, über das das Meer hinwegspülte; unser Führer schlug den Weg ein, der um die Felsen herumführte; wir gingen geradeaus weiter; aber Pauline faßte mich unter den Arm. Unser Führer beschleunigte seine Schritte, um zur gleichen Zeit mit uns die Stelle zu erreichen, wo die beiden Wege sich wieder vereinigten. Er nahm ohne Zweifel an, daß wir, nachdem wir den Menschen gesehen hätten, in beschleunigtem Schritt weitergehen würden. Dieser Umstand reizte unsere Neugierde, die nun so stark wurde, daß unsere Herzen klopften, als wenn uns ein Gefühl von Furcht befallen hätte. Trotz der Hitze des Tages und der Müdigkeit, die uns der Marsch durch den Sand verursacht hatte, waren unsere Seelen noch befangen in der unaussprechlichen Wollust eines harmonischen Entzückens; sie waren voll von jener reinen Freude, die man nicht anders wiedergeben kann als durch den Vergleich mit dem, was man beim Anhören einer lieblichen Musik empfindet, dem ›Andiamo mio ben‹ von Mozart. Zwei echte Empfindungen, die sich miteinander vereinen, gleichen sie nicht zwei schönen Singstimmen? Um die Bewegung richtig würdigen zu können, die uns ergriffen hatte, muß man den halb wollüstigen Zustand mitempfinden, in den uns die Ereignisse dieses Vormittags versetzt hatten. Betrachte bewundernd eine Weile lang eine hübsch gefärbte Turteltaube, die auf einem biegsamen Zweige sitzt, nahe einer Quelle, und du wirst einen Schmerzensschrei ausstoßen, wenn du einen Sperber auf sie herabstoßen siehst, der ihr seine stählernen Krallen bis ins Herz gräbt und sie mit der mörderischen Geschwindigkeit davonträgt, die das Pulver der Kugel mitteilt. Als wir einen Schritt innerhalb des Raumes getan hatten, der sich vor der Grotte befand, eines freien Platzes, hundert Fuß über dem Ozean und geschützt gegen sein Toben durch einen Wasserfall abgebröckelter Felsen, da durchzuckte uns ein Schauder, fast wie wenn ein plötzlicher Lärm mitten in einer stillen Nacht uns aufschreckt. Auf einem Granitstück sitzend hatten wir einen Mann gesehen, der uns anblickte. Sein Blick, dem Feuer einer Kanone gleichend, kam aus zwei blutunterlaufenen Augen, und seine stoische Unbeweglichkeit war nur zu vergleichen mit der unveränderlichen Stellung der Granithaufen, die ihn umgaben. Seine Augen machten eine langsame Bewegung, sein Körper blieb starr, als wäre er versteinert; und dann, nachdem er jenen Blick auf uns geworfen hatte, der uns lebhaft erschütterte, wandte er seine Augen zurück zur

Weite des Ozeans, sah unverwandt daraufhin, trotz des Lichts, das daraus hervorstrahlte, so wie man sagt, daß die Adler in die Sonne sehen, ohne ihre Augenlider zu senken, und behielt sie fest darauf gerichtet. Versuchen Sie, mein teurer Onkel, sich einen jener alten Eichbaumstümpfe in Erinnerung zu rufen, deren knotiger Stamm, gestern vom Sturm seiner Äste beraubt, sich phantastisch an einem einsamen Weg erhebt, und Sie werden ein Bild jenes Menschen haben. Das waren die zerrütteten Formen eines Herkules, das Antlitz eines olympischen Jupiters, aber zerstört vom Alter, von der harten Arbeit des Seemanns, von Kummer, von grober Kost und wie von einem Blitzschlag geschwärzt. Als ich seine behaarten und schwieligen Hände ansah, erblickte ich Nerven, die eisernen Venen glichen. Alles an ihm kündigte eine starke Konstitution an. In einem Winkel der Grotte bemerkte ich einen Haufen Moos und auf einer grob behauenen Platte ein rundes angebrochenes Brot, das auf einer Steinkruke wie ein Deckel lag. Noch niemals, wenn meine Vorstellung mich zu den Wüsteneien trug, wo die ersten Anachoreten der Christenheit lebten, hat sie mir eine Gestalt von so gewaltiger Religiosität oder so schrecklicher Bußfertigkeit gezeigt, wie es bei diesem Menschen der Fall war. Sie, mein teurer Onkel, der Sie oft den Beichtstuhl versorgt haben, Sie haben vielleicht niemals eine so herrliche Gewissensqual gesehen, aber diese Gewissensqual war ertränkt in den Fluten des Gebets, des Gebets, das in stumme Verzweiflung übergeht. Dieser Fischer, dieser Seemann, dieser plumpe Bretone war geadelt durch ein unbekanntes Gefühl. Hatten diese Augen denn geweint? Diese Hand einer grob gehauenen Statue, hatte sie geschlagen? Diese rauhe Stirn mit dem Ausdruck einer spröden Redlichkeit, auf der die Kraft dennoch die Spuren jener Güte zurückgelassen hatte, die die Mitgift aller wahren Stärke ist, diese runzelndurchzogene Stirn, stand sie in Harmonie mit einem großen Herzen? Warum lebte dieser Mensch zwischen den Granitfelsen? Eine ganze Welt von Gedanken stieg uns zu Kopf. Wie es unser Führer angenommen hatte, gingen wir schweigend vorbei, in Eile, und er sah uns von Schrecken ergriffen oder von Erstaunen erfüllt wieder, aber er berief sich uns gegenüber mit keinem Wort auf die Richtigkeit seiner Voraussage.

»Sie haben ihn gesehen?« sagte er.

»Wer ist dieser Mann?« sage ich.

»Man nennt ihn den ›Mann des Gelübdes‹.«

Stellen Sie sich vor, mit welcher Bewegung sich bei diesem Worte unsere beiden Köpfe nach dem Fischer wandten! Er war ein einfacher Mann; er verstand unsere stumme Frage, und nun erzählte er uns in seiner Sprache, deren Volkstümlichkeit ich zu erhalten versuche.

»Gnädige Frau, die Leute von le Croisic wie die von Batz glauben, daß dieser Mann irgendeine Schuld trägt und daß er eine Buße tut, die ihm von einem berühmten Pfarrer auferlegt ist, zu dem er beichten gegangen ist, noch weiter als bis Nantes. Andere glauben, daß Cambremer, so ist sein Name, ein Unglückspilz sei, und daß er jeden anstecke, der ihm in die Nähe kommt. Noch andere beobachten, bevor sie um seinen Felsen herumgehen, woher der Wind kommt! Wenn es Nordwestwind ist, würden sie ihren Weg nicht fortsetzen, und wenn es gälte, ein Stück des heiligen Kreuzes zu holen; sie kehren um, sie haben Furcht. Andere, die Reichen von le Croisic, sagen, daß Cambremer ein Gelübde getan hat, daher sein Name ›Mann des Gelübdes‹. Er ist dort Tag und Nacht, ohne jemals fortzugehen. Diese Gerüchte haben etwas Vernünftiges an sich. – Sehen Sie«, sagte er, während er sich umwandte, um uns etwas zu zeigen, was wir nicht bemerkt hatten, »er hat dort links ein Holzkreuz errichtet, um anzukündigen, daß er sich unter den Schutz Gottes, der heiligen Jungfrau und der Heiligen begeben hat. Er hat noch kein Wort gesprochen, seitdem er sich unter freiem Himmel eingeschlossen hat; er lebt von Brot und Wasser, welches ihm jeden Morgen die Tochter seines Bruders bringt, ein kleiner Knirps von zwölf Jahren, der er sein Hab und Gut vermacht hat und die ein reizendes Geschöpf ist, zart wie ein Lamm, ein allerliebstes, sehr drolliges Mädel. Sie hat«, sagte er, indem er seinen Daumen zeigte, »blaue Augen so groß und darüber einen Engelschopf. Wenn man sie fragt: ›Sag doch, Pérotte (das will bei uns soviel heißen wie Pierrette; Sankt Peter ist ihr Schutzheiliger, Cambremer heißt Peter, er ist ihr Pate gewesen) – sag doch, Pérotte, was sagt dir denn dein Onkel?‹ – ›Er sagt mir nix,‹ antwortet sie, ›gar nix, nix.‹ – ›Schon gut! Was macht er dir?‹ – ›Er küßt mir am Sonntag die Stirn.‹ – ›Du hast keine Furcht?‹ – ›A wa,‹ sagt sie, ›er ist mein Pate.‹ Er hat niemand anders haben wollen, der ihm zu essen bringen soll. Pérotte behauptet, daß er lächelt, wenn sie kommt; sie ist der Sonnenstrahl in seiner Düsternis.«

»Aber Sie reizen«, sage ich, »unsere Neugierde, ohne sie zu befriedigen. Wissen Sie, was ihn dorthin geführt hat? Ist es der Kummer, ist es die Reue, ist es eine Manie, ist es ein Verbrechen, ist es …«

»Ach, mein Herr, es gibt niemand außer meinem Vater und mir, die die Wahrheit dieser Sache wissen. Meine verstorbene Mutter war im Dienst bei einem Gerichtsbeamten, dem Cambremer auf Geheiß des Priesters alles gesagt hat, welcher ihm nur unter dieser Bedingung Absolution erteilen wollte, nach dem, was die Leute im Hafen sagen. Meine arme Mutter hat Cambremer belauscht, ohne es zu wollen; weil die Küche des Gerichtsherrn neben dem Saal lag, hat sie mitgehört! Sie ist tot; der Richter, der ihn verhört hat, ist ebenfalls verstorben. Meine Mutter hat uns das Versprechen abgenommen, meinem Vater und mir, den Leuten hier im Lande nichts zu verraten, aber das kann ich Ihnen sagen, daß an dem Abend, wo unsere Mutter uns das erzählt hat, mir die Haare zu Berge standen.«

»Nun gut! Erzähl' uns das, mein Freund, wir werden darüber mit niemandem sprechen.«

Der Fischer sah uns an und fuhr also fort: »Peter Cambremer, den Sie da gesehen haben, ist der Älteste der Cambremers, die, Väter und Söhne, alle Seeleute sind; ihr Name sagt es, das Meer hat immer unter ihnen geduckt. Dieser, den Sie gesehen haben, war Bootsfischer geworden. Er hatte also Barken, ging auf Sardellenfang, er betrieb auch die Hochseefischerei für die Händler. Er würde ein Schiff ausgerüstet und den Kabeljaufang betrieben haben, wenn er nicht seine Frau so sehr geliebt hätte, die eine schöne Frau war, eine Brouin aus Guérande, ein prächtiges Mädchen, die auch ein gutes Herz hatte. Sie liebte Cambremer so, daß sie niemals wollte, daß ihr Mann sie länger verließ, als es für den Sardellenfang nötig war. Sie wohnten dort unten, sehen Sie!« sagte der Fischer, indem er auf eine Anhöhe stieg, um uns ein Inselchen in dem kleinen Binnenmeer zu zeigen, das sich zwischen den Dünen, über die wir gingen, und den Salzteichen von Guérande befindet, »sehen Sie dieses Haus? Es gehörte ihm. Jaquette Brouin und Cambremer hatten nur ein Kind, einen Jungen, den sie geliebt haben … wie soll ich sagen? Ja, wie man eben das einzige Kind liebt; sie waren ganz vernarrt in ihn. Ihr kleiner Jacques hätte, mit Verlaub, in den Kochtopf machen können, und sie hätten es für Zucker gehalten. Wieviel Male haben wir sie doch gesehen, auf dem Markt, wenn sie das schönste Spielzeug für ihn kauften. Das war Unvernunft, alle Welt sagte es ihnen. Als der kleine Cambremer sah, daß ihm alles erlaubt war, wurde er ein sehr böses Kind. Wenn man zum Vater Cambremer sagte: ›Ihr Sohn hätte beinahe den kleinen Soundso getötet!‹, dann lachte er und sprach: ›Bah, das wird ein mutiger Seemann! Er wird die Flotten des Königs befehligen.‹ Oder: ›Peter Cambremer, wissen Sie, daß Ihr Junge der kleinen Pougaud ein Auge ausgestochen hat?‹ – ›Er wird die Mädchen lieben‹, antwortete Peter dann. Er fand alles gut. Nun, als der Bengel zehn Jahr alt war, prügelte er sich mit aller Welt und amüsierte sich damit, den Hühnern den Hals abzuschneiden, er schlitzte den Schweinen den Bauch auf und sielte sich dann in dem Blute rum wie ein Steinmarder. ›Das wird ein glänzender Soldat‹, sprach Cambremer, ›er mag gern Blut sehn.‹ Sehen Sie, was mich betrifft, ich habe mich alles dessen erinnert«, sagte der Fischer. »Und Cambremer auch«, fügte er nach einer Pause hinzu. »Mit fünfzehn oder sechzehn Jahren war Jacques Cambremer … was? ein Raubtier, ein Haifisch. Er ging nach Guérande, um sich zu amüsieren, oder nach Savenay, um zu poussieren. Dann begann er seine Mutter zu bestehlen, die ihrem Manne nichts zu sagen wagte. Cambremer war ein Mann, der imstande war, zwanzig Meilen zu machen, um jemandem zwei Sous zurückzugeben, die man ihm auf eine Rechnung zuviel bezahlt hatte. Nun, eines Tages wurde die Mutter vollständig ausgeraubt. Während sein Vater auf Fischfang war, trug der Sohn das Büfett weg, die Schüsseln, die Wollsachen, die Wäsche, er ließ nichts zurück als die vier Wände. Er hatte alles verkauft, um davon in Nantes zu schlemmen. Die arme Frau hat darüber Tag und Nacht geweint. Sie hätte es dem Vater bei seiner Rückkehr sagen müssen, sie fürchtete den Vater, nicht ihretwegen, keineswegs! Als Peter Cambremer wiederkam und sein Haus mit Möbeln eingerichtet sah, die man seiner Frau geliehen hatte, sagte er: ›Was soll denn das sein?‹ Die arme Frau war mehr tot als lebendig, sie sprach: ›Wir sind bestohlen worden.‹ – ›Wo ist denn Jacques?‹ – ›Jacques ist angeheitert. Niemand wußte, wo der Kauz hin ist.‹ – ›Er amüsiert sich zuviel!‹ sagte Peter. Sechs Monate später erfuhr der arme Vater, daß sein Sohn von der Justiz in Nantes gefaßt worden war. Er macht den Weg zu Fuß dorthin, kommt schneller hin als zu Wasser, nimmt seinen Sohn in Gewahrsam und bringt ihn her. Er fragt ihn nicht: ›Was hast du gemacht?‹ Er sagt zu ihm: ›Wenn du hier nicht zwei Jahre vernünftig mit deiner Mutter und mit mir zusammenlebst, zum Fischen gehst und dich wie ein anständiger Mensch benimmst, bekommst du es mit mir zu tun.‹ Der Rasende, der auf die Dummheit seiner Eltern baute, hat ihm ein Gesicht geschnitten. Darauf versetzt ihm Peter eine Maulschelle, die den Jacques sechs Monate aufs Bett geworfen hat. Die arme Mutter war halbtot vor Kummer. Eines

Abends schläft sie friedlich an der Seite ihres Mannes, da hört sie einen Lärm, erhebt sich und bekommt einen Messerstich in den Arm. Sie schreit, man sucht nach Licht. Peter Cambremer sieht seine Frau verwundet; er glaubt, daß es ein Dieb ist, als wenn es hier zu Lande Diebe gäbe, wo man ohne Furcht zehntausend Franken in Gold von le Croisic nach Saint-Nazaire bringen kann, ohne daß einen die Leute fragen, was man unterm Arme trägt. Peter sucht Jacques, er kann seinen Sohn nicht finden. Am nächsten Morgen hat dieses Ungeheuer nicht noch die Stirn, zurückzukommen, mit der Erklärung, daß er nach Batz gegangen wäre! Brauche ich Ihnen zu sagen, daß seine Mutter nicht wußte, wo sie ihr Geld verstecken sollte? Cambremer seinerseits brachte das seine zu Herrn Dupotet in le Croisic. Die Streiche ihres Sohnes hatten sie Hunderte von Talern, Hunderte von Franken und Goldstücken gekostet, sie waren gewissermaßen ruiniert, und das war hart für Leute, die ungefähr zwölftausend Franken hatten, einschließlich ihrer Insel. Niemand weiß, wieviel Cambremer in Nantes gegeben hat, um seinen Sohn wiederzubekommen. Das Unglück richtete die Familie zugrunde. Der Bruder von Cambremer hatte Pech gehabt. Um ihn zu trösten, erzählte ihm Peter, daß Jacques und Pérotte (die Tochter des jüngsten Cambremer) sich heiraten würden. Dann beschäftigte er ihn, um ihm seinen Lebensunterhalt zu verschaffen, bei seinem Fischfang; denn Joseph Cambremer war darauf angewiesen, von seiner Hände Arbeit zu leben. Seine Frau war vom Fieber dahingerafft worden; es mußten die Nährmonate für Pérotte bezahlt werden. Die Frau von Peter Cambremer schuldete eine Summe von hundert Franc verschiedenen Personen für diese Kleine, für Wäsche, Sachen, und zwei oder drei Monatsgelder der großen Frelu, die ein Kind von Simon Gaudry hatte und Pérotte nährte. Die Cambremer hatte ein spanisches Goldstück in die Matratze eingenäht und drauf gestickt: ›Für Pérotte‹. Sie hatte eine gute Erziehung genossen, sie schrieb wie ein Kanzlist, und sie hat ihren Sohn lesen gelehrt, das ist es, was ihn zugrunde gerichtet hat. Niemand hat gewußt, wie das zuging, aber dieser Lumpen-Jacques hatte das Gold gerochen, hatte es gegriffen und war nach le Croisic schmausen gegangen. Der gute Cambremer kam eigens mit seiner Barke nach Hause. Beim Aussteigen sieht er ein Stück Papier flattern, greift es, bringt es seiner Frau, die auf den Rücken fällt, als sie ihre eigenen Schriftzüge wiedererkennt. Cambremer sagt nichts, geht nach le Croisic, erfährt dort, daß sein Sohn beim Billard ist; alsdann läßt er die gute Frau, die das Café hat, rufen und sagt zu ihr: ›Ich habe Jacques geheißen, nicht ein Goldstück für seine Zeche bei Ihnen auszugeben; geben Sie es mir wieder, ich warte an der Tür, und werde Ihnen gutes Silber dafür geben.‹ Die gute Frau brachte ihm das Goldstück. Cambremer nimmt es und sagt: ›Ist gut!‹ und kehrt nach Hause zurück. Die ganze Stadt hat das zu wissen bekommen. Aber jetzt kommt das, was ich allein weiß und worüber die anderen nur eine ungefähre Vermutung haben. Er sagt seiner Frau, sie solle ihr Zimmer, das unten liegt, in Ordnung bringen; er macht Feuer im Kamin, zündet zwei Lichter an, stellt zwei Stühle auf die eine Seite des Herdes und einen Schemel auf die andere, heißt seine Frau, ihm seinen Hochzeitsanzug reichen, und befiehlt ihr, sich auch fein zu machen. Er kleidet sich an. Als er fertig ist, holt er seinen

Bruder und trägt ihm auf, vor dem Hause Wache zu stehn, um ihm zu melden, wenn er an einem der beiden Ufer Lärm hört, dem hier und dem an den Sümpfen von Guérande. Er kommt zurück, als er glaubt, daß seine Frau angezogen ist, er lädt ein Gewehr und versteckt es in der Kaminecke. Da kommt Jacques; er kommt spät; er hatte bis zehn Uhr gezecht und gespielt; er hatte den Weg über die Landzunge von Carnouf genommen. Sein Onkel hört ihn rufen, holt ihn vom Teichufer und bringt ihn rüber, ohne ein Wort zu sprechen. Wie er eintritt, sagt sein Vater zu ihm: ›Setz dich dahin‹, wobei er auf den Schemel weist. ›Du stehst‹, sagt er, ›vor deinem Vater und deiner Mutter, gegen die du dich vergangen hast, und die über dich zu richten haben.‹ Jacques begann zu schreien, weil das Gesicht Cambremers seltsam verzerrt war. Die Mutter saß stocksteif da. ›Wenn du schreist, wenn du dich rührst, wenn du nicht wie ein Mast auf deinem Schemel sitzt‹, sagte Peter, indem er sein Gewehr auf ihn richtete, ›schieße ich dich wie einen Hund nieder.‹ Der Sohn wurde stumm wie ein Fisch; die Mutter hat nichts gesprochen. ›Hier ist ein Stück Papier‹, sagte Peter zu seinem Sohn, ›in das ein Goldstück eingewickelt war; das Goldstück war im Bett deiner Mutter; deine Mutter allein wußte den Platz, wo sie es hingelegt hatte; ich habe das Papier am Wasser gefunden, als ich hier an Land ging; heute abend hast du dies Goldstück der Mutter Fleurant gegeben, und deine Mutter hat ihr Goldstück nicht mehr in ihrem Bett gesehen. Erkläre dich.‹ Jacques sagte, daß er das Goldstück seiner Mutter nicht weggenommen, daß er dieses Stück noch von Nantes her habe. ›Um so besser‹, sagte Peter. ›Wie kannst du uns das beweisen?‹ – ›Ich hab' es gehabt.‹ – ›Du hast das nicht von deiner Mutter genommen?‹ – ›Nein.‹ – ›Kannst du das bei deiner ewigen Seligkeit beschwören?‹ Er wollte schwören; seine Mutter richtete ihre Augen auf ihn und sagte zu ihm: ›Jacques, mein Kind, nimm dich in acht, schwöre nicht, wenn das nicht wahr ist; du kannst dich bessern, kannst bereuen; noch ist es Zeit.‹ Und sie weinte. ›Ihr zwei beiden seid es‹, sagte er zu ihr, ›die immer mein Verderben gewollt haben.‹ Cambremer erbleichte und sprach: ›Das, was du eben zu deiner Mutter gesagt hast, macht deine Rechnung voll. Kommen wir zur Sache. Schwörst du?‹ – ›Ja.‹ – ›Sieh mal an‹, sagte er, ›war auf deinem Goldstück dieses Kreuz, das der Sardellenhändler, der es mir gegeben hat, auf das unsere gesetzt hat?‹ Jacques wurde nüchtern und begann zu weinen. ›Genug geschwätzt‹, sagte Peter. ›Ich spreche dir nicht davon, was du vordem gemacht hast, ich will nicht, daß ein Cambremer dazu bestimmt sein soll, auf dem Platz von le Croisic zu sterben. Sprich dein Gebet, und beeilen wir uns! Es wird ein Priester kommen, um dir die Beichte abzunehmen.‹ Die Mutter war rausgegangen, um nicht die Aburteilung ihres Sohnes mit anzuhören. Als sie draußen war, kam der Onkel Cambremer mit dem Rektor von Piriac, dem Jacques nichts sagen wollte. Er war schlau, er kannte seinen Vater genug, um zu wissen, daß er ihn nicht ohne Beichte töten würde. ›Danke sehr, mein Herr, entschuldigen Sie uns‹, sagte Cambremer zu dem Priester, als er den Starrsinn Jacques' sah. ›Ich wollte meinem Sohn eine Lektion erteilen, und wollte Sie bitten, darüber nicht zu sprechen. Du‹, sagte er zu Jacques, ›wenn du dich nicht besserst, dann mache ich ohne Beichte ein Ende mit dir.‹ Er schickte ihn zu Bett. Das Kind glaubte ihm und bildete sich ein, daß es sich mit seinem Vater wieder aussöhnen könne. Er schlief ein. Der Vater blieb auf. Als er sah, daß sein Sohn in tiefstem Schlafe lag, bedeckte er ihm den Mund mit Hanf, band ihn mit einem Stück Schleier fest zu; dann fesselte er ihm die Hände und Füße. Er raste, er schwitzte Blut, wie Cambremer dem Gerichtsbeamten später gesagt hat. Was soll ich Ihnen sagen? Die Mutter warf sich dem Vater zu Füßen. – ›Er ist gerichtet‹, sprach er, ›du wirst mir ihn in die Barke bringen helfen.‹ Sie weigerte sich. Cambremer brachte ihn allein hinein, warf ihn auf den Boden, band ihm einen Stein um den Hals, dann verließ er die Bucht, ging auf die See hinaus und kam zur Höhe des Felsens, wo er sich jetzt aufhält. Als dann die gute Mutter sich hierher von ihrem Schwager hatte bringen lassen, da hatte sie gut um Gnade rufen! Das war so viel, als wenn man mit einem Stein nach einem Wolf wirft. Es war Mondschein, sie hat es gesehen, wie der Vater ihr Herzenskind ins Meer warf, und da kein Lüftchen wehte, hat sie es aufklatschen hören. Dann Stille, keine Welle, keine Furche; das Meer wacht gut! Cambremer ging an Land, um seine wimmernde Frau zum Schweigen zu bringen, er fand sie wie tot, es war den beiden Brüdern unmöglich, sie zu tragen, man mußte sie in die Barke bringen, die soeben den Sohn getragen hatte, und dann fuhren sie sie über le Croisic nach Hause. Ah, ja! Die schöne Brouin, wie man sie nannte, hat keine acht Tage mehr gemacht; als sie im Sterben lag, bat sie ihren Mann, die verfluchte Barke zu verbrennen. Er hat es getan. Und er, er ist ganz wirr geworden, er wußte nicht mehr, was er wollte; er schwankte beim Gehen wie ein Mann, der keinen Wein vertragen kann. Dann hat er eine

Reise von zehn Tagen gemacht und ist heimgekehrt zu jenem Platze, wo Sie ihn gesehen haben, und seitdem er dort ist, hat er kein Wort gesprochen.«

Der Fischer hatte nur ein paar Augenblicke gebraucht, um uns diese Geschichte zu erzählen, und er hat sie noch viel einfacher gesagt, als ich sie niedergeschrieben habe. Die Leute aus dem Volke überlegen wenig, wenn sie etwas erzählen; sie nennen das Ding beim Namen, das auf sie Eindruck gemacht hat, und geben es so wieder, wie sie es empfinden.

»Ich gehe nicht mehr nach Batz«, sagte Pauline, als wir den oberen Rand des Sees erreicht hatten. Wir kehrten über die Salzteiche nach le Croisic zurück, durch das Labyrinth hindurch, aus dem uns der Fischer hinausführte, der selbst schweigsam wie wir geworden war. Unsere Seelenverfassung hatte sich gewandelt. Wir waren alle beide in finstre Gedanken versunken, erschüttert von diesem Drama, welches die plötzliche Ahnung erklärte, die uns beim Anblick Cambremers befallen hatte. Wir wußten die eine wie der andere genügend von der Welt, um von diesem Leben zu dritt alles zu erraten, was uns unser Führer davon verschwiegen hatte. Das Unglück dieser drei Wesen hellte sich uns vor Augen, als wenn wir sie in den Szenen eines Dramas gesehen hätten, das dieser Vater durch die Sühne seines notgedrungenen Verbrechens krönte. Wir wagten nicht zu dem Felsen zurückzublicken, wo sich der unglückliche Mensch befand, der einem ganzen Lande Furcht einflößte. Wolken verhüllten den Himmel; am Horizont stieg Dampf empor, wir gingen inmitten der allerdüstersten Natur, die ich jemals angetroffen habe. Wir schritten durch eine Landschaft, die leidend, krankhaft erschien; Salzsümpfe, die man mit vollem Recht die Skrofeln der Erde nennen könnte. Dort ist der Boden in ungleiche Vierecke eingeteilt, die alle von gewaltigen Böschungen aus grauer Erde eingerahmt werden, und die mit einem brackigen Wasser angefüllt sind, auf dessen Oberfläche das Salz erscheint. Diese Schluchten, von Menschenhand hergerichtet, sind innen in Streifen eingeteilt, längs deren mit langen Rechen ausgerüstete Arbeiter schreiten, um damit diese Salzlake abzuschäumen und das Salz, wenn es zu Haufen geschüttet werden kann, auf runde Schwellen zu bringen, die in Abständen angebracht sind. Zwei Stunden schritten wir an diesem traurigen Schachbrett entlang, wo das Salz mit seinem Überfluß die Vegetation erstickt und wo wir dann und wann einige »Paludiers« bemerkten, wie man die Leute, die das Salz fördern, genannt hat. Diese Leute, oder vielmehr dieser Stamm von Bretonen, trägt eine besondere Kleidung, eine weiße Jacke, ganz ähnlich der der Bierbrauer. Sie heiraten untereinander. Es gibt kein Beispiel dafür, daß eine Tochter dieses Stammes einen anderen Mann als einen Paludier geheiratet hätte. Der fürchterliche Anblick dieser Sümpfe mit ihrem gleichmäßig abgetragenen Schlamm und dieser grauen Erde, der Schrecken der bretonischen Flora, stand im Einklang mit der Trauer unserer Seele. Als wir die Gegend erreicht hatten, wo man den Meeresarm überschreitet, der von dem Einbruch des Wassers in diesen Grund gebildet wird und von dem ohne Zweifel die Salzsümpfe gespeist werden, bemerkten wir mit Vergnügen die spärliche Vegetation, die der Küstensand trägt. Bei der Überfahrt sahen wir mitten im See die Insel liegen, wo einst die Cambremer wohnten; wir wandten den Kopf weg.

Als wir nach unserm Gasthaus kamen, bemerkten wir ein Billard, das in einem kleinen Saal stand, und als wir erfuhren, daß dies das einzige öffentliche Billard war, das es in le Croisic gab, trafen wir in der Nacht unsere Reisevorbereitungen; am nächsten Tag waren wir in Guérande. Pauline war noch in trauriger Stimmung, während ich bereits das Herannahen jenes Feuers fühlte, das jetzt in meinem Hirn brennt. Ich wurde von den Visionen, die ich von diesen drei Wesen hatte, so grausam gemartert, daß Pauline zu mir sagte: »Louis, schreibe das nieder, dann wirst du das Fieber überwinden.«

So habe ich Ihnen denn dieses Abenteuer beschrieben, mein teurer Onkel; aber es hat mich schon um die Ruhe gebracht, die ich meinen Bädern und unserm Aufenthalt hier verdankte.

Der Zug von Bordeaux

Es war einmal, ich war sechzehn. Ich hatte in diesem Alter noch ein kindliches Aussehen. Es war nach der Rückkehr aus Saigon, nach dem chinesischen Liebhaber, in einem Nachtzug, dem Zug von Bordeaux, um 1930. Ich war mit meiner Familie, meinen beiden Brüdern und meiner Mutter unterwegs. Es gab, glaube ich, noch zwei, drei weitere Personen im Dritte-Klasse-Wagen mit acht Plätzen, darunter auch einen jungen Mann, der mir gegenübersaß und mich ansah. Er muss dreißig gewesen sein. Es muss Sommer gewesen sein. Ich trug immer diese hellen Kleider der Kolonien und Sandalen an den nackten Füßen. Ich war nicht schläfrig. Der Mann fragte mich über meine Familie aus, und ich erzählte ihm vom Leben in den Kolonien, vom Regen, der Hitze, den Veranden, von den Unterschieden zu Frankreich, den Ausflügen in die Wälder und vom Abitur, das ich in diesem Jahr machen würde, lauter solche Dinge, wie sie zu den üblichen Zuggesprächen gehören, wo man seine eigene Geschichte und die der Familie aufrollt. Und plötzlich stellten wir fest, dass alle schliefen. Meine Mutter und meine Brüder waren schon kurz nach der Abfahrt von Bordeaux eingeschlafen. Ich sprach leise, um sie nicht zu wecken. Hätten sie gehört, dass ich Familiengeschichten erzählte, hätten sie es mir unter Schreien, Drohungen und

Gebrüll verboten. Die Tatsache, dass ich mich ganz leise mit dem Mann unterhielt, hatte auch die drei oder vier anderen Passagiere im Wagen eingeschläfert. So dass schließlich nur noch der Mann und ich wach waren. Unter diesen Umständen hatte es plötzlich begonnen, exakt im selben Moment, schlagartig mit einem einzigen Blick.

Damals sprach man nicht über diese Dinge, und schon gar nicht in einer solchen Situation. Plötzlich konnten wir nicht mehr weiterreden. Konnten uns auch nicht mehr ansehen, wir waren kraftlos, wie erschlagen. Ich war es, die sagte, wir müssten schlafen, um am nächsten Morgen bei der Ankunft in Paris nicht allzu müde zu sein. Er befand sich in der Nähe der Tür, er löschte das Licht. Zwischen ihm und mir war ein Platz frei. Ich streckte mich auf dem Sitz aus, winkelte die Beine an und schloss die Augen. Ich hörte, dass er die Tür öffnete. Er ging hinaus und kam mit einer Zugdecke zurück, die er über mich ausbreitete. Ich öffnete die Augen, um ihm zuzulächeln und danke zu sagen. Er sagte: »Nachts stellen sie in den Zügen die Heizung ab, und gegen Morgen ist es kalt.« Ich schlief ein. Ich wurde von seiner sanften und warmen Hand geweckt, die ganz langsam meine Beine auseinanderschob und versuchte, höher hinaufzudringen. Ich öffnete ein wenig die Augen. Ich sah, dass er die Leute im Wagen beobachtete, wachsam, er hatte Angst. Mit einer sehr langsamen Bewegung rückte ich näher zu ihm. Lehnte meine Beine an ihn. Gab sie ihm. Er nahm sie. Mit geschlossenen Augen verfolgte ich jede seiner Bewegungen. Zuerst waren sie langsam, dann zunehmend langsamer, beherrscht bis zum Schluss, bis zur Hingabe an die Lust, die ebenso anstrengend war, wie wenn er geschrien hätte.

Einen langen Moment war nur das Geräusch des Zugs zu hören. Er fuhr schneller, und dieses Geräusch wurde ohrenbetäubend. Dann wurde es wieder erträglich. Seine Hand legte sich auf mich. Sie war unsicher, noch warm, sie hatte Angst. Ich nahm sie in meine. Dann ließ ich sie los, ließ ihn machen.

Das Geräusch des Zugs wurde wieder stärker. Die Hand zog sich zurück, einen langen Moment blieb sie fern, ich weiß es nicht mehr, ich musste in den Schlaf gesunken sein.

Sie kam zurück.

Sie streichelt den ganzen Körper, dann streichelt sie die Brüste, den Bauch, die Hüften, mit einer Sanftheit, die gelegentlich vom wiederkehrenden Begehren erschüttert wird. Sie hält von Zeit zu Zeit ruckartig inne. Sie ruht auf dem Geschlecht, zitternd, bereit zuzupacken, von neuem heiß. Dann fängt sie wieder an. Sie fügt sich, sie mäßigt sich, sie besänftigt sich, um vom Kind Abschied zu nehmen. Rund um die Hand – das Geräusch des Zugs. Rund um den Zug – die Nacht. Die Stille der Gänge im Zuglärm. Die Halte, die einen aufweckten. Er stieg mitten in der Nacht aus. Als ich in Paris die Augen aufschlug, war sein Platz leer.

Austernfischer
Ein kleiner Fall für Bruno, Chef de police

Es war einer jener öden Tage zwischen Weihnachten und Neujahr. Im fahlen Winterlicht dehnte sich die große Bucht von Arcachon scheinbar endlos aus, und wo das aufgewühlte Wasser der Biskaya und der graue Himmel aufeinandertrafen, war nicht auszumachen. Auf der riesigen, fast drei Kilometer langen und über hundert Meter hohen Sanddüne von Pilat stand eng umschlungen ein Liebespaar und trotzte dem kräftigen Wind. Die Frau hatte die Augen geschlossen und genoss die Umarmung des Mannes, dessen Gesicht in ihren kurzen Nackenhaaren ruhte. Es ging der Eindruck stiller Zufriedenheit von ihnen aus.

Dass sie sich bislang nur sporadisch und in längeren Abständen treffen konnten, machte die Wiedersehensfreude jedes Mal umso größer. Andere Personen waren nirgends in Sicht. Unten in der Bucht schaukelten entlang der Austernbänke Boote, in die prall gefüllte Käfige gehievt wurden, deren Inhalt am Silvesterabend jeden zweiten Festtagstisch in Frankreich bereichern würde.

»Fast könnte man meinen, wir wären die letzten Menschen auf der Erde«, sagte Isabelle. »Mir wird langsam kalt. Wie müssen erst die Leute da draußen auf den Booten frieren?«

»Auf dem Weg nach unten wird dir wieder warm«, erwiderte Bruno. Er fühlte sich wohl in seinem schweren wollenen Armeemantel und war glücklich, sie in den Armen zu halten. »Wir könnten uns auch fallen lassen und einfach runterrutschen. Der Sand ist weich genug. Aber er gelangt auch überall hin, und man wird ihn kaum mehr los.«

»Stimmt es, dass diese Düne wandert?«, fragte sie.

»Es heißt, sie bewegt sich Jahr für Jahr ein Stück weiter Richtung Land«, antwortete er. »Auf alten Karten kann man sehen, dass sie früher weiter südlich war und weiter draußen im Meer. Bei Flut steigt hier das Wasser bis zu vier, fünf Meter an; dazu kommt der Wind, der meistens auflandig weht.«

»Und du wirst heute Abend da draußen sein.« Ihm fiel auf, dass sie versuchte, sich ihre Besorgnis nicht anmerken zu lassen.

Ja, er würde als einer von dreißig Polizisten, die, um anonym zu bleiben, aus ländlichen Gebieten abgezogen worden waren, an einer groß angelegten Polizeiaktion teilnehmen und gegen organisierte Wilderer von Austern vorgehen. Ein einziges Muschelbett leerzuräumen brachte fünfzigtausend Euro und mehr Gewinn ein. Und die Züchter hatten das Nachsehen, zumal nachwachsende Austern mindestens drei Jahre bis zur Reife brauchten, abgesehen davon, dass die zerstörten Kulturen wegen Überdüngung von der Algenblüte befallen wurden und kaum zu nutzen waren.

Vor Isabelles Ankunft aus Paris hatte es am Morgen im Polizeipräsidium von Bordeaux eine Einsatzbesprechung unter der Leitung von Commissaire Pleven gegeben, dem Verantwortlichen für die »Operation Dominique«. Was es mit diesem Namen auf sich hatte – ob er von einem Computer zufällig ausgeworfen worden oder als Referenz an Plevens Frau zu verstehen war –, hatte dieser nicht weiter erklärt. Über die Sachlage aber war er hinreichend gut informiert gewesen.

»Diesmal stehen uns zwei Patrouillenboote der Marine zur Verfügung«, hatte er stolz erklärt und mit einem langen Stock auf die Karte hinter sich an der Wand gezeigt. »Das eine versperrt die Zufahrt zur Bucht, das andere kreuzt vor der großen Sandbank und der Île aux Oiseaux, wo sich einige der wertvollsten Austernbänke befinden. Unterstützt werden wir von drei Hubschraubern, die mit Infrarot- und Nachtsicht ausgestattet und mit Kollegen der *Gendarmerie mobile* bemannt sind, die im Notfall eingreifen können. Darüber hinaus wurde uns sogar eine Staffel der Republikanischen Garde zugeteilt, die mit ihren gepanzerten Kettenfahrzeugen an den Stränden sehr viel mobiler ist als unsereins auf Rädern.«

Von einem Kollegen aus Bordeaux, mit dem er schon einmal zusammengearbeitet hatte, wusste Bruno, dass der Commissaire sogar den zuständigen Präfekten überredet hatte, eine alte Verordnung aus dem 19. Jahrhundert anzuwenden und *gardes jurés* zu rekrutieren, offiziell vereidigte Informanten, die den Kreisen der Austernbauern angehörten. Vereidigt oder nicht, dachte Bruno; konnte man ihnen auch vertrauen? Sie gehörten zur kleinen Gemeinschaft der Seeleute, die seit Menschengedenken miteinander verschwägert waren. Manche von ihnen arbeiteten schon in der sechsten oder sieben Generation in der Bucht, wie Bruno erfahren hatte. Sie lebten mehr oder weniger nach eigenen

Regeln und kannten sich in den Küstengewässern mit ihren Gezeiten und Strömungen sehr viel besser aus als jede Besatzung eines französischen Marinepatrouillenbootes.

»Wie dem auch sei«, fuhr Commissaire Pleven fort, »trotz aller technischen und logistischen Überlegenheit, die wir bereits wiederholt zum Einsatz gebracht haben, ist es uns bislang nicht gelungen, die Übeltäter dingfest zu machen. Es handelt sich aller Wahrscheinlichkeit nach um Einheimische, die mit den hiesigen Verhältnissen bestens vertraut und wohl auch jederzeit darauf gefasst sind, dass wir sie aufzuspüren versuchen. So vermutlich auch jetzt. Der Jahreswechsel ist für sie die lukrativste Zeit des Jahres.«

Bis zu diesem Zeitpunkt hatte Bruno nur mit halbem Ohr zugehört. In Gedanken war er bei Isabelle, die mit dem ultramodernen Hochgeschwindigkeitszug von Paris herbeigeflogen kam, um sich wieder einmal mit ihm zu treffen. Was selten genug der Fall, aber dafür umso prickelnder war. Allerdings hatte er die Nacht über und bis in den Vormittag hinein Dienst, sodass ihre gemeinsame Zeit auf ein Mittagessen und die Stunden danach beschränkt bleiben würde.

Bruno merkte auf, als der Commissaire plötzlich einen anderen Ton anschlug und selbstbewusst verkündete, dass ihnen diesmal eine Geheimwaffe zur Verfügung stünde. In Zusammenarbeit mit einem neuen französischen Hightech-Unternehmen waren künstliche Austern entwickelt und mit einem Peilsender ausgestattet worden. Jeder der Sender hatte einen eigenen Code, an dem sich erkennen ließ, welche der vielen weitläufigen Austernbänke gerade geplündert wurde. Sechs Drohnen sollten sie überfliegen und die Bewegungen der Attrappen verfolgen. An Land würden

Straßensperren errichtet, um die großen Kühltransporter zu stoppen, mit denen die Beute – zu erwarten waren bis zu zwanzig Tonnen Austern – zu den hungrigen Verbrauchern in Frankreich transportiert werden sollten.

Interessant, dachte Bruno. Im Wettstreit mit ortskundigen Wilderern mochte der Einsatz von Peilsendern und Drohnen den entscheidenden Unterschied ausmachen.

Frankreich sei der größte Produzent in Europa und weltweit der größte Verbraucher von Austern pro Kopf, erklärte der Kommissar. Geerntet würden jährlich rund hundertsechzigtausend Tonnen Austern im Wert von über sechshundert Millionen Euro. Und fast die Hälfte davon werde im Dezember verkauft, besonders viele in den Tagen vor Neujahr. Von einem der *gardes jurés* habe man erfahren, dass in den Strandbars seit Tagen von einem Paukenschlag die Rede sei. Polizeiquellen in Paris, Lyon und Lille ließen verlauten, dass es Hinweise auf Restaurants gebe, die mit preisgünstigen Austern gezielt eine gut vernetzte Kundschaft anspreche. Auch deshalb sei die Operation Dominique ins Leben gerufen worden.

Für die dreißig Landpolizisten, zu denen Bruno zählte und die nicht ohne Druck zur Teilnahme an der Operation eingezogen worden waren, hatte man eine eher bescheidene Rolle vorgesehen. Sie sollten die ganze Nacht über verschiedene Abschnitte des Strandes patrouillieren und mit Nachtsichtgeräten aus Beständen der französischen Armee Ausschau halten. Dank aufmontierter Sensoren, die wie kleine Smartphones aussahen, konnten diese Geräte die Peilsender in den künstlichen Austern verfolgen, falls die eine oder andere Drohne ausfallen sollte. Außerdem hatten Bruno und seine Kollegen den Auftrag, jeden Lkw, der auf ihren jeweiligen Strandabschnitt zukam, aufzuhalten, das Nummernschild zu notieren und die Papiere des Fahrers zu überprüfen. Ihnen waren Fotos aus der Kartei für vorbestrafte Delinquenten aus der Umgebung und einige Schnappschüsse von verdächtigen Personen ausgehändigt worden. Bruno rechnete aber kaum damit, in dunkler Nacht jemanden zuverlässig erkennen zu können, der wahrscheinlich der Kälte wegen einen Schal um sein Gesicht geschlungen haben würde.

»Wir haben es mit schweren Jungs zu tun, mit Leuten, die sich im Austernhandel auskennen und über die notwendigen Kontakte verfügen, um ihre Beute en gros loszuschlagen«, fuhr der Commissaire fort. »Sie werden bewaffnet sein. Trotzdem gelten für uns die üblichen Einsatzregeln. Von der Schusswaffe ist nur dann Gebrauch zu machen, wenn hinreichender Grund zu der Annahme besteht, dass Sie oder ein unschuldiger Zivilist in Gefahr sein könnte. Also, bewahren Sie kühlen Kopf. Bleiben Sie über Funkkontakt miteinander verbunden und melden Sie uns jeden Lkw, den Sie anhalten. Wir können Ihnen innerhalb weniger Minuten mit dem Hubschrauber Verstärkung zukommen lassen. Bewaffnete Truppen der Gendarmerie stehen für Sie in Bereitschaft.«

Bruno hatte die einschlägigen Karten studiert, bevor er am Vorabend von seinem Haus bei Saint-Denis, das fast zweihundert Kilometer landeinwärts lag, nach Bordeaux gefahren war. Die Küste der Bucht von Arcachon war mindestens fünfzig Kilometer lang, die ausgedehnten Strände auf beiden Seiten des Eingangs zur Bucht nicht eingerechnet. Jeder der dreißig Landpolizisten musste also fast zwei Kilometer ablaufen. Auf den Karten hatte Bruno über hundert Straßen und Pfade gezählt, die von den Stränden wegführten, und die Einheimischen wussten wahrscheinlich von weiteren Schleichwegen, die nicht verzeichnet waren. Ringsum lagen fünf große Städte und Dutzende kleinerer Dörfer. Und jeder der fünfhundert einheimischen Austernbauern, auf deren Ernte der riesige Markt zu Silvester wartete, würde in der Bucht sein und die Kulturen abweiden.

Bruno fragte sich, ob der Commissaire nicht zu viel Vertrauen in seine technische Ausrüstung und das große Aufgebot an Polizisten und Truppen setzte. Wie hätte er, Bruno, diese Operation an seiner Stelle geplant? Anstatt dreißig Polizisten am Strand Streife gehen zu lassen, hätte er mit ihnen zusätzliche Straßensperren eingerichtet. Die Diebe mussten die Austern absetzen, und es lag nahe, sie so schnell wie möglich per Lastwagen auf den Markt zu bringen. Weil damit zu rechnen war, dass landesweit Millionen von Franzosen auf den Straßen unterwegs sein würden, um Angehörige zu besuchen oder von Familienfeiern nach Hause zurückzukehren, hatte der Commissaire davon abgesehen, an den Auf- und Abfahrten der Autobahnen Verkehrskontrollen durchführen zu lassen. Bruno fragte sich, welche anderen Engpässe genutzt werden könnten, als Commissaire Pleven kurz innehielt und nach Worten zu suchen schien. Anscheinend war er mit seinem Vortrag, den er offenbar sorgsam einstudiert hatte, am Ende und wusste nicht weiter.

»In Gujan-Mestras wurden sieben Tonnen geplündert, weitere zwanzig Tonnen bei Marennes und vor der Île de

Ré. Wir müssen dem Einhalt gebieten, und das tun wir in der kommenden Nacht«, betonte er. »Und denken Sie daran, es geht hier nicht nur um das Überleben einer wichtigen Branche, sondern auch um die kulturelle Identität Frankreichs. Wie sagte schon unser großer Dichter Léon-Paul Fargue? ›Ich liebe Austern. Sie schmecken, als ob man das Meer auf den Mund küsst.‹

Noch irgendwelche Fragen?«

Ein Beamter des gehobenen Dienstes meldete sich zu Wort. Bruno vermutete, dass er eine vorbereitete Frage loswerden wollte.

»Monsieur, wie wir wissen, müssen Austern für ein oder zwei Tage in sauberem Wasser gewaschen und vom Sand befreit werden, der ihnen nach der Ernte anhaftet. Wo das geschieht, dürfte bekannt sein. Warum überwachen wir nicht diese Orte?«

»Gute Frage«, antwortete der Commissaire. »Das haben wir letztes Jahr auch versucht und festgestellt, dass die Wilderer keine der nahe gelegenen Waschanlagen aufsuchen. Austern werden entlang der gesamten Atlantikküste gezüchtet, bis zur Bretagne und darüber hinaus. Insgesamt gibt es Hunderte dieser Waschanlagen. Deshalb setzen wir die Austernattrappen mit den Peilsendern ein. Mit denen lassen sich die Wege der Beute auch jenseits der Bucht von Arcachon und bis zum Großhändler verfolgen.«

Vernünftig, dachte Bruno und registrierte einvernehmliches Kopfnicken um sich herum, als die Einsatzbesprechung zum Abschluss kam und die Versammlung aufgelöst wurde. Er warf einen Blick auf seine Uhr. Isabelle würde wenige Minuten nach elf Uhr in Bordeaux ankommen. Er wollte sie am Bahnhof abholen und mit ihr mit der Regionalbahn nach Arcachon fahren, wofür er schon Tickets gekauft hatte. Sie hätten dann Zeit, zusammen Mittag zu essen und den Nachmittag miteinander zu verbringen, bevor er sich zum Dienst würde melden müssen. Der Aussicht, ihr für ein paar Tage wieder nahe sein zu können, und das in einem von der Polizei bezahlten Hotel, hatte er natürlich nicht widerstehen können.

Isabelle hatte sich per E-Mail überraschenderweise selbst nach Arcachon eingeladen. Ihm war bewusst, dass sie in engem Kontakt mit alten Kollegen von der *Police nationale* in der Region stand, und es konnte kaum verwundern, dass sie über die bevorstehende Operation informiert war. Ihren Besuch aber hatte sie so angekündigt, als könne er ihr einen Gefallen tun und sie davor bewahren, sich über Weihnachten hinaus und also länger als erträglich bei ihrer Familie aufhalten zu müssen, zumal sie sich mit der neuen Frau ihres Vater nicht besonders gut verstand. Wie dem auch sei, Bruno freute sich auf sie.

Zu Fuß erreichte er den Bahnhof Bordeaux-Saint-Jean, als die Uhr elf schlug. Die Haut kribbelte ihm am ganzen Körper, so gespannt war er auf das Wiedersehen mit Isabelle. Es blieb ihm gerade noch genug Zeit, sich die Haare mit der Hand zu glätten, ein Pfefferminz in den Mund zu stecken und den Relay-Zeitungskiosk aufzusuchen, vor dem sie sich treffen wollten. Sein Blick scannte die Menge der Reisenden aus Paris auf der Suche nach dem vertrauten Gesicht, und er war überrascht, als sich eine schlanke Gestalt, den Kopf in einen Wollschal gehüllt, aus der Menge löste und ihm in die Arme fiel.

»Ich hätte dich fast nicht erkannt unter all der Wolle«, sagte er und küsste sie. »Wie schön, dich zu sehen.«

Sie erwiderte seinen Kuss leidenschaftlich und meinte dann, sie habe die Wettervorhersage gehört und sich darauf eingestellt, dass es kalt werden würde. Arm in Arm – Bruno trug ihren kleinen Koffer – steuerten sie auf den Bahnsteig zu, wo der Zug nach Arcachon bereitstand. In einem fast leeren Abteil setzten sie sich einander gegenüber und hielten Händchen. Ihre Augen leuchteten, als sie den Schal abstreifte. Doch plötzlich wurde sie ernst.

»Ich habe Erkundigungen eingeholt«, begann sie. »Du musst dich vor Commissaire Pleven in Acht nehmen. Es heißt, er hat hochgesteckte Ziele und ist nicht zimperlich, wenn es um seine Karriere geht. Wahrscheinlich hat er auch deshalb Polizisten aus der ganzen Region antreten lassen. Zum einen kann er sich keine Pleite leisten. Zum anderen will er für sich werben. Er wird euch alle, dich und deine Kollegen, mit Neujahrskarten beglücken, euch zu euren Geburtstagen gratulieren und zu einem Drink einladen, wenn er von Präfektur zu Präfektur und Mairie zu Mairie reist. Er ist ein gewiefter Networker und Wahlkämpfer. Wenn die anstehende Operation ein Erfolg wird und er seinen Aufstieg fortsetzt, wird er euch Polizisten zu seinen Handlangern machen. Ich habe gehört, dass er gute Aussichten hat, zum stellvertretenden Regionalpräfekten gewählt zu werden, und über diesen Posten ins Kabinett nach Paris zu kommen versucht. Es bleibt natürlich dir überlassen, ob du ihn unterstützt oder nicht, aber komm ihm besser nicht in die Quere.«

So hatte sich Bruno den Auftakt zu ihrem Rendezvous

nicht vorgestellt. Sie hatten sich kennen- und lieben gelernt, als Isabelle als Kommissarsanwärterin für die *Police nationale* im Périgord stationiert gewesen war. Nach einer heiklen, aber erfolgreichen Operation hatte man sie in den Stab des Innenministers nach Paris berufen. Bei einem Einsatz gegen illegale Einwanderer war sie schwer verletzt und danach in ein Amt versetzt worden, das die Antiterrormaßnahmen der Europäischen Union koordinierte. Wenn jemand etwas von steilen Karrieren verstand, dann Isabelle. Und Bruno, der sie als die Liebe seines Lebens betrachtete, aber auf sein Périgord nicht verzichten mochte, wusste um den persönliche Preis, den Isabelles Ehrgeiz ihnen beiden auferlegte.

Doch daran zu denken war jetzt nicht die Zeit, da sie auf einer warmen, von Glasscheiben umrahmten Restaurantterrasse am Strand saßen und jeder von ihnen einen Teller mit frischen Austern sowie ein Glas Mouton Cadet Sauvignon Blanc vor sich stehen hatte. Isabelle löste eine Auster von ihrem Bett aus Perlmutt, presste ein paar Tropfen aus einer Zitronenscheibe darauf und schlürfte sie mit geschlossenen Augen von der Schale. Bruno glaubte sie wohlig schnurren zu hören, als sie die Delikatesse schluckte. Dann schlug sie die Augen wieder auf, nickte und griff nach ihrem Weinglas.

»*Mon Dieu*, wie lecker! Sie haben den gewissen Hauch von Jod, der nur die besten Austern ausmacht«, sagte sie und griff nach der nächsten Schale. Mit schelmischem Lächeln gestand sie: »Wenn ich Austern sehe, muss ich an dich denken, und jetzt sitzt du vor mir.«

»Ja, da wären wir, nur du und ich und die Austern«, erwiderte er, worauf sie ihm ihre Austernschale an den Mund führte und ihm tief in die Augen blickte.

»Nimm«, sagte sie, und als er den Inhalt geschluckt hatte, hob sie die fast leere Schale an ihre Lippen und schlürfte den restlichen Saft heraus. »Ich bin froh, dass unser Zimmer gleich über uns ist«, meinte sie.

Als zwei Stunden später das brennende Begehren füreinander einstweilen nachgelassen hatte, fuhren sie mit einem Linienbus nach Le Pilat Plage und bestiegen die hohe Düne. Für Isabelle war es das erste Mal. Sie schauten auf die Bucht in der Tiefe und ließen die Blicke über den weiten Naturpark Landes schweifen. Die Gesichter nordwärts gewandt, beobachteten sie die Austernboote, die in der Bucht kreuzten. Plötzlich zog Isabelle ein Fernglas aus der Tasche und nahm ein einzelnes Boot ins Visier, von dem sie offenbar glaubte, es verhalte sich irgendwie auffällig. Im Unterschied zu den anderen Booten, die, auf relativ kleinem Raum versammelt, immer wieder anhielten, um, wie es schien, Austern zu ernten, passiere dieses eine langsam, aber kontinuierlich die Wasserrinnen zwischen den einzelnen Austernbänken, erklärte sie.

»Da ist ein Mann im Steuerhaus und ein anderer im Bug. Sieht aus wie ein Lotse. Und er hat was in der Hand«, sagte sie und reichte Bruno ihr Fernglas. »Mir scheint, er führt Aufsicht. Seltsam. Ich dachte, es sollten möglichst viele Austern für Silvester eingeholt werden.«

Bruno tat sich schwer, das Glas zu fokussieren. Sie hatte recht. Das Boot benahm sich anders, und an Deck waren keine Austern zu sehen, während sich auf den anderen Booten die Schalentiere häuften. »Was er da in der Hand hält, kann ich nicht erkennen. Es könnte ein Handy sein. Aber da draußen in der Bucht wird er keinen Empfang haben.«

Er versuchte, den Namen des Bootes festzustellen, entdeckte aber nur eine schwer leserliche Zahl, die im Ausschnitt des Fernglases zu tanzen schien.

»Da ist ein Kennzeichen: die Großbuchstaben A und C, dann drei-zwei-zwei und weitere Ziffern, die ich nicht lesen kann. Du vielleicht.« Er gab ihr das Fernglas zurück.

»Ja, A und C – und am Ende zwei Neunen. Die Ziffer in der Mitte könnte eine Sieben oder eine Zwei sein, vielleicht auch eine Vier oder eine Sechs. Der Aufdruck ist ziemlich verblasst«, antwortete sie.

Bruno zog aus der Innentasche seiner Jacke Notizbuch und Stift heraus und notierte von der Bootskennung, was er und Isabelle entziffert zu haben glaubten. Als sie nach dem Grund fragte, berichtete er ihr von den Austernattrappen und Peilsendern, die per Smartphone verfolgt werden konnten.

»Möglich, dass gerade jetzt einer von uns die Sender überprüft. Aber wenn nicht, könnten wir ein Problem haben. Auf jeden Fall sollte ich das melden.«

Er kramte sein Handy hervor, rief die Einsatzzentrale an, nannte seinen Namen und beschrieb, was er gesehen hatte. Ob jemand zurzeit die Funktion der Peilsender überprüfe, fragte er. Man werde zurückrufen, wurde ihm gesagt.

Isabelle und Bruno machten sich auf den Rückweg. Sie schafften es, die Düne hinunterzulaufen, ohne zu stürzen. Als sie am Strand entlanggingen, fragte sie, wann er seinen Dienst anzutreten habe.

»Um sechs«, antwortete er. Im selben Moment klingelte

sein Handy. Es war der stellvertretende Einsatzleiter. Nachdem Bruno wiederholt hatte, was ihm und Isabelle aufgefallen war, wurde er gebeten, sich sofort bei der Polizei von Arcachon zu melden. Er erklärte, wo er war, und wenig später war ein Streifenwagen zur Stelle, der sie abholte. Bruno bat den Fahrer, Isabelle am Hotel abzusetzen.

»Versuchst du, meinen Ruf zu schützen?«, fragte sie und zeigte wieder das schelmische Grinsen, das er an ihr liebte.

»Ich berücksichtige nur, was du über Commissaire Pleven gesagt hast«, entgegnete er.

»Bruno«, sagte sie. »Wenn ich eines Tages nicht mehr stolz bin auf den Mann, mit dem ich schlafe, gehe ich ins Kloster. Übrigens sind Pleven und ich gleichrangig. Wenn er zu dumm oder zu stur ist, um mir zuzuhören, wird das Konsequenzen für ihn haben.«

Pleven war nicht in Arcachon. Er war in der Einsatzzentrale in Bordeaux geblieben, wo er über bessere Kommunikationsmöglichkeiten verfügte. Er hörte sich Brunos Bericht an, schien aber nicht allzu beeindruckt. Doch dann ließ sich Isabelle das Telefon geben, stellte sich vor und sagte, sie sei zufällig mit Bruno auf der Düne gewesen und könne bestätigen, was er gesagt hatte.

»Das Boot, das wir gesehen haben, verhielt sich auffällig«, wiederholte sie. »Haben Sie anhand unserer Angaben den Besitzer ermittelt?«

»Verehrte Kollegin, Ihre Informationen sind etwas vage«, antwortete er ruhig.

»Mag sein«, entgegnete sie. »Aber da setzt Ermittlungsarbeit für gewöhnlich an. Sie werden doch bestimmt Zugriff auf die Registratur der hier gemeldeten Boote haben und in der Lage sein, mithilfe der genannten Kennung, auch wenn sie nicht ganz korrekt ist, den Eigentümer zumindest einzugrenzen und entsprechende Maßnahmen einzuleiten. Sollte Ihre Fahndungsfinte auffliegen, können Sie die Operation abblasen.«

»Verstehe, aber erklären Sie mir doch bitte, was Sie mit unserer Angelegenheit zu tun haben«, entgegnete Pleven.

»Ich schlage vor, Sie rufen unseren gemeinsamen Chef, den Innenminister, an und lassen sich darüber aufklären«, blaffte sie. »Und schicken Sie mir bitte ein Auto vorbei, das mich zu Ihnen in die Zentrale bringt. Anderenfalls werde ich mich an geeigneter Stelle über Ihre laxe Haltung gegenüber neuen Erkenntnissen aus einer hochrangigen Quelle beschweren.«

Das Auto kam und verschwand mit Isabelle. Bruno trat seinen Dienst an. Immerhin hatte sich der Commissaire ein paar Gedanken über die Verteilung aller Einsatzkräfte gemacht. Die örtliche Polizeistation in Arcachon war als Sammelstelle zu klein, und es wäre aufgefallen, wenn sich dreißig Männer von dort aus auf den Weg gemacht hätten. Bruno erhielt den Bescheid, sich um 18 Uhr auf einem Parkplatz am Ortsrand einzufinden, wo ein ziviles Fahrzeug ihn und zwei Kollegen abholen und nach Cap Ferret bringen würde. Andere Polizisten trafen sich in Parkhäusern von Einkaufszentren oder an Bushaltestellen und Bahnhöfen. Sie waren alle angewiesen worden, schlichte Mäntel über ihre Polizeiuniformen zu ziehen. Brunos alter Soldatenmantel sollte reichen. Er trug so selten einen Mantel, dass es ihm noch nie in den Sinn gekommen war, sich ein neues Stück zuzulegen. Seine Jagdjacke und die darunterliegenden Schichten aus Baumwolle und Wolle hielten warm genug, und er fand es besser, wenn ihm keine Mantelschöße um die Beine flatterten.

Jetzt aber wurde ihm ungemütlich kalt, als er über den verlassenen Strand stapfte, so sehr, dass er sich verärgert fragte, warum zum Teufel Pleven dreißig Polizisten zu einer Mission herangezogen hatte, die wahrscheinlich ins Leere lief. Die Lichter der nahe gelegenen Stadt verblassten im dichter werdenden Nebel. Die einzigen Gebäude, die er in der Nähe gesehen hatte, waren ein kleiner, winterfest verbarrikadierter Strandpavillon und ein Cottage, das ein wenig abseits vom Strand lag und unbewohnt schien. Wie die anderen Einsatzkräfte kannte sich Bruno in dieser Gegend nicht aus und wusste nicht, was er tun sollte, falls ein Boot mit gestohlenen Austern und ein Lkw aufkreuzen sollten. Er stünde dann womöglich drei oder vier nervösen und wahrscheinlich aggressiven Männern gegenüber, durchgefroren und mit einer Pistole bewaffnet, vor deren Gebrauch er ausdrücklich gewarnt worden war. Bruno zog seinen dicken Wollschal aus dem Nacken und wickelte ihn um Kopf und Ohren.

Mit stampfenden Schritten ging er gegen die Kälte an und überschlug, wie viel die Operation wohl kosten mochte. Dreißig Landpolizisten, für jeden eine Bahnfahrkarte, Hotelunterbringung für drei Nächte, Spesenpauschale sowie Überstunden und Nachtzuschlag. Alles in allem mochten es mindestens zwanzigtausend Euro sein, was in etwa seinem Jahresgehalt entsprach. Dazu kamen die Kosten für Austernattrappen samt Peilsendern, Drohnen und Hubschraubereinsätze. Wenn die *Gendarmes mobiles* und die

Crews der Marinepatrouillenboote ihren Einsatz nicht als Übung verbuchen würden, müssten die Gesamtkosten an die Hunderttausend heranreichen.

Sein Handy klingelte. Es war Isabelle.

»Wie es aussieht, heißt der Mann auf dem Boot, den wir gesehen haben, Yves Tallarin. In jüngeren Jahren ist er mehrmals wegen Schlägereien festgenommen, aber nie vor Gericht gestellt worden«, sagte sie. »Er hat schwerwiegende Probleme mit den Steuerbehörden, und sein Schwager besitzt eine Spedition. Ich versuche herauszufinden, ob es eine Verbindung zu der Firma gibt, die die Austernattrappen hergestellt hat. Ein Neffe Tallarins soll studierter Informatiker sein. Tallarin besitzt ein großes neues Haus in Andernos-les-Bains und eigene Austernbänke am Cap Ferret, also ganz bei dir in der Nähe. Ist dir schon was aufgefallen?«

»Nein, nichts. Hier ist es nur kalt und ansonsten still. Aber du hast offenbar gute Arbeit geleistet. Haben wir Aussicht auf Verstärkung?«

»Dafür sorge ich gerade. Aus der Luft kommt sie jedenfalls nicht. Für die Hubschrauberpiloten sind die Sichtverhältnisse zu schlecht.«

»Daran hätte Pleven denken sollen«, meinte Bruno.

»Allerdings. Aber auch für unseren Verdächtigen könnte das Wetter ein Problem sein, es sei denn, er kennt sich auf dem Wasser so gut aus, dass er sich mit verbundenen Augen zurechtfindet. Ich schätze, da, wo du bist, rollen in fünfzehn, zwanzig Minuten bewaffnete Gendarmen an.«

»Was ist mit den Patrouillenbooten?«, fragte er. »Mindestens eines sollte ganz in der Nähe sein.«

»Mit dem scheint's ebenfalls Schwierigkeiten zu geben.

Es lässt sich nicht an den Austernbänken vorbeinavigieren, denn die tauchen auf dem Radar nicht auf. Auch das hat Pleven offenbar nicht bedacht.« Nach einer kurzen Pause sagte sie: »Pass auf dich auf. Ich melde mich später wieder.«

Bruno überlegte, ob er am Strand bleiben und nach einem Boot Ausschau halten oder dahin zurückkehren sollte, wo er abgesetzt worden war, zumal dort am ehesten ein Fahrzeug aufkreuzen würde. In der Nähe gab es ein Restaurant mit asphaltierter Zufahrt und Parkplatz. Er machte kehrt, bestieg eine kleine Düne und schaute sich um. Der Nebel schien dichter zu werden. Nichts zu sehen, keine Lichter, weder über Andernos noch über Cap Ferret, keine Scheinwerfer von Autos oder Lastwagen und auch keine Bootslampen in der Bucht. Er warf einen Blick auf die Uhr. Isabelles fünfzehn Minuten waren fast abgelaufen. Mochte der Himmel den Gendarmen helfen, die versuchten, sich in diesem verdammten Nebel zurechtzufinden.

Wieder klingelte sein Handy. In seinen dicken Handschuhen gelang es ihm nicht, den richtigen Schalter zu bedienen. Er zog einen Handschuh mit den Zähnen aus, fühlte mit steifen Fingern nach der Taste für den Rufaufbau und ließ dabei den Handschuh fallen.

»Ich bin's«, sagte Isabelle. »Das Patrouillenboot der Marine steckt fest. Aber sie haben ein Boot auf dem Radar, das sich in deine Richtung bewegt. Sind die Gendarmen schon da?«

»Nein, keine Spur.« Er bückte sich und suchte nach dem Handschuh. Vergeblich.

»*Merde*, Bruno.«

»Was soll ich erst sagen?« Er war drauf und dran, ihren

Anruf abzuwürgen, besann sich aber eines anderen. »Augenblick, auf der Straße sind jetzt Lichter zu sehen. Das könnten sie sein.«

»Bleib in der Leitung und lass mich wissen, ob es die Gendarmen sind.«

»Ich glaube nicht, dass sie es sind. Es scheint ein Lastwagen zu sein, der da kommt. Nach dem Abstand der Scheinwerfer zu urteilen ein ziemlich großer. Er bewegt sich nur langsam vorwärts. Auf dem Wasser ist immer noch nichts zu sehen. Ich stecke das Handy jetzt weg.«

»Ich bleibe in der Leitung«, hörte er sie sagen, als er das Handy in die Manteltasche gleiten ließ.

Die Lkw-Leuchten schienen zu schwanken, aber dann wurde ihm klar, dass dem Fahrzeug ein Mann mit einer Taschenlampe voranging, der es zum Parkplatz führte. Er hörte Druckluftbremsen zischen. Das Scheinwerferlicht blieb stehen. Es handelte sich offenbar um einen sehr großen Lastwagen. Bruno zog den Schal in die Stirn, um zu verhindern, dass sie das Licht reflektierte, und duckte sich tief in den Sand.

Gerade noch rechtzeitig. Im Lkw zündete jemand ein Stroboskop, das grelle blaue Blitzlichter in den dunklen Nebel warf. Bruno zuckte vor Schreck zusammen, als plötzlich und in schneller Folge drei tiefe Fanfarenstöße die Luft erschütterten. Ah, dachte er. Matrosen reagieren auf Nebelhörner, deren Laute weiter reichen als Licht im dichten Nebel. Es musste ein Boot in der Nähe sein, mit dem die Spediteure in Funkkontakt standen.

Bruno war zwanzig bis dreißig Meter von dem Lastwagen entfernt. Er richtete den Blick auf die Bucht und hörte den tuckernden Motor eines Bootes, bevor er es sah. Seine ungeschützte Hand war steif gefroren. Er steckte sie sich in die Achselhöhle, um sie zu wärmen. Vielleicht brauchte er sie, um seine Waffe zu ziehen. Gleichzeitig drängte sich ihm der entlegene Gedanke an Napoleons *Grande Armée* auf deren Rückzug aus Moskau auf. Was für arme Kerle, dachte er und glaubte nachempfinden zu können, wie elend schwer es gewesen sein musste, eine Muskete mit eiskalten Fingern nachzuladen.

Das Boot rückte näher und schien den Strand bereits erreicht, wenn nicht sogar ein Stück weit überquert zu haben. Er schaute angestrengt hin und zweifelte fast an dem, was er zu sehen glaubte. Doch dann erkannte er, dass das Boot unter seinem flachen Boden mit einem Fahrgestell ausgestattet war. Als es langsam an ihm vorbeirollte, erinnerte sich Bruno daran, ein solches Fahrzeug schon einmal im Einsatz der Armee gesehen zu haben, einen Amphibientransporter der Baureihe DUKW.

Er schlich von der Düne und folgte dem Boot dichtauf, sodass ihn die Männer im Lastwagen nicht sehen konnten. Er hörte ausgelassen fröhliche Stimmen, die einander beglückwünschten. Bruno bereute es schon, sich so weit vorgewagt zu haben. Er hatte es mit zwei oder drei Männern im Lastwagen und wahrscheinlich mit zweien auf dem Boot zu tun. Bruno zog seine Dienstpistole aus dem Schulterholster. Sie fühlte sich wärmer an als seine Hand. Er entsicherte die Waffe, als sich das Boot zu drehen begann, wahrscheinlich um Austernkäfige in den Lkw zu laden. Im Scheinwerferlicht las er das Kennzeichen des Bootes – AC 322 699.

Er streifte auch den anderen Handschuh ab und holte

sein Handy hervor, das noch mit Isabelle in Verbindung stand.

»Sie sind hier«, flüsterte er und hörte sie nach Luft schnappen. »Boot und Lkw. Die Bootskennung ist dieselbe, AC 322 699. Ich werde die Männer festnehmen.«

»Nein«, entgegnete sie. »Wir haben, was wir brauchen. Die Straßensperren sind eingerichtet.«

Zu spät. Die Männer hatten ihn gehört und gaben keinen Laut mehr von sich. Am Lkw und auf dem Boot herrschte Stille. Er trat ins Licht und erkannte sofort, dass er damit einen Fehler gemacht hatte. In die ans Dunkle gewöhnten Augen fiel grelles Scheinwerferlicht und nahm ihm die Sicht.

»Polizei!«, rief er. »Runter auf den Boden, alle. Und Hände in den Nacken!«

Als Warnung, von der er wusste, dass sie aufgezeichnet werden würde, feuerte er eine Kugel in die Luft.

»Auf den Boden«, wiederholte er und stellte sich so, dass er alle sehen konnte. Schockiert und ungläubig starrten sie ihn an. Plötzlich schleuderte ihm einer der Männer eine Taschenlampe entgegen, sprang in die Fahrerkabine des Lastwagens und schrie: »Nichts wie weg!«

Auf dem Boot versuchte jemand, Bruno mit einem Austernkäfig zu bewerfen, der aber an ihm vorbeiflog, weil das Boot wieder in Bewegung geraten war. Auch der Lastwagen setzte zurück. Die Pistole im Anschlag, rückte Bruno weiter vor. Plötzlich spürte er einen heftigen Stoß im Rücken und stürzte der Länge nach auf den Asphalt, zu Fall gebracht von einem Austernkäfig, der diesmal getroffen hatte. Der Lastwagen entfernte sich, doch Bruno, der seine Waffe noch in den Händen hielt, zielte und feuerte je eine Kugel in beide Vorderreifen. Der Wagen sackte auf die Felgen.

Er drehte sich um und sah, wie das Boot am Rand des Strandes fast schwanengleich ins Wasser glitt, als eine Polizeisirene ertönte und mit blinkendem Blaulicht ein Streifenwagen auf den Parkplatz einbog. Drei bewaffnete Männer sprangen heraus. Bruno legte seine Waffe auf den Boden, hob das Handy ans Ohr und sagte: »Bist du noch da?«

»Himmel, Bruno, ich habe Schüsse gehört«, erwiderte Isabelle alarmiert. »Was ist passiert?«

»Die Gendarmen sind hier. Lass sie wissen, dass ich meine Waffe abgelegt habe. Der Lastwagen liegt still. Ich habe die Reifen platt geschossen. Das Boot ist wieder im Wasser, aber wir haben ja die Kennung. Ich liege auf dem Boden, mit kaputter Rippe, wie ich fürchte. Sie haben mir einen Austernkäfig in den Rücken geworfen. Und sag diesem Armleuchter von Pleven, wenn er tatsächlich für irgendein höheres Amt kandidieren will, werde ich gegen ihn antreten.«

Pimpernelle

In jenem Sommer sang Francis Cabrel *Hors Saison,* und alle sangen Cabrel.

In jenem Sommer war der Sommer schnell gekommen. Praktisch schon am letzten Mai-Wochenende, als die Temperatur plötzlich auf zwanzig Grad kletterte. In den Gärten hörte man wieder Lachen, trockenes Husten wegen der ersten fettigen Rauchwolken, die von den Grills aufstiegen, und die Jauchzer der Frauen, die halbnackt beim Sonnenbaden ertappt wurden. Es war wie Vogelgezwitscher. Als wäre das ganze Dorf eine Voliere.

Abends trafen sich die Männer wieder zum Rosé, gut gekühlt, um den Alkohol zu überlisten, den Fluch zu bannen und noch mehr zu trinken. Jetzt hatte der Sommer wirklich angefangen.

In jenem Sommer gab es Victoria. Und mich.

Victoria hatte goldenes Haar, smaragdgrüne Augen, wie zwei kleine Edelsteine, und ihr Mund war so verlockend wie eine reife Frucht. Victoria! Sie ist mein schönster Sieg, sagte ihr Vater ständig, begeistert von seinem Bonmot.

Noch gehörte sie mir nicht, aber ich näherte mich ihr behutsam.

Victoria war dreizehn. Ich war fünfzehn.

Ich sähe schon ein bisschen wie ein Erwachsener aus,

sagte meine Mutter, und diejenigen, die meinen Vater gekannt hatten, erinnerte ich an ihn. Meine Stimme war schon fast tief, manchmal heiser, wie morgens, nach dem Aufwachen. Über meiner Oberlippe sah man schon ein bisschen dunklen Flaum. Ich fand das Ganze damals nicht besonders schön, aber Victorias smaragdgrüne Augen konnten über manche Dinge hinwegsehen.

Ich war ihr Freund. Und ich träumte davon, viel mehr zu sein.

Am Anfang jenes Jahres, als es so kalt geworden war, hatte meine Mutter ihre Arbeit verloren.

Sie war in Lille Verkäuferin bei *Modes de Paris* gewesen. Ihr Charme und ihr Feingefühl wirkten Wunder, mit ihrem sicheren Geschmack hatte sie viele plumpe Gestalten schöner und eleganter aussehen lassen. Aber das konnte sie nicht vor einer Lawine der Ungerechtigkeit bewahren.

Nachdem sie wochenlang ihren Kummer in Tränen und Martini ertränkt hatte, beschloss sie, ihr Leben wieder in den Griff zu bekommen, und meldete sich für einen Buchhaltungskurs an. Wenn ich schon selbst kein Geld habe, sagte sie, kann ich wenigstens das der anderen zählen. Ich mochte ihre Ironie, die ihr half zu überleben. Sie schnitt sich die Haare und kaufte sich ein blassrosa Frühlingskleid, das ein bisschen zu sehr ihre schlanke Taille und den üppigen Busen betonte.

Nach dem Tod meines Vaters – sein Herz hatte am Steuer seines roten Wagens versagt, ihn auf der Stelle getötet und noch drei weitere Opfer gefordert – hatte meine Mutter keine Lust mehr, ihr Herz einem anderen zu öffnen.

Nichts und niemand kann ihn ersetzen, klagte sie, er ist und bleibt meine einzige Liebe, das habe ich geschworen.

Sie glaubte, was ich damals auch gern glauben wollte, dass die Liebe einzigartig ist.

Als er starb, war ich drei Jahre alt. Ich erinnerte mich nicht an ihn. Meine Mutter weinte, weil mir Bilder und Gerüche, seine starken Arme und seine pikenden Küsse fehlten. Sie gab sich Mühe, meinen Vater trotzdem lebendig zu halten, und zeigte mir oft die Fotos ihrer Anfangszeit: in einem Garten, am Strand von Étretat, unscharf in einem Zugabteil zweiter Klasse, auf einer Restaurantterrasse, an einem Brunnen in Rom, auf einem schönen Platz hinter dem Palazzo Mattei di Giove, in einem riesigen weißen Bett, wahrscheinlich morgens, er sieht ins Objektiv, sie fotografiert, er lächelt, er ist schön – Gérard Philipe in *Der Teufel im Leib* –, er wirkt verschlafen, glücklich, nichts kann ihm passieren. Mich gibt es noch nicht. Nur den Anfang eines großen Liebesfilms.

Sie erzählte mir von seinen Händen. Von seiner zarten Haut. Seinem warmen Atem. Sie erzählte mir, wie er mich ungeschickt in die Arme nahm. Wie er mich wiegte. Sie flüsterte die Lieder, die er mir als Neugeborenem ins Ohr summte. Sie weinte um den Abwesenden. Um die Stille. Sie weinte um ihre Ängste, und ihr Weinen ängstigte sie. Beim Betrachten der wenigen Fotos stellte sie sich seine heutigen Falten vor. Da, siehst du, seine Augen wären wie kleine Sonnen. Und seine Löwenfalte hier, die wäre noch tiefer geworden. Er hätte auch ein paar weiße Haare, da und da, er wäre noch schöner.

Sie stand auf und rannte in ihr Zimmer.

Als ich größer wurde, wünschte ich mir einen Bruder, zur Not eine Schwester, vielleicht auch einen dicken, kuschligen Hund, aber meine Mutter blieb ihrer großen verlorenen Liebe treu. Und nicht einmal der betörende Charme des jungen Apothekers – *er sieht aus wie ein Hollywoodstar,* sagte man im Dorf –, nicht einmal seine Geschenke und Versprechungen konnten sie umstimmen.

In jenem Sommer war meine Mutter beim Kapitel *Lastenhefte* und *Verluste durch höhere Gewalt.* Bei Tabellen und Zahlen. Bei Einwegverpackungen.

In jenem Sommer musste ich sie abfragen. Ich war ihr Lehrer. Sie nannte mich ihren kleinen Mann. Sie fand, dass ich meinem Vater immer ähnlicher wurde. Sie war stolz. Sie liebte mich. Sie lächelte mich an, und ich zerschnitt mir die Zunge beim Anlecken der vielen Umschläge, in die sie ihren Lebenslauf gesteckt hatte, wie in eine Flaschenpost. Sie griff nach meiner Hand. Sie küsste sie.

»Tut mir leid mit dem Sommer, Louis, sei mir nicht böse.«

In jenem Sommer fuhren wir nicht in den Urlaub. Wir wohnten in Sainghin-en-Mélantois.

Ein nichtssagendes Dorf, das jedem anderen glich. Eine Kirche aus dem 16. Jahrhundert, Saint Nicolas. Ein Pferdewettbüro *Le Croisé.* Ein Supermarkt *8 à Huit.* Eine Bäckerei *Dhaussy.* Ein Blumenladen *Rouge Pivoine.* Ein *Café du Centre.* Ein anderes Café. Und noch ein drittes, in dem diejenigen gestrandet waren, die sich nicht mehr vorwärtsbewegten. Angeblich war es Gift, das sie tranken und das sie ins Schwanken brachte. Dann erzählten sie von Schiffsreisen und Stürmen, die sie nicht erlebt hatten, aber an die sie sich dennoch erinnerten. Von Gespenstern. Von Orten,

an denen sie gewesen waren, ohne sich je von hier wegzu-
bewegen, um in einen Krieg zu ziehen oder ein Mädchen zu
erobern. Einer von ihnen hatte mich eines Abends am Arm
gepackt, als ich aus der Schule kam. Eine Tonkinesin, Jung-
chen, brüllte er, der Körper einer Göttin, eine hinreißende
Schlampe, o ja, eine Wilde mit Nachtaugen. Eines Tages
packt es dich auch, Kleiner, das mächtige Feuer, wenn dein
ganzer Körper glüht.

Er hatte recht.

Die Frauen ihrer Träume schwammen auf dem Grund
ihrer Gläser. Manche behaupteten, dass sich in ihren Gesichtern die Karten und das Leid der Länder abzeichneten,
in denen sie nie gewesen waren.

Sainghin-en-Mélantois. Gleich hinter den Kneipen standen die ersten Backsteinhäuser, deren Gärten sich wie eine
Patchworkdecke bis zum Rain der großen Rüben- und Ge-
treidefelder ausbreiteten, und die Sandwege, die bis zum
Wald von Noyelle führten, wo die Jungen an den ersten
schönen Tagen vor den Mädchen »Männer« spielten, indem
sie mit ihren Karabinern auf Spatzen und Finken zielten, die
Gott sei Dank schneller flogen als Schrot.

Ein Dorf, wo jeder jeden kannte und wo vieles tot-
geschwiegen wurde, Wahrheiten wie Lügen. Ein Dorf, wo
man tuschelte, dass der Schmerz der einen die Erbärm-
lichkeit der anderen beruhige. Wo das Fehlen von Zukunft
traurige Gedanken aufkommen, Wut hervorbrechen und
nachts Leute verschwinden ließ.

Victorias Eltern hatten ein großes orangerotes Back-
steinhaus an der Straße nach Astaing. Ihr Vater war Bankier
beim Crédit Nord, Place Rihour Nr. 8, in Lille. Er ist über-

haupt nicht lustig, sagte Victoria, er zieht sich immer an wie ein Opa, und sein Lächeln sieht aus wie eine Grimasse. Ihre Mutter war »Hausfrau«. Ein zartes Wesen, das sich fast am eigenen Blut vergiftet hätte. Von ihr hatte Victoria die Porzellanhaut geerbt, von ihr stammten die feinen Manieren, die genauen Bewegungen, als wäre jede die letzte, von ihr stammte dieses absolute, gefährliche – das sollte ich später begreifen – Gefühl für die Liebe und vor allem für das Begehren. Sie schrieb Gedichte, die ihr Bankiersgatte auf eigene Kosten verlegen ließ, kleine Hefte, aus denen sie einmal im Monat im Salon ihres großen Hauses vorlas. Zu den Reimen wurde Tee und Kuchen von Meert gereicht, an dem sich die Zuhörer labten. Angeblich waren diese Leckereien poetischer als die eigenartige Lyrik der Dichterin, auf den Tellern reimten sich marron und citron, wie in Éclair à la Glace à la crème de marron / Tarte flambée aux pommes aromatisée au citron.

Victoria hatte eine ältere Schwester. Pauline. Eine siebzehnjährige Schönheit, aber da war auch etwas Dunkles, Verwirrendes, das mich ebenso erschreckte wie faszinierte. Etwas, das an die Sinne rührte. Schwindel weckte. Wenn ich mit meinen fünfzehn Jahren voller Saft, Ungeduld und Dringlichkeit nachts zu träumen begann, dachte ich an den Körper von Pauline.

Aber meine Liebe gehörte Victoria.

Ich weiß noch, wo ich sie zum ersten Mal gesehen habe. Es ist mehr als dreizehn Jahre her.

Ich kam in die Gemeindebibliothek und wollte mir ein paar Comics ausleihen. Sie war schon da, mit ihrer Mutter, die einen Gedichtband von Henri Michaux suchte. Hier gibt es ja überhaupt nichts, das ist keine Bibliothek, das ist ein Witz, regte sie sich auf. Aber wer liest denn heutzutage noch Gedichte, Madame, Gedichte! In Sainghin-en-Mélantois! Lesen Sie lieber Kriminalromane, hier, in diesem Buch finden Sie Poesie, Erlösung, Niedertracht, zerspringende Seelen.

Victoria schaute mich an, sie amüsierte sich über die Erwachsenen, schämte sich für ihre Mutter. Sie war elf. Die Haare blond wie die einer Schauspielerin, lang wie bei Brigitte Bardot. Unglaubliche Augen – dass sie genau die Farbe von Smaragden hatten, habe ich erst später gesehen. Und eine unberechenbare Dreistigkeit.

Sie war vorsichtig näher gekommen.

»Liest du Asterix, um Latein zu lernen?«

»*Victoria!*«

Sie lachte.

»Super, jetzt brauchst du nicht mehr nach meinem Vornamen zu fragen.«

Dann ging sie zu ihrer Mutter. Zum Glück.

Denn obwohl mir eisiger Schweiß den Rücken runterlief, war mir plötzlich ganz heiß.

Ich hätte kein einziges Wort herausgebracht.

Denn soeben war mein Herz explodiert, wie das meines Vaters.

Anfang Juli machte sich das halbe Dorf auf den Weg nach Le Touquet oder Saint-Malo, die andere Hälfte fuhr nach Knokke-le-Zoute oder De Panne.

Victoria und ich blieben in Sainghin. Wie meine Mutter, die für ihre Buchhaltungsprüfung lernte. Wie ihr Vater, der das Gesicht verzog, während er die Darlehensanträge der Studenten studierte. Wie ihre Mutter, die sich bemühte, aus ihrer Feder Worte fließen zu lassen, die eines Tages das Herz der Welt berühren und die Schwermut der Verzweifelten ins Wanken bringen würden. Pauline war in Spanien, sie lebte nachts, von Ponche Caballero und von Unbekannten.

Neben uns wohnten die Delalandes. Sie waren erst zwei Jahre zuvor aus Chartres hergezogen. Er war zum Autozulieferer Quinton Hazell in Fretin versetzt worden, sie fand im Jahr darauf eine Stelle als Dozentin für Bibelexegese an der Katholischen Universität von Lille. Beide waren um die vierzig, kinderlos, ein sehr schönes Paar. Er ähnelte dem Schauspieler Maurice Ronet, nur dunkelhaariger. Sie ähnelte Françoise Dorléac, in Blond. Sie sah ihn mit wachsamen und verliebten Augen an, den Augen einer eifersüchtigen Frau. Ihr Haus war eins der wenigen im Dorf, die einen Swimmingpool besaßen, und dank guter Nachbarschaftsbeziehungen hatte Gabriel – nenn mich Gabriel, hatte mich Monsieur Delalande gebeten – mich mit der Reinigung des Pools beauftragt, während er mit seiner Frau bis Anfang September an der baskischen Küste Urlaub machte. Sie suchten den Wirbel des Südwindes, den *vent fou,* wie man ihn dort nennt, und das Peitschen des Ozeans, hatte er uns erklärt, als wollte er uns daran erinnern, wie platt, traurig und ausweglos hier alles war.

Mit dem Geld für die Reinigung des Pools würde ich mir an meinem sechzehnten Geburtstag ein Mofa kaufen können. Victoria und ich hatten schon eins ins Auge gefasst, eine gebrauchte Motobécane, eine »Bleue« in gutem

Zustand, die ein Rentner des Dorfes verkaufen wollte. Ich sah uns bereits auf dem langen, mit schwarzem Klebeband geflickten Plastiksattel sitzen, ihre Arme um meine Taille, meine linke Hand auf ihrer, ihr Atem in meinem Nacken, auf dem Weg in ein Leben zu zweit.

Ich konnte es kaum erwarten, dass sie älter wurde.

Ich konnte es kaum erwarten, dass ihre kindliche Anmut und ihr Duft nach Seife und Blumen verflogen.

Ich konnte es kaum erwarten, dass sie endlich auch so einen scharfen und warmen Geruch verströmte, wie ich ihn manchmal bei Pauline, bei einigen Mädchen meiner damaligen Klasse, bei manchen Frauen auf der Straße wahrnahm.

Jeden Morgen wartete ich bei ihrem Haus. Jeden Morgen kam sie auf mich zu geradelt. Sie lachte. Die Smaragde in ihren Augen glänzten. Und jeden Morgen rief die Dichterin aus einem Fenster im Obergeschoss, bevor sie sich wieder ihren melancholischen Versen zuwandte:

»Macht keine Dummheiten! Bring sie zum Mittagessen zurück!«

Wir waren allein auf der Welt. Wir waren Victoria und Louis, wir waren unzertrennlich.

Wir flitzten zur Marque, die bis zur Stadt Bouvines fließt, nach der die Schlacht vom Juli 1214 benannt ist; und wenn wir uns erschöpft auf den Boden warfen, flocht ich ihr Eheringe aus Gras, die sie lachend über ihre zarten Finger schob, und zählte die Anzahl unserer zukünftigen Kinder in der Falte ihres kleinen Fingers. Aber ich werde dich nicht heiraten, sagte sie. Und als ich fragte, warum nicht, antwortete sie, dann wäre ich nicht mehr ihr bester Freund. Ich verbarg meine Kränkung und protestierte:

»Doch! Ich bleibe immer dein Freund, mein ganzes Leben.«

»Nein. Wenn man sich richtig liebt, kann man sich verlieren, und ich will dich nicht verlieren, Louis.«

Dann sprang sie auf wie ein Zicklein und schwang sich wieder auf den Fahrradsattel.

»Wer als Erster zu Hause ist!«

Ihre Unschuld hielt mich auf Abstand. Das Ende der Unschuld nahm sie mir weg.

Da unterdrückte ich mein Jungsbegehren. Ich lernte Geduld – ein heftiger Schmerz.

Wenn wir zur Mittagszeit nach Hause kamen, hatte uns ihre Mutter im Schatten der großen Linde im Garten ein Picknick vorbereitet: Schinken, Salat, Limonade, wenn es kühler war, eine Käsetorte, zum Nachtisch Arme Ritter oder Mousse au Chocolat. Ich mochte den Schnurrbart, den der Kakao auf Victorias Lippen zeichnete, ich träumte davon, ihn mit meiner Zunge wegzuwischen, während mein Blut sich staute und meinen Penis in ein gieriges Männerglied verwandelte. Hastig senkte ich vor Lust und Scham den Blick.

Die Nachmittage verbrachten wir im Garten der Delalandes. Victoria hatte Gabriel nur einmal kurz gesehen, das hatte genügt, sie fand ihn schön, »hoffnungslos, zum Sterben schön«.

Mit einem großen Kescher half sie mir, die auf dem Wasser schwimmenden Blätter aus dem Pool zu fischen. Einmal in der Woche musste ich mit einem Teststreifen den pH-Wert des Wassers prüfen und mich vergewissern, dass er immer bei 7,4 lag.

Die meiste Zeit aber badeten wir.

Manchmal schwammen wir mehrere Bahnen um die Wette. Es war entzückend, wie Victoria auf dem Rücken schwamm, ihre Armbewegungen ähnelten denen einer Eisläuferin. Wenn sie so auf der Wasseroberfläche lag, dachte ich, sie werde davonfliegen. Im unendlichen Blau verschwinden. Mich verlassen. Dann tauchte ich, packte ihre Füße, hielt sie fest. Sie schrie, tat so, als hätte ich sie erschreckt. Und ihr Lachen flog sehr hoch, bevor es in mein Herz zurückfiel. Ich zog sie in die hellen Tiefen. Ich wollte untergehen, mit ihr untergehen, endlos versinken, wie in *Abyss,* und das Paradies, den Ort aller denkbaren Vergebung finden. Aber im letzten Moment stiegen wir immer wieder auf. Verschreckt und lebendig.

Wie gerne wäre ich mit ihr gestorben, in jenem Sommer.

Manchmal spielten wir Wasserball, aber in ihrer Ungeschicklichkeit katapultierte sie den Ball oft ans Ende des Gartens, und ich musste aus dem Wasser steigen, um ihn zu holen. Sie sah mir lachend zu, und ich sprang sofort wieder mit einer riesigen Fontäne in den Pool, um sie zu beeindrucken. Sie verdrehte die Augen, mit einem schon so weiblichen Überdruss. Ihre Augen waren gerötet, wie von Frauen, die viel weinen. Von Frauen, die sich verlieren werden. Ihre lockigen nassen Haare lagen wie ein Kranz auf ihrer Stirn.

Sie war meine Prinzessin.

»Irgendwann darfst du mich küssen«, flüsterte sie mir eines Nachmittags zu, dann schwamm sie zur Leiter, hinter sich ein Lichtstreifen.

Wir lagen nebeneinander auf den Holzplatten, die das Becken umgaben, und ließen uns von den Sonnenstrahlen trocknen. Sie trug einen Bikini, das Oberteil verbarg zwei sanfte Wölbungen, und wenn sie es auszog, um ihr Kleid wieder überzustreifen, befahl sie mir, mich umzudrehen, und ließ mich schwören, nicht hinzusehen. Sonst bringe ich dich um und werde dich mein Leben lang hassen. Ich lachte laut, und mein Lachen ärgerte sie, sie floh und ließ mich allein im Garten zurück. Unser Eden.

Da, wo die Schlange lauert.

Meine Mutter machte sich Sorgen.

Es wäre ihr lieber gewesen, wenn ich meine Zeit mit Jungs in meinem Alter verbracht hätte, wenn ich abends mit blutigen Knien nach Hause gekommen wäre, wenn ich mich geprügelt hätte, mein Gesicht rot vom Rennen und mein Herz wie eine fröhliche Trommel. Meine Mutter wünschte sich zerrissene T-Shirts, Baumhütten, Stürze, Splitter, rostige Nägel, Krankenwagen, Mutterängste und Auferstehungen.

Sie wünschte sich für mich eine raue, männliche Jugend. Sie fürchtete, dass mich das Fehlen eines Vaters zur Memme machen würde. Sie hatte mich zum Judo geschickt, aber nach einem bösen *kuchiki-daoshi* hatte ich aufgegeben. Sie hatte mich beim Fußball angemeldet, aber wegen meiner Unfähigkeit landete ich auf der Ersatzbank.

Ich war ein Kind, das wenig sprach. Ich hütete mich vor Brutalität, hütete mich vor den anderen. Vor unbändiger Gewalt. Vor Spucke, vor Dreck. Vor allem, was demütigt.

Jungen interessierten mich nicht. Ich mochte die sanfte

Stille, die zarte Art, mit der sich Mädchen ihre Geheimnisse zuflüsterten und erröteten, wenn sie die Welt entwarfen und ihre Fäden spannen.

Manchmal verspotteten mich die anderen Schüler, schubsten mich im Schulflur, auf den Treppen. Einer rief *Louise,* das verletzte mich. Ein Großer versuchte es mit einem Fausthieb. Wehr dich! Wehr dich, wenn du ein Mann bist! Los! Ich zuckte mit den Schultern, aber er warf sich mit seinem ganzen Gewicht gegen meine Brust. Es gab böses Gelächter, aber ich ging nicht zu Boden. Ich weinte nicht. Ich schützte mein Gesicht. Meine Mutter sollte nicht sehen, wie ich mich schämte, sie sollte sich keine Sorgen machen, nicht den toten Vater zu Hilfe rufen, der mich mit seiner schmerzlichen Abwesenheit die unsichtbare Schönheit der Dinge sehen ließ.

Später, als Victoria nicht mehr da war, stürzte ich mich in das Getümmel der Männer auf den Sportplätzen. Ich ertrank unter den Schlägen, die die Zärtlichkeit und die ungewisse Sanftheit der Gefühle vernichten. Und ich betete jedes Mal dafür, dass dieser Teil meiner Kindheit zertrümmert und ganz und gar zerstört werde.

Aber die Gewalt siegt nicht über alles.

»Du kannst doch nicht deine ganze Zeit mit Victoria verbringen«, sagte meine Mutter immer wieder, »das gehört sich nicht. Vergiss nicht, dass sie noch ein kleines Mädchen ist, und du bist fast schon ein Mann.«

»Mama, ich bin fünfzehn! Das ist doch kein Männeralter.«

»Ich habe einen Bruder, ich weiß Bescheid. Du brauchst Freunde.«

»Sie ist meine Freundin.«

»Und was macht ihr den ganzen Tag?«

»Ich warte.«

Ich warte darauf, dass sie größer wird, Mama. Ich warte darauf, dass sie den Kopf an meine Schulter lehnt. Ich warte darauf, dass ihr Mund zittert, wenn ich mich ihr nähere. Ich warte auf die betörenden Düfte, die sagen, komm, du kannst dich jetzt in mir verlieren, in mir verbrennen. Ich warte darauf, ihr Worte zu sagen, die man nicht zurücknehmen kann. Die Worte, die die Weichen stellen für ein Leben zu zweit. Für das Glück. Und manchmal für eine Tragödie.

Ich warte darauf, dass sie auf mich wartet, Mama. Dass sie ja sagt. Ja, Louis, ich werde deinen Ehering aus Gras tragen und ich werde dir gehören.

»Ich warte.«

Da nahm mich meine Mutter in die Arme, erstickte mich fast, wie um mich zurückzuholen zu der Zeit, als wir zu dritt waren, als nichts Böses passieren konnte, der Zeit vor dem roten Wagen und dem explodierenden Herzen.

»Du bist wie er, Louis. Du bist wie dein Vater.«

Am letzten 14. Juli des Jahrhunderts fuhr der Bankier mit seiner Dichterin und ihrer Tochter ans Meer.

Und Victoria lud mich ein. Zwei Autostunden, und wir waren in Le Touquet.

Der Deich war schwarz von Menschen. Fahrräder, Skateboards, Roller, Kinderwagen und Tretautos für Erwachsene. Geschrei. Zuckerwatte. Von Nutella triefende Crêpes und Waffeln. Ich erinnere mich an süßes, vergängliches Glück.

An helle Öljacken direkt auf der Haut, an den wirbelnden Sand, der in den Augen brannte.

Am Strand war hie und da ein kleiner Windschutz aufgestellt. Familien drängten sich aneinander, um nicht vom Wind weggetragen zu werden. Und sich zu wärmen, wenn die Sonne verschwand.

Ein paar Meter weiter füllten siebenjährige Baumeister Eimer mit feuchtem Sand, um Türmchen und Burgen zu bauen, brüchige Träume, die sie vor Müdigkeit oder Ärger irgendwann selbst zerstörten. In der Ferne flitzten Strandsegler am Wasser entlang, Reiter gingen im Schritt.

Mitten auf der Straße küsste sich ein Paar, mindestens fünfzig – er erinnerte entfernt an Yves Montand in *César und Rosalie* –, so schamlos und gierig, als hätten sie etwas nachzuholen, unter den empörten oder neidischen Blicken von Paaren im gleichen Alter und ein paar einsamen Seelen.

Wir gingen in Höhe der Avenue Louison-Bobet an den Strand.

»Hier ist nicht so viel los«, sagte die Dichterin. »Hier kann ich besser lesen.«

Der Bankier steckte einen großen gelben Sonnenschirm in den Sand, um die empfindliche Haut seiner Leserin zu schützen; er klappte zwei Trigano-Sessel aus blauem Leinen auf, die wie zwei Wasserpfützen aussahen, und sie ließen sich nieder. Plötzlich sahen sie ganz alt aus. Die Dichterin sah auf ihr Buch. Der Bankier sah aufs Meer. Ihre Blicke trafen sich nicht mehr. Die Ernüchterung hatte gesiegt, hatte die Lust vergiftet.

Victoria nahm mich bei der Hand, und wir entfernten uns. Wir gehen spazieren, riefen wir, wir kommen gleich zurück! Wir rannten zum Golfplatz, zu den Dünen, dorthin, wo die Kinder sich der Aufsicht ihrer Eltern entziehen können. Und in einem Winkel, von Wind und Blicken geschützt, legten wir uns nebeneinander, ohne die Hände loszulassen. Wir hechelten im gleichen Rhythmus, und ich stellte mir unsere Herzen im gleichen Tempo vor, wenn der Tag kommen würde. Ich zitterte.

Dann beruhigte sich unser Atem allmählich.

»Ist dir klar, dass in sechs Monaten vielleicht das Ende der Welt kommt und wir dann alle sterben?«

Ich lächelte.

»Kann sein.«

»Das Ende der Welt! Das Ende von dir, von mir, nie wieder dieser idiotische Witz meines Vaters über meinen Vornamen, Ende, Ende, Ende! Nostradamus hat es angekündigt. Es gibt sogar Leute, die ihr allerletztes Silvester vorbereiten, zum Beispiel in der Wüste. Das ist doch bescheuert.«

»Finde ich nicht.«

»Was würdest du machen, wenn es das Ende der Welt wäre?«

Ich wurde rot.

»Keine Ahnung. Ich glaube einfach nicht, dass das stimmt.«

»Das sagst du, weil du in mich verliebt bist, und wenn dann *wirklich* das Ende der Welt wäre, wärst du umsonst verliebt gewesen.«

»Überhaupt nicht. Ich bin mit dir sehr glücklich, so, wie es ist.«

»Möchtest du mich nicht mal küssen?«

Mein Herz raste.

Natürlich wollte ich dich küssen, Victoria, und dich berühren, dich streicheln, mich Sachen trauen und dir erzählen, wie lange ich schon auf dich wartete, von meinem Herzen, das jede Nacht donnerte, von meinen Händen, die zitterten, wenn sie meine Haut berührten und sich vorstellten, es wäre deine, von meinen Fingern, die von deinen fruchtigen Lippen träumten, von diesem hungrigen und grausamen Mund, der manchmal die leidenschaftlichen Worte einer Frau sprach.

Aber Verliebte können auch sehr schüchtern sein.

»Doch«, sagte ich schließlich. »Doch. Und wenn das Ende der Welt kommt, wäre das Letzte, was ich mir wünsche, das.«

»Was?«

»Ein Kuss.«

Ihr helles Lachen flog empor. Eine Pusteblume.

»Da!«

Plötzlich drehte sie sich um. Ihr Mund presste sich auf meinen, unsere Zähne schlugen aneinander, unsere Zungen schmeckten einander eine Sekunde lang, sie waren salzig, warm, das war alles; schon war sie aufgestanden und lachte.

»Ein Kuss ist wirklich nicht das Ende der Welt!«

Dann schwebte sie wie eine Feder über die Düne davon.

Und mir war zum Heulen.

Ich traf sie am Strand wieder. Das Meer zog sich zurück. Victoria ging durch den Sand zu ihren Eltern, die nichts mehr erwarteten. Im Wind die lächerlichen Möwenschreie, die mich verhöhnten. Als ich sie einholte, sah sie mich an, ihr Lächeln war traurig und sanft.

»Ich weiß nicht, ob ich in dich verliebt bin, Louis, auch wenn du mein bester Freund bist. Liebe ist, wenn man für jemanden sterben könnte. Wenn einem die Hände kribbeln, die Augen brennen, wenn man keinen Hunger mehr hat. Und bei dir kribbeln meine Hände nicht.«

Ihre Unschuld brachte mich um.

In der Nähe des Bankiers und der Leserin versuchte ein altes Paar trotz Wind und ungelenken Fingern sein Strandtuch auf dem Sand auszubreiten.

Als ich ihnen zusah, stellte ich mir Victoria und mich vor, am Ende eines Lebens zu zweit, einer wunderbaren Odyssee, die hier auf einem Moped begonnen hatte. Ein halbes Jahrhundert später waren wir hierher an den Ort unseres ersten Kusses zurückgekehrt, wo wir versuchten, zusammen unser Strandtuch auszubreiten.

Aber Victoria stürmte in eine Welt ohne mich. Eine Welt, in der meine geduldige Liebe und mein ungeduldiges Begehren nicht vorkamen.

Der bretonische Hund

Louis brach am nächsten Tag gegen elf Uhr ohne Eile auf. Der Hundebesitzer wohnte wirklich am Ende der Bretagne, etwa zwanzig Kilometer von Quimper entfernt. Man mußte gut sieben Stunden Fahrt rechnen, und eine Pause, um ein Bier zu trinken; Louis hetzte sich nicht gern beim Autofahren, und er konnte keine sieben Stunden in Folge ohne Bier verbringen. Das mit dem Bier hatte er von seinem Vater.

Mathias' Zettel zog vor seinen Augen vorüber. Der Hund: »Mittelgroß, beige mit kurzem Fell, kräftige Zähne, vielleicht ein Pitbull, auf jeden Fall eine miese Visage.« Das machte das Herrchen nicht sympathisch. Der Mann: »Etwa vierzig, hellbraunes Haar, dunkle Augen, fliehendes Kinn, davon abgesehen aber recht gutaussehend, allerdings leichter Bauch, Name ...« Wie war noch gleich sein Name? Sevran. Lionel Sevran. Der Mann mit dem Hund war also gestern morgen wieder mit dem Hund in die Bretagne zurückgefahren und würde dort bis nächsten Donnerstag bleiben. Er brauchte ihm nur zu folgen. Louis fuhr in mäßigem Tempo. Er hatte durchaus daran gedacht, jemanden mitzunehmen, damit dieses ungewisse Rennen weniger öde und sein Bein weniger steif wäre, aber wen? Die Leute, die ihm Informationen aus den vier Departements der

Bretagne schickten, saßen alle irgendwo fest, sie waren an ihren Hafen, ihr Geschäft, ihre Zeitungen gebunden, man konnte sie nicht von dort fortbewegen. Sonia? Gut, Sonia war abgehauen, er würde jetzt nicht den ganzen Tag damit verbringen. Das nächste Mal würde er versuchen, besser zu lieben als diesmal. Louis verzog das Gesicht. Er liebte nicht leicht. Wie viele von all den Frauen, die er gehabt hatte – denn wenn man allein in seinem Auto ist, hat man das Recht zu sagen: »gehabt« hatte –, hatte er wirklich geliebt? Wirklich? Drei, drei und eine halbe. Nein, er war entschieden nicht sehr begabt. Oder es lag daran, daß er sich nicht mehr vordrängte. Er versuchte, gemäßigt zu lieben, ohne zu übertreiben, die komprimierte, dichte Liebe zu vermeiden. Denn er gehörte zu jenen Typen, die sich nach einer dichten und gescheiterten Liebe zwei Jahre lang kaputtmachen, die sich in Reue verhärten, bevor sie sich entscheiden, neu anzufangen. Aber da er sich auch auf die gemäßigte Liebe nicht stürzte, entschied er sich für lange Zeiten der Einsamkeit, die Marthe seine Eiszeiten nannte. Sie war dagegen. Wenn du dann ganz kalt bist, sagte sie, bist du auch nicht viel weiter gekommen.

Louis lächelte. Mit der rechten Hand griff er nach einer Zigarette und zündete sie an. Jemand Neues suchen und lieben. Jemanden suchen, jemanden suchen, immer dieselbe Geschichte … Gut, es reichte jetzt, die Welt war wüst genug, er würde später dran denken, jetzt war erst mal Eiszeit.

Er hielt auf einem Parkplatz und schloß die Augen. Zehn Minuten ausruhen. Auf jeden Fall war er allen Frauen, die in sein Leben getreten waren, ob geliebt oder nicht geliebt, dankbar dafür, in sein Leben getreten zu sein. Schließlich und endlich liebte er alle Frauen, denn wenn man allein in seinem Auto sitzt, hat man das Recht zu verallgemeinern, alle Frauen, und vor allem die drei und die halbe. Schließlich und endlich empfand er für sie eine unbestimmte Dankbarkeit, er bewunderte ihre Fähigkeit, die Männer zu lieben, eine Sache, die ihm verdammt schwierig erschien, und noch schwieriger, wenn einer häßlich war wie er. Mit seinen harten, abweisenden Zügen, bei denen er sich morgens so kurz wie nur möglich aufhielt, hätte er eigentlich sein ganzes Leben allein sein müssen. Aber in Wirklichkeit nicht. Es stimmte schon, nur Frauen schafften es, einen häßlichen Typen schön zu finden. Wirklich, ja, er empfand Dankbarkeit. Er hatte den Eindruck, daß es bei Marc mit Frauen auch nicht wirklich funktionierte. Ein Hektiker, der Sprößling von Vandoosler. Er hätte ihn mitnehmen können, gedacht hatte er daran, sie hätten im tiefsten Finistère gemeinsam nach Frauen gesucht. Aber er hatte gleich gespürt, wie Marc sich an seinem Tisch verkrampfte, als er von der Reise sprach. Für ihn hatte diese Knochengeschichte weder Hand noch Fuß, worin er sich täuschte, denn immerhin hatten sie ja schon ein Stückchen von dem Fuß. Aber das sah Marc noch nicht, entweder hatte er Angst durchzudrehen, oder die Vorstellung, irgendwas x-beliebiges zu tun, mißfiel Marc Vandoosler, solange er die Idee nicht als erster gehabt hatte. Deshalb hatte er ihn schließlich nicht darum gebeten. Und außerdem war Vandoosler der Jüngere genausogut in Paris am Platz, im Augenblick verlangte diese Sache nicht nach einem Mann, der läuft. Er hatte es für besser gehalten, ihn in Ruhe zu lassen, Marc knitterte leicht und war zugleich robust, so wie Leinen. Wenn man erst mit Stoffen anfing, was wäre dann er? Man müßte mal Marthe fragen.

Louis schlief, den Kopf auf dem Lenkrad, auf einem Parkplatz ein.

Um sieben Uhr abends kam er nach Port-Nicolas. Langsam fuhr er durch die Straßen des Hafens, um eine Vorstellung zu bekommen. Ein paar Fragen hier und da, der Ort war nicht sehr groß, nicht sehr schön, dann stellte er das Auto in unmittelbarer Nähe des Hauses von Lionel Sevran ab. Dieser Hund legte Hunderte Kilometer zurück, um Gassi zu gehen. Vielleicht wollte er ausschließlich in Paris Gassi gehen, ein versnobter Hund vielleicht.

Er klingelte und wartete vor der verschlossenen Tür. Ein Freund hatte ihm gesagt, der große Unterschied zwischen Mensch und Tier, über den es nachzudenken gelte, bestehe darin, daß das Tier Türen öffnen könne, daß es sie aber niemals hinter sich schließen würde, niemals, der Mensch jedoch schon. Eine tiefe Verhaltenskluft. Louis lächelte, während er wartete.

Eine Frau machte ihm auf. Instinktiv musterte Louis sie genau, taxierte, beurteilte, erwog, ob ja oder nein, oder vielleicht, einfach so, nur im Prinzip. Er ging mit allen Frauen so vor und war sich dessen nicht mal bewußt. Er fand diese Vorgehensweise abscheulich, aber der Analysator setzte sich gegen seinen Willen in Gang. Zu seiner Entlastung konnte Louis versichern, daß er immer das Gesicht vor dem Körper musterte.

Das Gesicht war in Ordnung, aber sehr verschlossen, der Mund ein wenig groß, der Körper angenehm, ohne Übermaß. Sie antwortete mechanisch auf Louis' Fragen, machte keinerlei Anstalten, ihn am Hereinkommen zu hindern, und bemühte sich nicht um Gastfreundschaft. Vielleicht war sie viel Besuch gewohnt. Wenn er auf ihren Mann warten wolle, ja, das sei möglich, er brauche sich nur dort hinzusetzen, in die große Wohnküche, aber es könne eine Weile dauern.

Sie legte ein Puzzle auf einem großen Tablett und machte sich wieder an die Arbeit, nachdem sie Louis einen Stuhl angeboten und ein Glas und ein paar Aperitifs vor ihn hingestellt hatte.

Louis schenkte sich zu trinken ein und sah ihr zu, wie sie das Puzzle legte. Er sah das Puzzle auf dem Kopf, allem Anschein nach stellte es den Tower von London bei Nacht dar. Sie machte sich an den Himmel. Er schätzte sie auf etwa Vierzig.

»Ist er noch nicht nach Hause gekommen?« fragte er.

»Doch, aber er ist im Keller mit einer Neuen. Das kann eine halbe Stunde dauern oder länger, dabei darf er nicht gestört werden.«

»Aha.«

»Sie sind nicht gerade an einem guten Tag gekommen«, sagte sie seufzend, den Blick auf das Spiel geheftet. »Alles Neue reizt, es ist immer dasselbe. Und dann ist er's wieder leid und muß sich eine andere suchen.«

»Gut, gut«, bemerkte Louis.

»Aber die da beschäftigt ihn womöglich eine ganze Stunde lang. So eine sucht er schon ewig, anscheinend hat er sich jetzt die richtige Nummer geangelt. Aber seien Sie nicht neidisch.«

»Nicht im geringsten.«

»Sehr gut, Sie haben einen guten Charakter.«

Louis schenkte sich ein zweites Glas ein. Es war eher sie, die einen guten Charakter hatte. Ziemlich verschlossen, aber man konnte verstehen, warum. Ihm kam die Idee, ihr zu helfen, ihr Gesellschaft zu leisten, bis ihr Mann fertig wäre. Offen gestanden konnte er das Ganze nicht fassen. Inzwischen hatte er ein kleines Puzzleteil entdeckt, das ihm das richtige Stück zu sein schien, um den Himmel nach links weiterzumachen. Er wagte sich vor und deutete mit dem Finger auf das Teil. Sie nickte und lächelte, es war das richtige.

»Sie können mir helfen, wenn's Ihnen Spaß macht. Himmel sind eine schwierige Phase bei Puzzles, aber sie müssen sein.«

Louis stellte seinen Stuhl um und machte sich Seite an Seite mit ihr an die Arbeit. Er hatte nichts gegen ein Puzzle von Zeit zu Zeit, wenn man's nicht übertreibt.

»Wir sollten die dunkelblauen von den mittelblauen trennen«, sagte er. »Aber warum im Keller?«

»Das habe ich verlangt. Im Keller oder nirgends. Ich will keine Unruhe im Haus, alles hat seine Grenzen. Ich habe meine Bedingungen gestellt, weil er sie überall hinschleppen würde, wenn es nach ihm ginge. Schließlich ist das auch mein Haus.«

»Natürlich. Kommt das oft vor?«

»Ziemlich. Das hängt von den Phasen ab.«

»Wo holt er sie her?«

»Da, sehen Sie, das Teil da paßt vielleicht eher auf Ihrer Seite. Wo er sie herholt? Jaaa, das interessiert Sie natürlich … Er holt sie sich, wo er sie findet, er hat so seine Kanäle. Er sucht überall, und wenn er sie herbringt, sehen sie ziemlich abgetakelt aus, das können Sie mir glauben. Keiner würde sie haben wollen, aber er hat ein Auge dafür. Das ist der Trick an der Sache, mehr darf ich Ihnen aber nicht dazu sagen. Später, im Keller, sehen sie aus wie richtige Prinzessinnen. Man könnte meinen, mich gibt's überhaupt nicht mehr.«

»Das ist nicht gerade sehr lustig«, bemerkte Louis.

»Eine Frage der Gewohnheit. Könnte das Stückchen hier nicht zufällig da hinten passen?«

»Doch. Und es paßt mit dem Stückchen dort zusammen. Sind Sie nicht eifersüchtig?«

»Am Anfang schon. Aber Sie kennen das sicher, es ist schlimmer als eine Manie, eine wahre Obsession. Als ich verstanden habe, daß er nicht darauf verzichten kann, habe ich beschlossen, mich nicht mehr querzustellen. Ich habe sogar versucht, Verständnis aufzubringen, aber offen gestanden begreife ich nicht, was er an ihnen findet, alle gleich, dick, schwerfällig wie Kühe … Na, wenn's ihm gefällt … Er sagt, ich versteh nichts von Schönheit … Schon möglich.«

Sie zuckte mit den Achseln. Louis wollte das Thema wechseln, mit der Frau wurde ihm unbehaglich. Ihr Leben jenseits von Revolte und Überdruß schien ihr jegliche Wärme geraubt zu haben. Sie setzten ihr Spiel am Himmel von London fort.

»Es geht voran«, sagte er.

»Da, da tut sich was.«

»Wo, welches Teil?«

»Nein, Lionel kommt hoch. Für heute abend ist Schluß.«

Mit befriedigtem Gesichtsausdruck trat Lionel Sevran

ein, während er sich die Hände an einem Handtuch abwischte. Sie stellten sich vor. Es stimmte, was Mathias gesagt hatte, der Typ sah gut aus und hatte in diesem Augenblick das Gesicht eines Jungen, der von einer neuen Errungenschaft beglückt ist.

Seine Frau stand auf und trug das Tablett mit dem Puzzle weg. Louis hatte den Eindruck, daß sie nicht mehr ganz so gleichgültig war. Trotzdem war sie etwas angespannt. Sie beobachtete ihren Mann, der sich gerade zu trinken einschenkte. Louis' Anwesenheit in seiner Küche schien ihn nicht zu überraschen, genausowenig wie seine Frau eine Stunde zuvor.

»Ich habe dir schon mal gesagt, daß du die Handtücher unten lassen sollst«, sagte sie. »Ich mag das nicht in der Küche.«

»Entschuldige, Liebes. Ich werde versuchen, dran zu denken.«

»Bringst du sie nicht hoch?«

Sevran runzelte die Stirn.

»Noch nicht, sie ist noch nicht fertig. Aber sie wird dir gefallen, da bin ich mir sicher, sehr angenehm, hübsche Rundungen, schön anzufassen, fest, gefügig. Ich habe sie über Nacht weggeschlossen, das ist sicherer.«

»Im Augenblick ist es feucht unten«, bemerkte seine Frau halblaut.

»Ich habe ihr eine dicke Decke übergelegt, mach dir keine Sorgen.«

Er lachte, rieb sich die Hände, fuhr sich mehrfach durchs Haar, wie jemand, der gerade aufwacht, und wandte sich Louis zu. Ja, ein gutmütiges, klares, offenes, aufrichtiges

Gesicht, entspannte Sitzhaltung, eine schöne Hand, die das Glas hielt, das ganze Gegenteil von seiner Frau, man hätte ihn der Sache im Keller nicht für fähig gehalten. Und doch, dieses fliehende Kinn und um die Lippen so etwas Schmales, Sparsames, Entschlossenes, auf jeden Fall nichts Sinnliches. Der Typ gefiel Louis, abgesehen von den Lippen, sein Ding im Keller dagegen gefiel ihm überhaupt nicht. Und die trostlose Hingabe seiner Frau ebensowenig.

»Also?« fragte Lionel Sevran. »Haben Sie was für mich?«

»Ob ich etwas für Sie habe? Nein, ich komme wegen Ihrem Hund.«

Sevran runzelte die Stirn.

»Ach so? Sind Sie nicht wegen des Geschäfts hier?«

»Geschäft? Aber keineswegs.«

Sevran und seine Frau schienen einer so überrascht wie der andere. Sie hatten an einen Geschäftsmann, einen Vertreter gedacht. Deshalb hatte man ihn so einfach hereingebeten.

»Mein Hund?« fragte Sevran.

»Sie haben doch einen Hund? Mittelgroß, kurzhaarig, beige … Ich habe ihn vorhin hier reinlaufen sehen. Daher habe ich mir erlaubt, vorbeizukommen.«

»Das stimmt … Was ist los? Hat er schon wieder Mist gebaut? Lina, hat der Hund Mist gebaut? Wo ist er eigentlich?«

»In der Küche, ich habe ihn eingesperrt.«

Er nannte sie also Lina. Brünetter Typ, matte Haut, dunkle Augen, vielleicht kam sie aus dem Süden.

»Wenn er Mist gebaut hat«, fuhr Lionel Sevran fort, »dann zahle ich. Ich paß auf den Köter auf, aber er ist ein schrecklicher Ausreißer. Eine Sekunde nicht hingeschaut, irgendwo eine offene Tür, und schon haut er ab. Eines Tages finde ich ihn noch unter einem Auto.«

»Das wäre nicht schade«, sagte Lina.

»Lina, bitte, sei nicht so brutal. Sehen Sie«, fuhr Sevran fort und wandte sich Louis zu, »der Hund kann meine Frau nicht ausstehen, und umgekehrt, so was kann man nicht befehlen. Davon abgesehen ist er nicht böse, es sei denn, natürlich, man reizt ihn.«

Wenn die Leute einen Hund haben, dachte Louis, passiert es, daß sie Dummheiten sagen. Und wenn ihr Hund jemanden beißt, ist es immer der Fehler des Gebissenen. Mit einer Kröte dagegen gibt's keinen Ärger, das ist der Vorteil.

»Sie müßten mal sehen, was er heimbringt«, sagte Lina. »Er frißt alles.«

»Also ein Ausreißer?« fragte Louis.

»Ja, aber was hat er Ihnen denn getan?«

»Er hat mir nichts getan, ich suche nur einen in der Art. Ich sah ihn und bin hergekommen, um mich zu erkundigen, weil so einer nicht häufig ist. Es ist doch ein Pitbull, oder?«

»Ja«, antwortete Sevran, so wie man eine schlechte Angewohnheit gesteht.

»Es ist für eine alte Freundin. Sie will einen Pitbull, um sich zu schützen, so stellt sie sich das vor. Aber ich bin mißtrauisch, was Pitbulls angeht, ich habe keine Lust, daß er sie in ihrem Bett auffrißt. Wie ist so einer?«

Lionel Sevran erzählte viel über den Hund, was Louis vollkommen schnurz war. Was ihn interessierte, war die Auskunft, daß der Köter ständig abhaute und alles mögliche zurückbrachte. Sevran war mittlerweile bei der alten

Sache mit dem Angeborenen und dem Anerzogenen und kam zu der Schlußfolgerung, mit einer ordentlichen Erziehung könne man einen Pitbull in ein Lamm verwandeln. Es sei denn, natürlich, man reize ihn, aber das sei ja bei allen Hunden so, nicht nur bei Pitbulls.

»Trotzdem hat er neulich Pierre angegriffen«, sagte Lina. »Und Pierre behauptet, er hätte ihn nicht gereizt.«

»Aber natürlich. Natürlich muß Pierre ihn gereizt haben.«

»Hat er stark zugebissen? Wo?«

»An der Wade, aber nicht tief.«

»Beißt er oft?«

»Aber nein. Er zeigt vor allem die Zähne. Es kommt selten vor, daß er angreift. Es sei denn, natürlich, man reizt ihn. Von Pierre abgesehen, hat er seit einem Jahr niemanden gebissen. Es stimmt allerdings, daß er Schaden anrichtet, wenn er abhaut. Er wirft Mülltonnen um, zerbeißt Fahrradreifen, nimmt Matratzen auseinander … Es stimmt, darin ist er stark. Aber das hat überhaupt nichts mit der Rasse zu tun.«

»Das sag ich doch«, bemerkte Lina. »Er hat uns schon viel an Entschädigungen gekostet. Und wenn er nichts kaputtmacht, rennt er zum Strand und wälzt sich in allem, was er finden kann, am liebsten vergammeltem Tang, vergammelten Vögeln, vergammelten Fischen, er stinkt wie die Pest, wenn er nach Hause kommt.«

»Hör mal, Liebes, das machen alle Hunde, und du machst ihn schließlich nicht sauber. Warten Sie, ich hole ihn.«

»Läuft er weit weg?« fragte Louis.

»Nicht sehr. Lionel findet ihn immer hier in der Gegend

wieder, auf dem Strand oder am Ende des Dorfes oder auf der Müllkippe ...«

Sie beugte sich zu Louis und murmelte:

»Mir macht er solche Angst, daß ich Lionel gebeten habe, ihn mitzunehmen, wenn er nach Paris fährt. Was Ihre Freundin angeht, so suchen Sie ihr lieber was anderes als einen Pitbull, das rate ich Ihnen. So was ist kein guter Hund, das ist eine teuflische Kreatur.«

Lionel Sevran kam mit dem Hund zurück, den er fest am Halsband hielt. Louis sah, wie Lina sich auf ihrem Stuhl anspannte und die Füße auf die Sprosse hochzog. Zwischen den Angelegenheiten im Keller und den Angelegenheiten des Hundes führte die Frau kein sonderlich entspanntes Leben.

»Los, Ringo, los, Hundchen. Der Herr will dich sehen.«

Sevran redete genauso blöde mit dem Hund wie er immer mit seiner Kröte. Louis war froh, Bufo im Auto gelassen zu haben, der Köter hätte sie mit einem Biß verschlungen. Man hätte meinen können, er habe zu viele Zähne, seine Fangzähne würden ihm die Lefzen auseinanderdrücken und gleich aus seinem unförmigen Maul hervortreten.

Sevran schubste den Pitbull zu Louis, der sich nicht sehr wohl fühlte. Der Hund mit dem großen Maul knurrte leise. Sie redeten noch von diesem und jenem, vom Alter des Hundes, vom Geschlecht des Hundes, von der Fortpflanzung des Hundes, vom Appetit des Hundes, alles vollkommen nervige Themen. Louis erkundigte sich nach einem Hotel, lehnte die Einladung zum Abendessen dankend ab und verabschiedete sich.

Er war verdrossen und unbefriedigt, als er das Haus verließ. Einzeln waren der Mann genau wie die Frau annehmbar, aber gemeinsam stimmte etwas nicht. Was den ausreißenden und Unrat verschlingenden Hund anging, so paßte das zunächst mal. Aber heute abend hatte Louis genug von dem Hund. Er suchte das einzige Hotel des kleinen Städtchens, ein großes, neues Hotel, groß genug, um sämtliche Sommergäste aufzunehmen. Nach allem, was er gesehen hatte, hatte Port-Nicolas keinen richtigen Sandstrand, nur schlammige Strandstreifen und unzugängliche Felsen.

Er aß rasch im Hotel, bezog ein Zimmer und schloß sich dort ein. Auf dem Nachttisch lagen ein paar Faltblätter und Prospekte, die nützlichen Adressen der Stadt. Der Prospekt war dünn, und Louis zwang sich zur Lektüre: der Fischfang, das Rathaus, Antiquitäten, Tauchgeräte, das Zentrum für Thalassotherapie, kulturelle Veranstaltungen, Foto von der Kirche, Foto von der neuen Straßenbeleuchtung. Louis gähnte. Er hatte seine Kindheit in einem Dorf im Departement Cher verbracht, zwar langweilte ihn dieser Kleinkram nicht, wohl aber die Prospekte. Sein Blick verharrte auf dem Team des Zentrums für Thalassotherapie. Er stand auf und sah sich das Foto unter der Lampe genauer an. Die Frau in der Mitte, die Frau des Besitzers, verdammt.

Er streckte sich auf dem Bett aus, die Hände im Nacken verschränkt. Er lächelte. Na gut, wenn sie das da geheiratet hatte, wenn das da der Grund war, weshalb sie weggegangen war, dann war's die Sache nicht wert. Nicht, daß er selbst ein Geschenk gewesen wäre. Aber dieser Mann mit der niedrigen Stirn, den schwarzen, zur Bürste aufgerichteten Haaren auf dem Schädel, dieser Mann mit der in ein Rechteck gezwungenen verdrossenen Visage war, offen gestanden, die

Sache nicht wert. Ja, aber was war das Verletzendere? Sie im Bett eines fantastischen Typen wiederzufinden oder in dem eines Krämeraffen? Darüber ließ sich reden.

Louis nahm das Telefon und rief im Bunker an.

»Marthe, weck ich dich, meine Liebe?«

»Was denkst denn du … Ich sitze an einem Kreuzworträtsel.«

»Ich auch. Pauline hat das dicke Geld im Ort geheiratet, den Direktor des Zentrums für Thalassotherapie. Kannst du dir vorstellen, wie sie sich langweilen muß? Ich schick dir das Foto von dem Paar, das wird dich amüsieren.«

»Ein Zentrum für was?«

»Für Thalassotherapie. Eine Fabrik, um viel Zaster anzuhäufen, indem man die Leute mit Algen, Fischsaft, Jodpampe und anderem Quatsch beschmiert. Dasselbe wie ein Bad im Meer, aber hundertmal teurer.«

»Aha, nicht dumm. Und dein Hund?«

»Den habe ich gefunden. Ein abscheulicher Hund, voll mit Zähnen, aber ein sympathisches Herrchen, abgesehen von irgend so einer obsessionellen sexuellen Masche, die er in seinem Keller betreibt, das will ich sehen. Seine Frau ist etwas beunruhigend. Umgänglich, aber etwas frostig, oder eher leblos. Man könnte meinen, sie unterdrückt etwas, sie unterdrückt sich die ganze Zeit.«

»Wo ich dich gerade an der Strippe habe, Fluß in Rußland, mit zwei Buchstaben?«

»Der Ob, Marthe, der Ob, verdammt noch mal«, seufzte Louis. »Laß es dir auf die Hand tätowieren und red' nicht mehr davon.«

»Danke, Ludwig, ich umarme dich. Hast du zu Abend

gegessen? Ja? Also, ich umarme dich, und scheu dich nicht, mich nach Tips zu fragen. Du weißt, ich kenn mich aus mit Männern und auch …«

»Werde ich tun, Marthe. Schreib ›Ob‹, schlaf gut und hab ein Auge auf die Akten.«

Louis legte auf und beschloß augenblicklich, sich den Keller von Lionel Sevran anzusehen. Der hatte einen Zugang von außen, das hatte er beim Weggehen bemerkt, und Schlösser störten Louis nicht, es sei denn, es handelte sich um Dreipunktschlösser, ausgesprochen nervige Dinger, die Zeit, schweres Material und Ruhe erforderten.

Eine Viertelstunde später war er an der Tür. Es war nach elf, und die Umgebung war dunkel und ruhig. Der Keller wurde durch ein Schloß und einen Riegel geschützt, dafür brauchte er ein Weilchen. Des Hundes wegen arbeitete er, ohne Lärm zu machen. Sollte eine Frau unter der Decke liegen, so schlief sie jedenfalls fest. Aber Louis fing an zu zweifeln, daß es sich um eine Frau handelte. Oder aber er verstand nichts mehr von Frauen, weder von der im Keller noch von der Ehefrau oben, und dann konnte er den Beruf als Mann gleich aufgeben. Ja, aber was sonst? Die Sevrans hatten ohne alle Zweideutigkeit darüber gesprochen. Und doch lag in der Sache etwas Groteskes, und Louis gab sich mit Groteskem nicht zufrieden.

Die Tür gab nach, Louis stieg ein paar Stufen hinunter und zog sie leise hinter sich zu. Inmitten eines unvorstellbaren Durcheinanders stand ein großer Arbeitstisch, darauf lag eine abgewetzte Decke, die einen dicken, dunklen Haufen bildete. Er tastete, hob sie hoch, sah hin und schüttelte den Kopf. Ein Mißverständnis. Er haßte derlei Mißverständnisse, solche unnützen und schädlichen Intermezzi, und fragte sich, inwieweit Lina Sevran ihn nicht willentlich in seinem Irrtum bestärkt hatte.

Die Decke schützte nichts anderes als eine altertümliche Schreibmaschine vom Anfang des 20. Jahrhunderts, soweit er sich darin ein bißchen auskannte. In der Tat war sie, genau wie Lina gesagt hatte, behäbig, schwer wie eine Kuh und mußte gründlich gesäubert werden. Louis ließ seine Lampe über Lionel Sevrans Obsession wandern. In den Regalen, auf dem Boden, auf Gestellen, überall standen Dutzende von alten Schreibmaschinen, aber auch Teile von Grammophonen, Schalltrichter, alte Telephone, Trockner, Ventilatoren, Berge von Ersatzteilen, Schrauben, mechanische Arme, Kolben, Bakelitstücke – alles wild durcheinander. Louis ging zu der auf dem Tisch entblößten Maschine zurück. Das also war »die Neue«, die Sevran aufgelesen hatte. Und ihn, Louis, hatte man für einen Maschinensammler gehalten, das war offensichtlich; das Paar schien häufig Besuche von Sammlern zu erhalten, wenn sie ihn derart gleichgültig empfangen hatten. Sevran mußte eine bekannte Instanz auf dem Markt sein, daß die Leute seinetwegen bis in die hinterste Bretagne kamen.

Louis fuhr sich mit den Fingern durch seinen sehr kurzen Viertagebart. Manchmal rasierte er sich, manchmal nicht, um einen Schatten über sein zu stark vorragendes Kinn zu legen. Er widerstand der Versuchung, hinter einem richtigen Bart Zuflucht zu suchen, und optierte für diese schiefe Lösung, die das angriffslustige Kinn, das er nicht mochte, milderte. Es reichte jetzt, die Welt war wüst genug, er würde nicht die ganze Nacht mit seinem Kinnproblem verbringen, es gab Grenzen. Daß Lina Sevran ihn für einen Sammler gehalten hatte, war möglich, da sie bestimmt Dutzende vorbeikommen sah. Aber es schien ihm, als habe sie wirklich mit der Doppeldeutigkeit ihrer Worte gespielt, als habe sie vielleicht Spaß daran gefunden zu sehen, wie ihm unbehaglich zumute wurde. Es war Bosheit in Erwägung zu ziehen. Man kann seine Langeweile mit Puzzles mildern oder auch mit Bosheit, wenn man eine Neigung dazu hat. Was den Ehemann anging, so gab es im Augenblick nichts über ihn zu sagen. Louis kam auf seinen ersten, positiven Eindruck zurück, abgesehen von dem Hund. Das war eine Mißachtung der vielfach beobachteten, bekannten Regel: Wie der Herr, so der Hund. Hier ähnelten sich Herr und Hund in keiner Weise, und das war höchst seltsam, denn sie schienen einander zu schätzen. Er mußte sich diese Ausnahme merken, denn es ist immer beruhigend für die Menschheit zu sehen, daß Regeln nicht gelten.

Er deckte die Maschine wieder zu, um sie freundlicherweise vor der Feuchtigkeit zu schützen – nicht, um die Spuren seines Eindringens zu beseitigen, da er die Schrauben, die den Riegel hielten, sowieso hatte entfernen müssen. Er ging wieder hinaus in die Nacht und drückte die Tür zu. Morgen würde Sevran das Eindringen bemerken und reagieren. Er selbst würde morgen dem Bürgermeister einen Besuch abstatten, um mehr über die alte Frau zu erfahren, die auf dem Strand gestorben war. Morgen würde er auch zum Zentrum für Thalassotherapie gehen, um die kleine Pauline zu besuchen. Er konnte sich zwar sagen, daß sie den Mann mit der niedrigen Stirn des Zasters wegen geheiratet hatte, aber sicher konnte er dessen nicht sein. Es wäre nicht das erste Mal, daß man ihm Typen vorzog, die er nie angerührt hätte. Aber trotzdem, da Pauline die dritte Frau war, die er geliebt hatte, ging ihm das ein bißchen an die Nieren. Was hatte Marthe gesagt? Keine Strafexpedition. Nein, natürlich, so ein Dreckskerl war er nicht. Aber es würde schwierig werden. Denn schließlich hatte er ganz schön gelitten, als sie gegangen war. Er hatte unvorstellbare Mengen Bier in sich hineingeschüttet, war dicker geworden und hatte sich in Erinnerungen gestürzt, die nicht verblassen wollten. Danach hatte es monatelanger Anstrengungen bedurft, bis er seinen Kopf und seinen Körper, der zu groß, aber korrekt und stabil war, im wesentlichen wiedergefunden hatte. Es würde schwierig werden.

*

Bevor er mit dem Rathaus begann, frühstückte Louis im Café de la Halle auf der anderen Seite des Platzes. Er wartete, bis seine Jacke ein wenig getrocknet war. Louis hatte auf den ersten Blick gesehen, daß das Café ganz nach seinem Geschmack war, seit vierzig Jahren hatte niemand daran gerührt. Hier befand sich ein Originalflipper und ein Billardtisch mit einem schmutzigen Pappschild: »Vorsicht, das Tuch ist neu«. Eine Kugel zu stoßen, um eine andere zu erreichen, war ein System, dessen Feinsinnigkeit ihm immer gefallen hatte. Die Banden, die Winkel, das Zurückrollen zu berechnen, nach links zu zielen, um etwas rechts zu erreichen. Raffiniert. Der Billardraum war groß und dunkel. Man durfte nur Licht anmachen, wenn man spielen kam, und an diesem Montagvormittag gegen halb zwölf war es noch zu früh dafür. Die kleinen Fußballer des Tischfußballs hatten vom vielen Spielen ganz abgenutzte Füße. O. k., Füße, es ging schon wieder los. Er mußte sich um diesen Zeh kümmern und durfte sich nicht sofort einer Partie Religionsunterricht am Flipper hingeben, der ihm die Arme entgegenstreckte.

»Ist der Bürgermeister heute zu sprechen?« fragte Louis die alte Dame in Grau und Schwarz, die hinter der Theke stand.

Die alte Frau dachte nach, dann legte sie langsam ihre feingliedrigen Hände auf die Theke.

»Wenn er im Rathaus ist, gäbe es keinen Grund, warum nicht. Aber, Donnerwetter, wenn er nicht dort ist …«

»Ja«, sagte Louis.

»Ansonsten kommt er gegen halb eins her, um seinen Aperitif zu trinken. Wenn er auf einer Baustelle ist, kommt er nicht. Aber wenn er nicht dort ist, kommt er.«

Louis bedankte sich, bezahlte, nahm seine noch immer durchnäßte Jacke und überquerte den Platz. Als er das kleine Rathaus betreten hatte, wurde er gefragt, ob er angemeldet sei, weil der Herr Bürgermeister in seinem Büro arbeite.

»Könnten Sie ihn darüber informieren, daß ich auf der Durchreise bin und ihn zu sprechen wünsche? Kehlweiler, Louis Kehlweiler.«

Louis hatte sich nie Visitenkarten machen lassen, das störte ihn.

Der junge Mann telefonierte und gab ihm dann ein Zeichen, daß er hinaufgehen könne, erster Stock, die Tür am Ende. Es gab eh nur ein Stockwerk.

Louis hatte keinerlei Erinnerung mehr an den Bürgermeister und Senator, abgesehen von seinem Namen und der Kategorie »Parteilose«. Der Mann, der ihn empfing, war ziemlich gedrungen, etwas weich, eines jener Gesichter, auf die man sich stark konzentrieren muß, um sich an sie zu erinnern, aber sehr elastisch. Er lief leicht federnd, knickte alle Finger einer Hand mit der anderen um, ohne daß es knackte, und das mit irritierender Gelenkigkeit. Da Louis die Bewegung beobachtete, steckte der Bürgermeister die Hand in die Tasche und bat ihn, Platz zu nehmen.

»Louis Kehlweiler? Was verschafft mir die Ehre?«

Michel Chevalier lächelte, aber nur schwach. Louis war das gewohnt. Der unerwartete Besuch eines inoffiziellen Gesandten aus dem Innenministerium verursachte bei den Mandatsträgern nie ein Wohlgefühl, wer immer sie waren. Offensichtlich wußte Chevalier nicht über seinen Rauswurf Bescheid, oder der Rauswurf reichte nicht aus, ihn zu beruhigen.

»Nichts, was Ihnen Sorgen machen könnte.«

»Ich will Ihnen gerne glauben. In Port-Nicolas würde man keine Nadel verstecken können. Es ist zu klein.«

Der Bürgermeister seufzte. Er dürfte sich in diesem Rathaus ziemlich im Kreis drehen. Nichts zu verbergen und nicht viel auszurichten.

»Also?« fragte der Bürgermeister weiter.

»Port-Nicolas mag klein sein, aber es schwärmt aus. Ich bin gekommen, um Ihnen etwas zu bringen, was zum Ort gehören könnte, etwas, was ich in Paris gefunden habe.«

Chevalier hatte große blaue Augen, die er nicht zukneifen konnte, was er aber wollte.

»Ich zeige es Ihnen«, sagte Louis.

Er griff mit der Hand in die Jackentasche und stieß auf die warzige Haut Bufos, die dort pennte. Verdammt, er hatte sie heute morgen auf seinen Spaziergang zum Kalvarienberg mitgenommen und vergessen, sie bei seiner Rückkehr im Hotelzimmer abzusetzen. Es war jetzt bestimmt nicht der Augenblick, Bufo herauszuholen, denn das eingesunkene Gesicht des Bürgermeisters schien ein wenig sorgenvoll. Er fand das zusammengeknüllte Zeitungspapier unter dem Bauch von Bufo, die gegenüber Beweismitteln keinen Respekt bekundete und es sich darauf bequem gemacht hatte.

»Es ist dieses kleine Etwas«, sagte Louis und legte endlich das empfindliche Stückchen Knochen auf Chevaliers Holztisch. »Es beunruhigt mich so, daß es mich bis zu Ihnen getrieben hat. Und ich hoffe, daß ich mich umsonst beunruhigt habe.«

Der Bürgermeister beugte sich vor, sah sich das Etwas an und schüttelte langsam den Kopf. Was für ein geduldiger Typ, sagte sich Louis, verformbar und bewegt sich wie in Zeitlupe, nichts scheint ihn zu erschüttern, und trotz seiner großen Augen sieht er nicht wie ein Idiot aus.

»Es ist ein menschlicher Knochen«, fuhr Louis fort. »Das letzte Glied eines Zehs, den ich unglücklicherweise auf der Place de la Contrescarpe in Paris auf einem Baumgitter gefunden habe und der sich, entschuldigen Sie, Herr Bürgermeister, in einem Haufen Hundekot befand.«

»Durchsuchen Sie Hundekot?« fragte Chevalier bedächtig und ohne jede Ironie.

»Ein sintflutartiger Regen ist über Paris niedergegangen.

Die organischen Bestandteile sind abgewaschen worden, der Knochen ist auf dem Baumgitter zurückgeblieben.«

»Ich verstehe. Und der Zusammenhang mit meiner Gemeinde?«

»Die Sache erschien mir ungewöhnlich und unangenehm, ich habe mich also damit beschäftigt. Einen Unfall kann man nicht ausschließen oder, wenn man den Zufall auf die Spitze treiben wollte, auch nicht das bedauerliche Auftauchen eines Hundes bei einer Totenwache. Aber ebensowenig kann man die abwegig erscheinende Möglichkeit eines Mordes ausschließen.«

Chevalier rührte sich nicht. Er hörte zu und widersprach nicht.

»Und meine Gemeinde?« wiederholte er.

»Dazu komme ich jetzt. Ich habe in Paris abgewartet. Aber es ist nichts geschehen. Sie wissen, daß man eine Leiche in der Hauptstadt nicht lange verbergen kann. Auch in der Banlieue ist nichts geschehen, und seit nunmehr zwölf Tagen keine Vermißtenmeldung. Ich habe also die Bewegungen der Wanderhunde überprüft, jener Hunde, die an einem Ort fressen und an einem anderen ausscheiden, und bin auf zwei gestoßen. Von den beiden habe ich mich für die Fährte des Pitbulls von Lionel Sevran entschieden.«

»Fahren Sie fort«, sagte der Bürgermeister.

Er blieb schlaff, aber seine Konzentration nahm kontinuierlich zu. Louis setzte sich, legte einen Ellbogen auf den Tisch, das Kinn auf die Faust gestützt, die andere Hand noch immer in seiner Tasche, weil diese verdammte Kröte nicht wieder einschlafen wollte und sich bewegte.

»In Port-Nicolas«, sagte er, »hat es einen Unfall auf dem Strand gegeben.«

»Da wären wir also.«

»Ja. Ich bin hergekommen, um mich zu vergewissern, daß es sich dabei um einen Unfall gehandelt hat.«

»Ja«, unterbrach Chevalier. »Ein Unfall. Die alte Dame ist auf den Felsen ausgerutscht und hat sich den Schädel gebrochen. Das stand in der Presse. Alle notwendigen Untersuchungen sind von der Gendarmerie von Fouesnant durchgeführt worden. Es gibt keinen Zweifel, es war ein Unfall. Die alte Marie ging immer an diese Stelle, ganz egal, ob es regnete oder stürmte. Es war ihre Strandschneckenecke, sie brachte ganze Säcke voll zurück. Niemand wäre dorthin, um ihr ihre Strandschnecken wegzunehmen, das war ihre Welt. Sie ging wie üblich dorthin, aber an dem Donnerstag regnete es, die Algen waren glitschig, und sie ist gestürzt, allein, im Dunkeln … Ich kannte sie gut, niemand hätte ihr etwas Böses gewollt.«

Das Gesicht des Bürgermeisters verdüsterte sich. Er erhob sich und lehnte sich schlaff an die Wand hinter seinem Schreibtisch, während er erneut seine Finger umknickte. In seiner Vorstellung neigte sich das Gespräch dem Ende zu.

»Sie wurde erst am Sonntag gefunden«, fügte er hinzu.

»Das ist ziemlich spät.«

»Man hat sich am Freitag noch keine Sorgen über ihre Abwesenheit gemacht, sie hatte frei. Am Samstag mittag hat niemand sie im Café gesehen, da hat man zu Hause und bei ihren Arbeitgebern nach ihr geschaut. Niemand da. Erst da, gegen sechzehn Uhr, hat man angefangen, sie zu suchen, ein bißchen laienhaft, man hat sich nicht wirklich Sorgen gemacht. Niemand hat an den Vaubanstrand gedacht. Seit drei Tagen war ein solches Wetter gewesen, daß man sich nicht vorgestellt hat, sie könne zu den Strandschnecken gegangen sein. Schließlich wurden gegen zwanzig Uhr die Gendarmen von Fouesnant gerufen. Am nächsten Tag, als das Gelände breit durchkämmt wurde, hat man sie gefunden. Der Vaubanstrand ist nicht gerade in der Nähe, er liegt am Ende der Landzunge. Das war's. Wie ich Ihnen gesagt habe, ist alles Nötige getan worden. Es war ein Unfall. Also?«

»Also beginnt die Kunst da, wo das Nötige endet. Was ist mit ihrem Fuß? Ist da was bemerkt worden?«

Chevalier setzte sich mit offenkundiger Gefügigkeit wieder hin, wobei er ihm einen kurzen Blick zuwarf. Es würde nicht leicht sein, Kehlweiler aus dem Büro zu entfernen, und es handelte sich auch nicht um einen Mann, den man ohne Vorsichtsmaßnahmen hinauswarf.

»Genau das«, sagte Chevalier. »Sie hätten sich Mühe und Wege erspart, wenn Sie mich einfach angerufen hätten. Ich hätte Ihnen gesagt, daß Marie Lacasta gestürzt ist und nichts mit ihren Füßen passiert ist.«

Louis senkte den Kopf und dachte nach.

»Wirklich nichts?«

»Nichts.«

»Wäre es indiskret, Sie nach dem Untersuchungsbericht zu fragen?«

»Wäre es indiskret, Sie zu fragen, ob Sie in offiziellem Auftrag hier sind?«

»Ich bin nicht mehr im Innenministerium«, sagte Louis lächelnd, »und das wußten Sie, nicht wahr?«

»Ich habe es mir nur gedacht. Sie sind also auf eigene Faust hier?«

»Ja, nichts verpflichtet Sie, mir zu antworten.«

»Das hätten Sie mir gleich sagen können.«

»Sie haben es mich nicht gleich gefragt.«

»Das stimmt. Gehen Sie und werfen Sie einen Blick in den Bericht, wenn Sie das beruhigt. Fragen Sie meine Sekretärin danach, aber lesen Sie ihn, bitte, ohne ihr Büro zu verlassen.«

Wieder einmal packte Louis sein Knöchelchen ein, mit dem ganz entschieden niemand etwas zu tun hatte, als wäre es belanglos, daß ein Frauenzeh auf einem Baumgitter in Paris herumlag. Aufmerksam las er den Gendarmeriebericht durch, der Sonntag abend verfaßt worden war. Tatsächlich, nichts über die Füße. Er verabschiedete sich von der Sekretärin und ging zurück in das Büro des Bürgermeisters. Aber der war zum Aperitif ins Café hinübergegangen, wie ihm der junge Mann vom Empfang erklärte.

Der Bürgermeister unterhielt sich, während er bei einer Partie Billard herumhüpfte, umgeben von einem Dutzend seiner Bürger. Louis wartete, bis sein Stoß danebenging und er seine Serie beendet hatte, um sich ihm zu nähern.

»Sie haben mir nicht gesagt, daß Marie bei den Sevrans gearbeitet hat«, flüsterte er ihm über die Schulter zu.

»Inwiefern ist das wichtig?« flüsterte der Bürgermeister seinerseits, den Blick fest auf das Spiel seines Gegners gerichtet.

»Verdammt noch mal, der Pitbull! Er gehört den Sevrans.«

Der Bürgermeister sagte ein paar Worte zu seinem Nachbarn, gab ihm sein Queue und führte Louis in eine Ecke des Billardraumes.

»Monsieur Kehlweiler«, sagte er, »ich weiß nicht, was Sie genau wollen, aber Sie können die Realität nicht verdrehen. Mein Kollege Deschamps hat mir im Senat viel Gutes über Sie erzählt. Und jetzt erlebe ich Sie, wie Sie dabei sind, sich mit einer Sache zu beschäftigen, die ohne jeden Zweifel tragisch ist, aber ohne irgendeine Bedeutung, die das Interesse eines Mannes, wie Sie es sind, hervorrufen könnte. Sie fahren sechshundert Kilometer, um zwei Teile zusammenzufügen, die nicht zusammengehören. Man hat mir gesagt, es sei schwierig, Sie von etwas abzubringen, was nicht unbedingt ein Vorzug ist, aber was tun Sie angesichts einer so eindeutigen Tatsache?«

Ein bißchen Kritik und ein bißchen Schmeichelei, vermerkte Louis. Kein Mandatsträger hatte ihn je gern auf seinem Territorium gesehen.

»Im Senat«, fuhr Chevalier schlaff fort, »heißt es auch, es sei besser, Wanzen im Bett zu haben als ›den Deutschen‹ an seinen Schubladen. Verzeihen Sie mir, wenn Sie das brüskiert, aber so redet man über Sie.«

»Ich weiß.«

»Man fügt hinzu, daß man dann vorgehen muß wie bei Wanzen, das heißt, Feuer ans Mobiliar legen.«

Chevalier lachte leise und warf seinem Nachfolger beim Billard einen befriedigten Blick zu.

»Was mich angeht«, fuhr er fort, »so habe ich nichts zu verbrennen und Ihnen auch nichts zu zeigen, da Sie nicht mehr zum Haus gehören. Ich weiß nicht, ob es die Untätigkeit ist, die Sie zu dieser Beharrlichkeit treibt. Ja, der Pitbull gehört den Sevrans, so wie auch Marie ihnen gehört hat, wenn man so sagen kann. Sie war Lina Sevrans Amme, sie hat sie nie verlassen. Aber Marie ist auf dem Uferstreifen gestürzt, und ihre Füße hat keiner angerührt. Muß ich das wiederholen? Sevran ist ein warmherziger Mann, der für die Gemeinde sehr aktiv ist. Über seinen Hund würde ich nicht soviel Gutes sagen, das unter uns. Aber Sie haben keinerlei Grund und keinerlei Recht, ihn zu bedrängen. Um so mehr, als sein Hund, lassen Sie sich das für Ihr weiteres Vorgehen gesagt sein, seine Zeit damit verbringt, abzuhauen, auf dem Land umherzustreifen und ganze Mülltonnen zu verschlingen. Sie können zehn Jahre lang suchen, bevor Sie herausfinden, wo der Hund das aufgelesen hat, wenn er es denn war.«

»Spielen wir die Partie zu Ende?« fragte Louis und deutete auf den Billardtisch. »Ihr Gegner scheint das Tuch zu verlassen.«

»Einverstanden«, sagte Chevalier.

Jeder nahm Kreide, und Louis begann die Partie, umgeben von dem Dutzend Zuschauer, die kommentierten oder anerkennend schwiegen. Manche gingen, andere kamen, es war viel los im Café. Mitten im Spiel bestellte Louis ein Bier, das schien den Bürgermeister zufriedenzustellen, der nach einem Muscadet verlangte und die Partie schließlich gewann. Chevalier war seit zwölf Jahren in dem Hafenstädtchen, das machte viertausend Billardpartien, so was zählt in einem Leben. Wo sie schon dabeiwaren, lud der Bürgermeister Louis zum Mittagessen ein. Louis entdeckte hinter dem Billardraum einen großen Saal mit etwa fünfzehn Tischen. Die granitenen, vom Kaminfeuer geschwärzten Wände waren kahl. Dieses alte Café mit den hintereinanderliegenden Räumen gefiel Louis immer mehr. Er hätte liebend gern sein Bett in einer Ecke in der Nähe des Kamins aufgestellt, aber wozu, wenn Marie Lacasta mit zwei unversehrten Füßen auf den Felsen gestorben war. Dieser Gedanke verdroß ihn. Er würde nicht finden, was sich am Ende des Knochens befand, den er so sorgfältig aufgesammelt hatte, und doch hatte er, verdammt noch mal, nicht den Eindruck, daß es sich um eine harmlose kleine Geschichte handelte.

Während sie sich an den Tisch setzten, rief sich Louis Marthes Ratschlag in Erinnerung. Wenn du einen Typen vor dir hast, der unsicher ist, ob er dich zurückweisen oder akzeptieren soll, setz dich ihm gegenüber. Im Profil bist du ungenießbar, schreib dir das hinter die Ohren, aber von vorn hast du gute Chancen, ihn für dich einzunehmen, wenn du dich dann bitteschön noch bemühst, nicht dein Deutschengesicht aufzusetzen. Bei einer Frau machst du dasselbe, aber in geringerer Entfernung. Louis setzte sich dem Bürgermeister gegenüber. Sie redeten über Billard und von da ausgehend über das Café, dann über Kommunalverwaltung, Geschäfte und Politik. Chevalier kam nicht aus der Gegend, er war auf diesen Posten berufen worden. Er fand es hart, ans Ende der Bretagne geworfen worden zu sein, aber er hatte den Ort liebgewonnen. Louis äußerte ihm gegenüber ein paar vertrauliche Informationen, die geeignet waren, ihm zu gefallen. Die gesamte Operation Mittagessen schien Louis zu gelingen, die mißtrauische Trägheit des Bürgermeisters hatte sich in eine herzliche, wohlwollende Trägheit verwandelt, die von gelegentlichem Flüstern unterbrochen wurde. Louis war Meister in der Kunst geworden, eine ganz und gar künstliche Vertrautheit entstehen zu lassen. Marthe fand das ziemlich ekelhaft, aber natürlich nützlich, immer nützlich. Gegen Ende des Essens kam ein kleiner dicker Mann an ihren Tisch, um Guten Tag zu sagen. Niedrige Stirn, schwerfälliges Gesicht; Louis erkannte sofort den Direktor des Zentrums für Thalassotherapie, den Mann seiner kleinen Pauline, das heißt den Dreckskerl, der seine Pauline geschnappt hatte. Er redete mit Chevalier von Zahlen und Wasserleitungen, und sie kamen überein, sich im Lauf der Woche zu sehen.

Diese Begegnung hatte Louis verärgert. Nachdem er den Bürgermeister in herzlichem, scheinbarem Einvernehmen verlassen hatte, ging er ziellos im Hafen umher, dann die leeren Straßen entlang, die von Häusern mit geschlossenen Läden gesäumt waren, und lüftete Bufo, die in der Tiefe der nassen Tasche nicht allzusehr gelitten hatte. Bufo war ein ziemlich umgängliches Wesen. Der Bürgermeister vielleicht auch. Der Bürgermeister war sehr zufrieden, daß Louis Port-Nicolas wieder verließ, und Louis ließen seine Enttäuschung und seine dezente Verabschiedung nicht los. Vom Hotel aus rief er ein Taxi und ließ sich zur Gendarmerie von Fouesnant fahren.

Die Morithat

Als der Briefträger Bonifacius die Post verließ, stellte er fest, daß heute sein Bestellgang kürzer sein würde denn sonst, und er freute sich darüber außerordentlich.

Sein Bezirk war die ganze Umgegend von Vireville, und wenn er abends zurückkam in seinem langen, müden Schritt, hatte er manchmal mehr als vierzig Kilometer im Leibe.

Die Briefabgabe würde also heute schnell gehen, er konnte sich sogar unterwegs ein bißchen aufhalten und würde um drei Uhr wieder zu Hause sein. So ein Glück!

Er verließ den Ort, auf dem Wege nach Sennemare und begann seinen Dienst. Es war Juni, und alles grünte und blühte, der schönste Monat im Flachland.

Der Mann, der eine blaue Bluse trug und ein schwarzes Käppi mit roten Streifen, durchschritt die schmalen Wege zwischen den Hafer- oder Getreidefeldern; bis an die Schultern ging ihm das Korn. Sein Kopf ragte über die Ähren, als schwimme der auf einem ruhigen, grünen Meer hin, das sonst eine leichte Brise wellt.

Er betrat die Bauernhöfe durch das Holzthor in der Hecke, die zwei Reihen Buchen beschatteten. Er nannte jedesmal den Bauer beim Namen:

– Morgen, Herr Chicot!

Und gab ihm seine Zeitung, den Petit Normand. Der Bauer wischte sich dann die Hand an der Hose, nahm das Blatt in Empfang und steckte es in die Tasche, um es nach dem Mitagessen in Ruhe zu lesen.

Der Hund, der in seiner Hütte zu Füßen eines überhängenden Apfelbaumes lag, bellte wütend und zerrte an seiner Kette, aber der Briefträger ging, ohne sich umzuwenden, in seiner militärischen Haltung davon, große Schritte machend, den linken Arm auf die Tasche gestemmt, im rechten den Stock drehend, der neben ihm dieselben gleichmäßig eiligen Bewegungen machte.

Er verteilte seine Drucksachen und seine Briefe im ganzen Dorf Sennemare, dann ging er weiter durch die Felder, um die Zeitung dem Lehrer zu bringen, der ein kleines, alleinstehendes Haus, etwa zehn Minuten vom Ort entfernt, bewohnte. Es war ein neuer Lehrer, Herr Chapatis, der erst vorige Woche eingezogen und seit kurzer Zeit verheiratet war. Er hielt ein Pariser Blatt, und ab und zu warf der Briefträger Bonifacius, wenn er Zeit dazu hatte, einen Blick hinein, ehe er das Blatt dem Empfänger zustellte.

Er öffnete also seine Tasche, nahm die Zeitung, schob sie aus dem Kreuzband heraus, faltete sie auseinander und begann sie während des Gehens zu lesen.

Die erste Seite interessierte ihn kaum, die Politik ließ ihn kalt, Finanz-Nachrichten überschlug er, aber der lokale Teil reizte ihn.

Der war gerade heute sehr reichhaltig, und er regte sich lebhaft auf bei der Schilderung eines Verbrechens in der Wohnung eines Jagdhüters, sodaß er mitten in einem Kleefeld stehen blieb, um es noch einmal langsam zu lesen.

Die Einzelheiten waren schrecklich. Ein Holzfäller war früh beim Forsthaus vorüber gegangen und hatte auf der Schwelle ein paar Tropfen Blut gesehen, als ob jemand Nasenbluten gehabt. Er dachte, der Förster wird die Nacht vielleicht ein Kaninchen erlegt haben, aber als er sich näherte, endeckte er, daß die Thür halb offen stand und das Schloß aufgebrochen war.

Da packte ihn die Angst, er lief ins Dorf, den Ortsvorstand zu benachrichtigen. Der nahm den Flurwächter und den Lehrer zur Verstärkung mit, und die vier Männer kehrten zusammen zurück.

Sie fanden den Förster ermordet am Kamin liegen, seine Frau erwürgt unter dem Bett und ihr kleines zehnjähriges Mädchen erstickt zwischen zwei Matratzen.

Der Briefträger Bonifacius war so erschrocken bei dem Gedanken an diesen Mord, dessen furchtbare Einzelheiten eine nach der anderen ihm hier enthüllt wurden, daß er sich ganz schwach auf den Beinen fühlte und laut sagte:

– Gott verdamm mich! was giebts für schlechte Menschen!

Dann steckte er die Zeitung wieder in das Kreuzband und ging weiter, immer noch das Verbrechen im Kopf. Bald kam er an das Haus des Herrn Chapatis. Er öffnete das kleine Gartenthor und näherte sich dem Häuschen. Es war ein niedriges Gebäude, das nur ein Erdgeschoß enthielt mit einem Mansardendach.

Es stand mindestens fünfhundert Meter vom nächsten Hof entfernt. Der Briefträger stieg die zwei Stufen hinauf, legte die Hand auf die Klinke, versuchte zu öffnen und fand die Thür verschlossen.

Da bemerkte er, daß die Läden noch garnicht geöffnet worden waren und daß heute noch niemand ausgegangen war. Eine gewisse Unruhe überfiel ihn, denn Herr Chavatis war seit seiner Ankunft immer sehr zeitig aufgestanden.

Bonifacius zog die Uhr, es war erst sieben Uhr zehn Minuten morgens, er war also fast eine Stunde früher gekommen als sonst.

Ach was, der Lehrer hätte doch schon auf sein müssen!

Und er ging vorsichtig um das Haus herum, als ob irgend eine Gefahr dabei sei. Er bemerkte nichts Verdächtiges, als ein paar Fußtritte in einem Erdbeerbeet.

Aber plötzlich blieb er unbeweglich und vor Entsetzen gebannt stehen, als er an einem Fenster vorüber kam.

Man stöhnte im Haus!

Er stellte sich mit gespreizten Beinen über ein Thymianbeet ganz nah ans Haus und legte sein Ohr an den Fensterladen, um besser zu hören. Wahrhaftig, es stöhnte! Er hörte ganz genau lange, schmerzliche Seufzer, etwas wie ein Röcheln, etwas wie das Geräusch eines Kampfes, dann wurde das Stöhnen stärker, wiederholte sich, ward noch schärfer und wechselte ab mit Schreien.

Da zweifelte Bonifacius nicht mehr daran, daß in diesem Augenblick gerade ein Verbrechen bei dem Lehrer verübt wurde. Er rannte davon was er konnte durch den kleinen Garten, eilte über das Feld hin mitten durchs Korn, lief, daß er ganz außer Atem kam und seine Tasche im Takt gegen die Hüften klatschte.

So kam er, nach Luft schnappend, verzweifelt an der Thür der Gendarmerie an. Der Wachtmeister Malautour war dabei, einen kaputen Stuhl mit Hammer und Nagel wieder zusammen zu schlagen; der Gendarm Rautier hatte das kapute Möbel zwischen den Beinen und hielt an die Bruchstelle einen Nagel, dann schlug der Wachtmeister, indem er dabei seinen Schnurbart kaute, mit aufgerissenen, vor angestrengter Aufmerksamkeit glänzenden Augen mit tötlicher Sicherheit seinem Untergebenen auf die Finger.

Sobald der Briefträger sie sah, rief er:

– Schnell, schnell! Kommen Sie, man ermordet den Lehrer!

Die beiden Leute hielten in ihrer Arbeit inne, hoben den Kopf mit jener erschrockenen Miene von Leuten, die man plötzlich überrascht und stört. Bonifacius, der ihnen mehr Überraschung, als Diensteifer ansah, wiederholte:

– Schnell, schnell! Diebe sind im Haus, ich habe Schreien gehört, es ist höchste Zeit!

Der Wachtmeister legte seinen Hammer bei Seite und fragte:

– Woher wissen Sie denn das?

Der Briefträger erzählte:

– Ich wollte eben die Zeitung und zwei Briefe abgeben, als ich bemerkte, daß die Thür noch verschlossen war und der Lehrer noch nicht aufgestanden sein konnte. Ich ging um das Haus herum, um mich zu überzeugen, und ich hörte Stöhnen, als ob jemand erwürgt würde, als ob man einem die Kehle durchschnitte. Da bin ich so schnell wie möglich fortgelaufen, Sie zu holen. Es ist höchste Zeit!

Der Wachtmeister richtete sich auf und sagte:

– Ja, haben Sie denn nicht selbst Hilfe geleistet!

Der erschrockene Briefträger antwortete:

– Ich fürchtete, einer Übermacht gegenüber zu stehen.

Da meinte der Beamte überzeugt:

– Ich will mich nur schnell anziehen, dann komme ich.

Und er trat ins Haus, von seinem Gendarm gefolgt, der den Stuhl trug. Beinahe sofort erschienen sie wieder, und die drei setzten sich im Laufschritt in Bewegung nach dem Orte des Verbrechens zu.

Als sie sich dem Hause näherten, gingen sie vorsichtshalber langsamer. Der Wachtmeister zog seinen Revolver, und dann traten sie ganz leise in den Garten und näherten sich der Mauer.

Nirgends waren Spuren zu entdecken, daß die Verbrecher schon entflohen, die Thür war noch geschlossen, ebenso die Läden.

– Jetzt haben wir sie! – sagte der Wachtmeister.

Der alte Bonifacius zitterte vor Erregung, schickte den Wachtmeister auf die andere Seite des Hauses und zeigte ihm den Fensterladen.

– Dort! – sagte er.

Und der Wachtmeister trat ganz allein heran und legte sein Ohr an den Laden. Die beiden anderen warteten, auf alles gefaßt, starr die Augen auf ihn geheftet.

Lange blieb er unbeweglich stehen und lauschte. Um dem Fensterladen näher zu kommen, hatte er seinen Dreimaster abgesetzt und hielt ihn in der rechten Hand.

Was hörte er? Sein unbewegliches Gesicht verriet nichts, aber plötzlich sträubte sich sein Schnurbart, seine Wangen verzogen sich langsam wie zu einem Lächeln und indem er wieder die Wegeinfassung überstieg, näherte er sich den beiden anderen, die ihn unausgesetzt anstarrten.

Dann machte er ihnen ein Zeichen, ihm zu folgen und sie gingen auf den Fußspitzen ihm nach. Als sie an den Eingang kamen, sagte er Bonifacius, er möge nur die Zeitungen und die Briefe unter die Thür stecken.

Der Briefträger war starr, doch er gehorchte.

– Und nun fort! – meinte der Wachtmeister, aber sobald sie das Gartenthor verlassen hatten, wandte er sich zum Briefträger und sagte mit ironischem Lächeln und verschmitzter Miene, indem seine Augen vor innerer Freude lachten:

– Sie sind aber ein Luder!

Der Alte fragte:

– Was denn? Ich hab's doch gehört! Ich schwöre Ihnen, ich hab's gehört!

Aber der Wachtmeister konnte nicht mehr an sich halten und platzte heraus. Er lachte, als solle er ersticken, beide Hände auf dem Bauch. Die Thränen traten ihm in die Augen, und er schnitt furchtbare Gesichter. Die beiden andern blickten ihn erschrocken an.

Aber da er weder sprechen konnte, noch aufhörte zu lachen, oder zu erklären vermochte, was geschehen sei, machte er eine bezeichnende Bewegung. Da man ihn jedoch noch immer nicht verstand, widerholte er das ein paar Mal und deutete dabei mit dem Kopf zurück auf das noch immer verschlossene Haus.

Der Gendarm verstand nun plötzlich und begann auch fürchterlich zu lachen. Der Alte aber blieb ganz dumm zwischen den beiden sich vor Vergnügen windenden Menschen stehen. Endlich beruhigte sich der Wachtmeister, klopfte dem Alten freundschaftlich auf den Bauch und rief:

– Na Sie kleiner Schäker! Die Morithat werde ich mir merken!

Der Briefträger riß groß die Augen auf:

– Aber ich schwöre Ihnen, ich hab's gehört!

Der Wachtmeister begann wieder zu lachen, der Gendarm hatte sich auf den Grabenrand ins Gras gesetzt und wand sich gleichfalls vor Lachen.

– Hat's gehört! Na, ermordest Du Deine Frau auch so? Du alter Witzbold!

– Meine Frau?

Er dachte lange nach, dann sagte er:

– Na, wenn ich meine Alte verdresche, dann heult se und wie heult se! Verdrischt denn der Herr Schullehrer auch seine Frau?

Da packte ihn der Wachtmeister, als verlöre er vor Freude den Verstand, bei den Schultern, wirbelte ihn einmal herum und flüsterte ihm etwas ins Ohr, sodaß der andere vor Erstaunen sich garnicht fassen konnte.

Dann brummte der Alte nachdenklich:

– Nee, nee, so nich! So nich! So nich! Meine sagt garnichts! Das hätte ich nich gedacht, ist so was möglich! Da muß man doch an Mord glauben!

Und wie ein begossener Pudel schlich er durch die Felder davon, während der Wachtmeister und der Gendarm noch immer lachend ihm von weitem grobe Kasernen-Ausdrücke nachbrüllten, bis allmählich sein schwarzes Käppi über dem Riesenmeer der Saaten in der Ferne verschwand.

Die Angst vor dem Meer

Er saß wenige Meter von den beiden anderen entfernt und versuchte, ihr Gespräch mit anzuhören. Seine Hände ruhten auf dem Beton. Betont gleichgültig sah er aufs Meer hinaus. Er krümmte den knochigen Rücken, sodass es aussah, als hätte er einen Buckel. Völlig reglos saß er da, nur seine Füße trommelten gegen die Mauer. Er schien durch die Luft zu rennen. Lucky hatte dem Mädchen einen Arm um den Hals gelegt. Als wollte er sie würgen oder ins Wasser werfen. Der Kleine beobachtete die beiden aus den Augenwinkeln, während er auf das Meer zu seinen Füßen starrte. Das kalte Meer. Das Meer, das wie tot dalag. Er hörte nicht, was die anderen beiden sagten. Vielleicht sagten sie ja auch nichts. Lucky und das Mädchen beachteten ihn überhaupt nicht. Ihre Küsse hatten etwas Obszönes. Hätte er ihre Worte hören können, hätte er sich auch nicht besser gefühlt. Er war überflüssig. Er konnte nur abwarten, während die anderen beiden miteinander tuschelten und knutschten, die Augen halb geschlossen, die Münder aufgesperrt wie hungrige Möwen.

Ihm war, als hätte er schon lange vor den beiden anderen auf der Mole gesessen. Allein mit dem Meer. Seine Anwesenheit schien sie nicht zu stören, sie hielten sich umschlungen, wie es Verliebte an so einem Ort tun. Arm in Arm, die Ohren wie Saugnäpfe aneinandergelegt, stemmten sie sich gegen den Wind. Ob er hier war oder nicht, war bedeutungslos. Der Kleine war das dritte Rad am Wagen. Er kratzte mit einem Fingernagel an dem Fleck auf seiner Jeans herum und beschloss, sich umzuziehen, sobald er konnte.

Immerhin hatte er das Meer. Das Meer leistete ihm Gesellschaft. Drei Meter unter ihm erinnerte die Farbe des Wassers an Holzsplitter und Eisenspäne. Sein Gesicht war hohlwangig, die Nase wie mit dem Teppichmesser geschnitten. Das Meer hatte eine beruhigende Wirkung auf ihn, auch wenn man das seiner trotzigen Miene nicht ansah. Vor allem dieses ganz bestimmte Meer, das ständig in Bewegung war. Es wühlte das Watt auf und wirbelte den Schlamm umher. Auf der Landkarte war der Ärmelkanal nichts als ein schmaler Streifen, dünn wie ein Kinderarm, der Frankreich und England voneinander trennte. Dieses Meer war ihm fremd. Am Mittelmeer war immer trockener Sand von seinen Füßen gerieselt. Für ihn war das Meer immer sanft und blau gewesen. Da, wo er herkam, konnte man sich selbst im Spätherbst noch in den Sand setzen und sich von der Sonne wärmen lassen. Zu jeder Tages- und Nachtzeit. Ganz entspannt, die Arme auf der warmen Haut verschränkt, den Blick auf die herbeirollenden Wellen gerichtet. Er hatte nie schwimmen gelernt, aber wenn es sein musste, konnte er sich über Wasser halten. Indem er strampelte wie ein verzweifeltes Tier.

Der Ärmelkanal war anders. Eine Schlammbrühe, ein Dreckwasser. Es stank nach Verwesung, Fäulnis, nach Schlick, der sich auf dem Meeresgrund zersetzte. Der Kleine betrachtete das heranschwappende Wasser misstrauisch, mit einer skeptischen Miene, die er auch bei anderen Gelegenheiten aufsetzte. Im Norden ist das Meer genauso grau wie die Menschen, dachte er und trommelte mit den Fersen gegen die Mauer. Er spuckte auf eine kleine braune Welle, zog die Beine an und stützte das Kinn auf die Knie. So sah er wenigstens den Fleck nicht, über den er sich seit dem Morgen ärgerte. Er durfte sich nicht gehen lassen. Nicht wie ein Landstreicher aussehen. Schon mehrmals hatten ihre sauberen Kleider sie vor dem argwöhnischen Blick von Polizisten gerettet. Vor allem aber halfen sie ihm beim Durchhalten. Er erwartete von Lucky nur eins: Er musste die Möglichkeit haben, sich saubere Klamotten zu besorgen. Wenn das gesichert war, machte er alles klaglos mit. Er wusste immer noch nicht, wohin ihre Reise ging, genauso wenig wie an dem Tag, als sie vor Mammons ausgebranntem Pick-up gestanden hatten. Der Kleine tat, was man ihm sagte. Ohne Fragen zu stellen. Er war einfach da. Ganz gleich, wo das war.

Doch jetzt war alles anders. Das Mädchen brachte ihre Pläne durcheinander. Lucky hatte sie am Abend zuvor in einer Hafenkneipe aufgegabelt, wo sie so viel getrunken hatten, dass sie sich hinterher nicht mehr daran erinnern konnten. Sie war eigentlich zu jung für Lucky und zu jung für das Gesetz, aber ihr selbstbewusstes Auftreten und ein paar wohlplatzierte Berührungen hatten ihn überzeugt. Für sie wiederum war der groß gewachsene junge Mann mit den dunklen Haaren, dem dunklen Teint und dem harten Blick ein Geschenk des Himmels. Bei seinem Anblick hatte sie eine Gänsehaut bekommen. Hätte Lucky nicht den ersten Schritt gemacht und ihr eine Hand auf den Schenkel gelegt, hätte sie sich ihm an den Hals geworfen. So etwas passierte nicht zum ersten Mal. Schon in Marseille hatte Lucky immer irgendein Mädchen im Schlepptau gehabt.

Der Kleine zündete sich eine Zigarette an. Blies den Rauch in die Luft. Der Rauch kehrte zu ihm zurück, strich ihm über das Gesicht und hüllte ihn ein. Das mit dem Mädchen war ein schwerer Schlag. Sie sah bescheuert aus mit dem schwarzen Lippenstift und dem schwarzen Nagellack. Ein Mädchen aus gutem Hause auf der Suche nach Abenteuer, dachte er. Sie erinnerte ihn an Kristen Stewart, die Schauspielerin aus den Filmen, die er sich oft bei Luckys Mutter angeschaut hatte. Sie hatte die großen schwarzen Augen einer geprügelten Hündin, die dir die Pfote gibt, obwohl du sie gar nicht dazu aufgefordert hast. Wahrscheinlich hatte Lucky sie gefickt. Im Netz eines Katamarans, der auf einem Anhänger im Hafen abgestellt war. In der Kajüte eines Boots, das für seinen jährlichen Rostschutzanstrich aufgebockt war. Auf einer Jacht, die am Steg schaukelte. Auf einem Teakholzdeck, das ganz verwittert war vom Salz und vom nassen Kuss des Wassers. Ihre Zungen hatten sich verknotet, und sie hatten sich gestreichelt, bis sie im Morgengrauen zu frösteln begannen. Bis der kühle Herbstwind ihre Engelsgesichter zu Masken erstarren ließ, mit tiefen Augenringen und durch die Haut schimmernden Knochen. Jetzt hatten sie das Mädchen am Hals. Und Lucky tat so, als wäre das völlig normal. Als wäre alles in Ordnung.

Sie waren am Abend angekommen. Sie waren an diesem Ort gestrandet wie Krebse bei Ebbe. Der Kleine hatte sich zum Schlafen auf der Rückbank des Clio zusammengerollt. Die anderen beiden hatten ihn frühmorgens geweckt und vorgeschlagen, einen Kaffee trinken zu gehen. Er war mürrisch und steif hinter ihnen hergetrottet wie ein alter Mann. Mit trotziger Miene. Die Anwesenheit des Mädchens störte ihn. Sie machte alles kaputt. Seit dem Morgen hatte er Lust, sie zu schlagen. Er wollte mit Steinen nach ihr werfen, sie davonjagen. Er ging an den Häusern von Saint-Malo entlang und fuhr mit den Fingern über die rauen Granitwände. Fragte sich wieder einmal, warum sie von ihrem ursprünglichen Plan abgewichen waren. Sie waren auf dem Weg von Marseille nach Calais gewesen. Sie hatten Mammons ausgebrannten Pick-up weit hinter sich gelassen. Trotzdem musste sich der Kleine anstrengen, um nicht ständig daran zu denken. Zum ersten Mal seit ihrem Aufbruch stellte Lucky auf Durchzug. Er ließ sich von seinem Schwanz steuern und verschlang die Küsse des Mädchens wie überreifes Fallobst.

Das Mädchen selbst sagte nicht viel. Sie schmiegte sich an Luckys Rücken, küsste seinen Nacken und zog einen Schmollmund, wenn er sie wegschob. Eine dümmliche Romantikerin, süß und klebrig wie Hustensaft. Als sie ihren Namen gesagt hatte, hatte der Kleine nicht richtig hingehört, und seitdem hatte sie ihn nicht wiederholt. Er wusste nur noch, dass es ein typisch bretonischer Name gewesen war. Es gibt nichts Grausameres, als den Namen einen Menschen zu vergessen, dachte er. Das ist auch eine Art, ihn zu töten. Bisher war Lucky die Mädchen, die er angeschleppt hatte, schnell wieder losgeworden. Nie hatte er eine von ihnen aufgefordert, sich ihnen anzuschließen. Sonst wären sie auch nicht weit gekommen, mit dem Glück der Vagabunden und dem Polarstern fest im Blick. Manchmal waren es fremde Mädchen mit unschuldigen Augen gewesen, die der Kleine in den verborgenen Winkeln seiner Erinnerung aufbewahrte. Keines der Mädchen hatte sich mit ihm einlassen wollen, sie hatten sein Geld zurückgewiesen wie die Hand eines Bettlers. Er war wie die schüchterne Jungfrau, die man in die Wangen kniff, damit sie errötete. Sie hatten sich über seinen kindlichen Körper lustig gemacht und gesagt, er solle in ein paar Jahren wiederkommen. Mit dem Glied eines Mannes und abgehackten Bewegungen. Der unüberwindbare Graben, der ihn und Lucky trennte, bestand nur aus vier Jahren. Dabei hatten sie die tausendzweihundert Kilometer zusammengeschweißt, die sie auf ihrer Flucht zurückgelegt hatten. Sie waren wie Brüder. Mehr als Brüder, dachte der Kleine. Partner, sagte Lucky immer. Freundschaft, das war was für Idioten und Schwächlinge. Sie beide teilten viel mehr, sie verband ein gemeinsames Schicksal. Sie sprachen nie über das, was auf dem Berg bei Dolceacqua passiert war, aber es war ein einträchtiges Schweigen. Beide wussten, dass sie den Tag nie vergessen würden. Nicht das Blut, nicht den Staub, nicht die verkohlten Leichen. Die Bilder folgten ihnen auf Schritt und Tritt, sie trieben in ihrem Kielwasser.

Der Kleine strich mit der Hand über den Beton der Mole. Suchte nach einem Stein, den er ins Wasser werfen könnte, um Lucky auf sich aufmerksam zu machen. Er stand schwerfällig auf und rekelte sich wie eine Katze. Der Wind blies ihm kalt ins Gesicht. Er machte ein paar Schritte und starrte auf seine Beine hinunter. Er hasste es, wenn er Flecken auf der Hose hatte. Vor Kälte waren seine Glieder steif, vor Hunger sah er Sterne. Er ging an Lucky und dem

Mädchen vorbei. Sie beachteten ihn nicht. Nach ein paar Metern spürte er, wie sie aufstanden und sich ihm anschlossen. Er hielt sich dicht an der Kante der Hafenmole. Auf dem Parkplatz des Jachthafens *Les Sablons* blieb der Kleine neben der Hintertür des Clio stehen. Er öffnete die Tür erst, nachdem die anderen beiden eingestiegen waren. Befeuchtete seine Finger und strich sich das Haar hinter die Ohren.

Ich hab Hunger, sagte er. Und begann zu zittern.

Lucky ließ den Motor an, parkte aus und wendete. Das namenlose Mädchen strich eine schwarze Haarsträhne zurück, die ihr in die Stirn gefallen war. Der Kleine bemerkte, wie sie ihn verstohlen im Rückspiegel musterte. Sie war ungefähr so alt wie er. Vielleicht ein Jahr älter oder jünger. Sie war nicht hübsch und nicht hässlich, sondern irgendwas dazwischen. Solche Mädchen sahen manchmal fast aus wie Jungs. Ihr Mund erinnerte ihn an Nathalie Wood, mit einer schmalen Ober- und einer vollen Unterlippe. Ihr schwarzer Lippenstift war verwischt, wodurch sie leicht kränklich aussah. Ein Teil des Lippenstifts war auf Luckys Lippen und Wangen gelandet. Am Übergang vom Hals zur Schulter prangte ein leuchtender Knutschfleck. Als er den dritten Gang einlegte, krachte das Getriebe.

Wir brauchen ein anderes Auto.

Nimm diesmal was Besseres, sagte der Kleine.

Er streckte die Beine auf der Rückbank aus. Sie rasten an schicken Bungalows und leeren Villen vorbei und waren bald wieder auf der Schnellstraße, über die sie am Tag zuvor in die Stadt gekommen waren. Auf dem Hinweg hatte Lucky etwa dreißig Kilometer vor der Stadt einen Supermarkt gesehen. Irgendwo auf dem platten Land, in sicherer Entfernung. So war es ihnen zur Gewohnheit geworden. Das Mädchen spielte am Radio herum. Kein Sender gefiel ihr länger als eine Minute. Als sie sich die Lippen nachziehen wollte, griff Lucky hastig nach dem schwarzen Lippenstift und warf ihn zum Fenster raus. Der Clio machte einen Schlenker. Das Mädchen seufzte und begann, vor sich hin zu summen. Der Kleine drehte sich um und beobachtete, wie der Lippenstift hinter ihnen über den Asphalt hüpfte. Er starrte wie hypnotisiert auf die Mittellinie der Schnellstraße und blieb eine Weile so sitzen, die Ellbogen auf die Hutablage gestützt. Insgeheim freute er sich diebisch. Wenn das so weiterginge, wären sie das Mädchen bald los. Lucky würde sie davonjagen, so wie er allzu aufdringliche Verehrerinnen bisher immer davongejagt hatte. Mit einem bedauernden Grinsen und einem Klaps auf den Hintern. Allmählich war es an der Zeit, dass er zur Tat schritt. Zu dritt war alles viel komplizierter. Als er sich wieder umdrehte, bog Lucky gerade auf den fast leeren Parkplatz ein.

Wir sind da, verkündete er. Und parkte den Clio neben einer Reihe Einkaufswagen.

Wir sind zurückgefahren, murmelte der Kleine.

Wir müssen unsere Spuren verwischen.

Als ob das was bringt.

Lucky warf den beiden anderen einen Blick zu. Dann musterte er die Autos um sie herum. Ein gelber Kangoo fuhr an ihnen vorbei. Er wies mit dem Kinn darauf.

Du kümmerst dich um unser neues Auto.

Oh, Mann!

Tu, was ich dir sage!

Sie stiegen aus. Lucky sammelte ihre Sachen ein, die in

dem Clio herumlagen, und warf sie dem Kleinen vor die Füße. Dann nahm er die Hand des Mädchens und zog sie zum Eingang. Der Kleine zuckte mit den Achseln. Er lehnte sich an den Kofferraum und durchsuchte seine Jackentasche nach einer Zigarette, fand aber keine. In der Reihe hinter ihm manövrierte der Fahrer seinen Kangoo mühsam in eine Parklücke, die groß genug für zwei war. Der Kleine beobachtete das Hin und Her aus den Augenwinkeln und kramte dabei in seinen Taschen, als suchte er den Schlüssel des Clio. Dann hängte er sich seine Umhängetasche um. Die Werkzeuge schlugen klirrend gegeneinander. Ein dicker Mann stieg aus dem Kangoo und ging auf den Supermarkt zu. Der Kleine wartete, bis er außer Sicht war, und schlenderte dann zu dem gelben Kastenwagen. Stellte sich neben die Fahrertür, ließ den biegsamen Metallstreifen aus seinem Ärmel gleiten und führte ihn in den Schlitz zwischen Fensterscheibe und Gummidichtung ein. Gleich darauf machte es klick. Der Motor war noch warm und würde ihm keine Schwierigkeiten bereiten.

Alles war ruhig und friedlich. Bevor der Kleine einstieg, vergewisserte er sich, dass ihn niemand beobachtete. Sein Blick blieb an einem großen schwarzen Audi hängen, der direkt neben dem Kangoo stand. Auf dem Beifahrersitz lag eine geöffnete Schachtel Marlboro Light. Sie war noch fast voll. Der Kleine strich über die Karosserie des Audi. Zögerte kurz und warf einen Blick zum Supermarkt. Lucky würde das gar nicht gefallen. Lucky würde ausrasten. Vielleicht würde er wieder auf ihn einprügeln, so wie damals in Lyon, als der Kleine eine alte Frau zu Boden geschubst hatte, um ihr die Handtasche zu klauen. Aber

Lucky hatte bestimmt auch nicht mehr viele Zigaretten. Und der Fahrer des Kangoo hatte keinen Einkaufswagen mitgenommen, was bedeutete, dass er nicht lange in dem Supermarkt bleiben würde. Das hatte Lucky natürlich nicht wissen können. Vielleicht wäre der Besitzer des Autos sogar schneller wieder da als Lucky und das Mädchen, die in diesem Moment wahrscheinlich getrennt voneinander durch die Gänge des Supermarkts schlenderten. Und einen Einkaufskorb füllten, der zwischen zwei Gängen stand. Bier und Wein. Toastbrot, Orangen und Chips für den Strand. Das Übliche halt.

Als Nächstes würde Lucky dem Mädchen erklären, was sie zu tun hatte und was er währenddessen tun würde. Sie würden sich an den beiden Kassen anstellen, die am weitesten auseinanderlagen. Das Mädchen würde die Kasse direkt am Ausgang nehmen. Sie würde auf sein Zeichen warten und dann losrennen. Der Kleine würde draußen in dem gelben Kangoo auf sie warten, den Gang eingelegt, den linken Fuß auf der Kupplung. Lucky würde an seiner Kasse mit einer teuren Flasche Whisky ein Riesentheater veranstalten und den einzigen Wachmann ablenken, der an diesem Vormittag Dienst tat. So wie ein Dieb, der laut herumschreit, um seinem Opfer Angst zu machen. Schließlich würde auch Lucky aus dem Supermarkt rennen, und sie würden gemeinsam fliehen. Das Essen würde für den Tag reichen, vielleicht sogar noch für den nächsten.

Die Choreografie war perfekt einstudiert. Allerdings waren sie bisher immer zu zweit gewesen. Sonst war der Kleine derjenige gewesen, der mit dem Einkaufskorb unter dem Arm losrannte. Eines Tages hatte er sich noch einmal umgedreht und gesehen, wie Lucky auf den Wachmann losging. Er hatte brutal auf ihn eingeprügelt. Ihm mit dem Knie den Kiefer gebrochen. Selbst als der Mann unter der Kasse in Deckung ging und die Arme schützend über den Kopf hielt, trat Lucky noch mehrmals nach. Am erschreckendsten hatte der Kleine die Stille in dem Supermarkt gefunden, mehr noch als Luckys Brutalität. Die Stille und Mammons Walther PPK, die Lucky lässig in einer Hand hielt, während er mit der anderen auf den Wachmann einschlug und ihn mit Tritten traktierte. Die Kassiererinnen und Kunden hatten Lucky wie versteinert angestarrt. Er ließ sich Zeit. Wie immer hatte sie niemand aufgehalten. Das alles war mittlerweile Routine. Ein abgelegener Supermarkt, ein neues Auto, Essen besorgen. Jedes Mal war der Ablauf derselbe. Bisher war immer alles gut gegangen. Ihre Flucht stand unter einem guten Stern.

Als das Mädchen durch die Tür auf den Parkplatz gerannt kam, sah sie keinen Kangoo. Stattdessen erwartete der Kleine sie in einem eleganten Mittelklassewagen mit schnurrendem Motor, der glänzte wie eine schwarze Olive. Sie lachte, stieg hinten ein und kippte den Inhalt des Einkaufskorbs zwischen die Ledersitze. Der Kleine rief ihr zu, sie solle den Korb zur Tür hinausschmeißen. Sie tat wie geheißen. Im selben Moment riss Lucky die Beifahrertür auf, zögerte kurz und ließ sich auf den Sitz fallen. Sein Gesicht verhieß nichts Gutes. Der Kleine drückte das Gaspedal durch und raste in einer bläulichen Wolke vom Parkplatz. Er hatte die Verkleidung unter dem Lenkrad abreißen müssen, um die Wegfahrsperre zu zerstören und die Zündung kurzzuschließen. Deshalb baumelten bunte Kabel wie Eingeweide zwischen seinen Beinen. Lucky zeigte auf eine Parkbucht für Reisebusse und befahl ihm, sofort anzuhalten. Mit zusammengebissenen Zähnen und finsterem Gesicht. Der Kleine parkte den Audi an der Bordsteinkante und schaltete in den Leerlauf.

Bist du bescheuert? Du solltest den Kangoo nehmen!

Der Typ ist zu früh zurückgekommen.

Quatsch, er stand an der Kasse.

Du weißt ja nicht mal, wie er aussah.

Wir dürfen nicht auffallen, habe ich gesagt.

Ich habe genommen, was ich kriegen konnte, sagte der Kleine.

Er wusste nicht, ob er losfahren sollte. Lucky schlug mit der flachen Hand gegen die Beifahrerscheibe und musterte die anderen beiden kalt. Das Mädchen senkte den Blick. Ein unauffälliges Auto, murmelte Lucky und öffnete das Handschuhfach. In dieser Luxuskarre würden sie bald die Bullen am Arsch haben. Er bedeutete dem Kleinen, dass er das Steuer übernehmen wollte. Sie begegneten sich vor der Motorhaube, und Lucky rempelte den Kleinen mit der Schulter an. Lucky ließ sich auf den Fahrersitz fallen und fluchte über die herabhängenden Kabel. Er raste los, fuhr ein Stück die Schnellstraße entlang und bog dann in ein Gewerbegebiet ab. Das Auto flog dahin wie ein Kampfjet. Sie legten noch ein paar Kilometer zurück, bis zum Parkplatz eines Baumarkts. Gleich darauf saßen sie in einem grauen Golf und fuhren dieselbe Strecke in Gegenrichtung. Lucky hatte den Zweitschlüssel im Türfach und die Fahrzeugpapiere hinter der Sonnenblende gefunden. Sie mussten nur noch die Einkäufe in den Kofferraum laden und losfahren. Der Kleine saß schmollend auf dem Beifahrersitz und starrte aus dem Fenster. Mit verschränkten Armen.

Hier stinkt's nach Hund, sagte das Mädchen.

Halt die Klappe.

Sie schob eine alte Decke beiseite, an der büschelweise Hundehaare klebten, und streckte die Beine auf der Rückbank aus. Der Kleine hielt ihr die Zigarettenschachtel hin und bot ihr eine Marlboro an. Wenig später legte sie ihm eine geöffnete Packung Kekse auf die Schulter.

Du hattest doch Hunger, oder?

Nein.

Lucky schwieg. Er hielt sich genau an die Höchstgeschwindigkeit, und sein Blick schnellte immer wieder zu den Seitenspiegeln. Der bretonische Himmel war makellos blau. Das Radio bestätigte, dass unter Hochdruckeinfluss warme, trockene Luft zu ihnen strömte. Die Temperaturen lagen weit über dem Durchschnitt für diese Jahreszeit. Ein schwacher Südwind hielt die feuchte Meeresluft fern. Ein von mehreren Tiefs umzingeltes Hoch sorgte für eine stabile Wetterlage und sommerliche Temperaturen, die im Westen des Landes noch ein paar Tage andauern würden.

Lucky schaltete das Radio aus, als die Lottozahlen durchgesagt wurden. Bog von der Schnellstraße in eine Nebenstraße ein. Sie passierten mehrere Dörfer, die wie ausgestorben waren. Auf dem leeren Parkplatz eines Dorfbahnhofs hielt Lucky neben einem dunkelgrauen Golf, der fast dieselbe Farbe hatte wie ihrer. Er ließ den Motor laufen und schaltete in den Leerlauf. Im Handumdrehen tauschte er die Nummernschilder aus. Mit dem Akkuschrauber. Wahrscheinlich würde der Besitzer des zweiten Golfs den

Unterschied erst nach Monaten bemerken. Also würde er auch nicht die Polizei verständigen. Lucky bedeutete dem Mädchen, sich wieder nach vorn zu setzen. Der Wagen fuhr los, der Kleine stieg im letzten Moment hinten ein. Er wagte nicht, Lucky anzusehen, aber er wusste auch so, was dieser für ein Gesicht machte. Ein Gesicht, das der Kleine gut kannte und das ihm Angst machte. Lucky war sauer wegen der Sache mit dem Kangoo. Das Mädchen lachte nervös, und ihr hirnloses Kichern ging Lucky auf die Nerven.

Halt die Klappe.

Du unterscheidest nicht zwischen Gut und Böse.

Na und?

Es ist dir egal.

Lucky nahm seine Hand vom Schenkel des Mädchens und legte sie aufs Lenkrad. Im Rückspiegel sah er, wie der Kleine lächelte. Dann konzentrierte er sich wieder aufs Fahren. Der Golf glitt dahin wie über einen See. Das Mädchen neben ihm war verstummt. Sie sah aus dem Fenster. Atmete geräuschvoll und lehnte die Stirn an die Scheibe. Der Himmel war strahlend blau, ein schöner, sonniger Herbsttag. Die Strände füllten sich, die Leute genossen den feinen Sand, spielten Ball, und die Kinder waren froh, nach den ersten Schulwochen noch einmal ihre Freiheit zu haben. Alles lief bestens. Lucky entspannte sich und winkelte die Ellbogen an. Er drehte sich um und bat den Kleinen um eine Zigarette.

Eine Dreiviertelstunde später stellte er den Golf auf dem Parkplatz der Schleuse ab. Neben den Transporter eines Elektrikers, den sie kurz für einen Polizeiwagen gehalten hatten. Sie kraxelten über die Felsen. Die Plastiktüten mit ihrem Mittagessen in der Hand. Die Flaschen schlugen klirrend aneinander. Als sie sich dem Wasser näherten, klammerte sich das Mädchen Halt suchend an Luckys Arm. Sie setzten sich in der Nähe des Gezeitenkraftwerks neben einen großen Felsen. Hier war es windgeschützt, und sie hatten einen freien Blick aufs Meer. Aufs Meer und auf die vereinzelten Jachten, die an Bojen festgemacht waren. Sie schaukelten versetzt auf den Wellen. Hoch und runter, wie Zirkuspferde oder Hürdenläufer. Unsichtbare Hände schienen mit den Booten zu spielen. Algenbesetzte Ketten tauchten aus dem trüben Wasser auf und verschwanden wieder. Ein paar Fischerboote bewegten sich schwerfällig im selben Takt, hoben den Bug aus dem Wasser und entblößten plumpe Flanken, gestrichen in leuchtenden Farben. Weiter hinten verschlangen Turbinen das Meer und spuckten es auf der anderen Seite des Kraftwerks wieder aus. Das dumpfe Grollen hallte von der Felsküste von Dinard wider.

Das Meer ist nur dazu gut, Schiffe zu tragen, sagte der Kleine.

Eine Möwe, fett wie eine Taube, ließ sich auf einem aus dem Wasser ragenden Felsen nieder und beobachtete sie. Der Kleine sammelte ein paar Steine und warf sie nach der Möwe. Er verfehlte sie jedes Mal. Er schaffte es nicht einmal, sie in die Flucht zu schlagen. Die Steine sausten durch die Luft und prallten von der harten Oberfläche des Wassers ab. Sie wurden von kleinen Wellen in die Höhe katapultiert, bevor sie senkrecht in der Tiefe versanken. Der Kleine stand auf, um zwischen den Felsen nach weiteren Steinen zu suchen.

Lass sie in Ruhe.

Möwen kann man essen. Vor allem so dicke.

Sie aßen Chips mit Zwiebelgeschmack und Toastbrot, das sie mit Tomatensoße bestrichen und mit Dosenthunfisch belegten. Lucky reichte ihnen jeweils eine Flasche Bier. Er trank sein Bier und rauchte eine Zigarette. Der Himmel war tiefblau. Wegen der milden Temperaturen der vergangenen Wochen hatten die Bäume neben dem Solidor-Turm am anderen Ufer der Bucht noch alle Blätter. In der frischen Meeresluft vermischten sich unzählige Geschmäcker, die man nur schwer auseinanderhalten konnte.

Wir sind ganz schön weit gekommen, sagte der Kleine.

Er wischte sich mit dem Daumen einen Tropfen Öl von der Jeans.

Ja, sagte Lucky. Und nickte.

Wo kommt ihr eigentlich her?, fragte das Mädchen.

Die Frage hatte sie schon drei- oder viermal gestellt. Wo kommt ihr her. Sie fuhr sich mit der Hand über den öligen Mund. Ihr Ton war scherzhaft, als würde die Frage ganz von selbst immer wiederkehren, solange sie ohne Antwort blieb. Wo kommt ihr her. Auf kindliche Art zog sie das »her« am Ende in die Länge.

Die Frage ist eher, wo wir hinwollen, sagte der Kleine. Und sah Lucky an.

Lucky nickte großspurig. Er hätte irgendwas antworten können, aber er seufzte nur leise. Sein Blick verlor sich im Tal einer besonders hohen Welle. Dann zeigte er auf den großen Felsen, an dem er lehnte, in die Richtung, wo er sein Ziel vermutete.

Wir wollen rüber nach England, erklärte der Kleine.

Das Mädchen griff in die Chipstüte.

Ihr seid verrückt.

Er tut, was ich ihm sage.

Und wie wollt ihr das anstellen?

Der Kleine zuckte mit den Achseln.

Eigentlich wollten wir nach Calais. Und von da aus rüber nach England. Auf der Karte sieht es aus wie ein Katzensprung. Der Kleine warf den Stein, den er in der Hand gehalten hatte, ins Wasser. Frag ihn mal, warum wir hier sind. Saint-Malo, das war überhaupt nicht geplant. Scheiße, wir wussten ja nicht mal, wo Saint-Malo ist!

Ich geh nicht dahin, wo alle hingehen, sagte Lucky.

Sondern?

Weit weg.

In Calais verstecken sich die Leute im Wald.

Halt die Klappe.

Um rüberzukommen, braucht man Geld.

Halt's Maul, sag ich.

Es gibt doch Fähren, sagte das Mädchen. Sie wies auf das Wasser, als würde dort im nächsten Moment ein weißes Monstrum auftauchen und eine Gangway ausfahren. Die Überfahrt von Saint-Malo nach Portsmouth dauert zehn Stunden. Ich war schon mal mit meinen Eltern drüben. Man fährt abends los und ist am nächsten Morgen da.

Du bist ja so was von blöd!

Der Stein streifte die Möwe am Flügel. Die Möwe machte Anstalten loszufliegen, überlegte es sich dann aber anders und kehrte ihnen nur den Rücken. Die Beine steckten ihr fest im Bauch.

Vergiss es, das geht nicht. Wir können keine Fähre nehmen. Da gibt es Kontrollen beim Ein- und beim Aussteigen.

Wegen dem Dublin-Verfahren und so. Die scannen sogar deine Fingerabdrücke.

Keine Ahnung, ob es Leute gibt, die hier illegal an Bord gehen, sagte das Mädchen. Mit geröteten Wangen und glänzenden Augen. Hier ist nicht viel los, setzte sie hinzu. Hier gibt's nur alte Leute und Touristen.

Umso schlimmer.

Wir sind nur so weit gekommen, weil wir unsichtbar sind.

Wir haben Harry Potter seinen Umhang geklaut, setzte der Kleine hinzu.

Er hielt den anderen beiden die geöffnete Kekspackung hin. Lucky stand auf und setzte sich hinter das Mädchen. Legte ihr die Arme um die Schultern und starrte aufs Meer hinaus. Er gab seiner Stimme einen rauen Klang. Das Mädchen wirkte abwesend. Es war, als hätte sie sich in einer Höhle verkrochen oder in einem Bunker verschanzt. Als würden die Geräusche der Außenwelt nur noch gedämpft zu ihr durchdringen. Lucky kitzelte sie und blies ihr ins Ohr. Roch an ihrem Haar. Murmelte, dass auf Englisch alles leichter war. Englisch sprechen, das sei wie eine Uniform anziehen. Wie in der Schule.

Wir lernen sicher schnell Englisch.

Ihr müsstet erst mal lernen, wie man lernt.

Wir haben schon ganz andere Sachen geschafft.

Zum Beispiel?

Wir besorgen uns neue Papiere, auf falsche Namen.

The land I call home.

Siehst du, ein paar Wörter können wir schon.

Der Kleine grummelte vor sich hin. Er leckte an seinem

Zeigefinger und stippte die letzten Chipskrümel aus der Tüte. Über seinem Kopf kreischten Möwen, sie umkreisten eine unsichtbare Achse und kartografierten die gelben Brösel. Ihre Knopfaugen versuchten abzuschätzen, wie viel für sie übrig bleiben würde. Die Möwe, die sich auf dem Felsen ausgeruht hatte, fand es an der Zeit, das Weite zu suchen. Sie erhob sich mit ein paar sparsamen Flügelschlägen, die den Kleinen faszinierten, in die Luft. Er warf ihr einen letzten Stein hinterher. Ohne große Hoffnungen.

Für dich ist das anders, sagte Lucky.

Das Mädchen verrenkte sich den Hals, um ihm in die Augen zu sehen.

Ich komme mit, sagte sie. Für ein paar Monate oder ein Jahr. Ich habe nichts zu verlieren. Hier ist es total öde. Langeweile ist das Schlimmste, wenn man weiß, dass man bald stirbt. Sag mir, was du vorhast, und ich folge dir. Folge euch, verbesserte sie sich. Und warf dem Kleinen einen unsicheren Blick zu. Ich komme mit euch.

Was ist mit deinen Eltern?

Die verstehen das schon.

Sicher?

Ich schreib ihnen einen Brief. Ich sage einfach, ich wäre an Weihnachten wieder da. An Weihnachten sind wir doch längst über alle Berge, nicht?

Na gut.

Nächsten Monat werde ich siebzehn.

Na gut, wiederholte Lucky. Und nickte.

Der Kleine kochte vor Wut. Er stand auf und streckte sich. Jetzt klebte dieses Mädchen an ihnen wie eine Klette, und über ihm kreischten die Möwen. Er schmiss alle Steine, die er noch in der Hand hielt, ins Wasser. Es gab einen lauten Platsch, doch die Oberfläche kräuselte sich nur kurz. Er warf einen angewiderten Blick auf seine Jeans und auf den Felsen, auf dem er gesessen hatte.

Fahr mich zurück in die Stadt, sagte er.

Warum?

Ich muss einkaufen.

Gut.

Wir treffen uns am Hafen.

Okay.

Bretonisches Gold

A h, Monsieur le Commissaire – Monsieur Jaffrezic war gerade im Begriff, uns die Fässer zu zeigen, die in der Kooperative verwendet werden. *Blaue Plastikfässer.*«

Roses Blick hatte Dupin nur kurz gestreift.

»Bonjour, Monsieur«, brummte Dupin. Er rieb sich die Stelle am Kopf, die er sich auch dieses Mal beim Aussteigen aus seinem Wagen gestoßen hatte.

»Kommen Sie mit. Schauen Sie sich alles an, wenn Sie das für notwendig halten. Glauben Sie mir, unsere Fässer waren an der wilden Schießerei nicht beteiligt.«

Natürlich wussten alle Bescheid. Radio und Internetseiten berichteten bereits von der »mysteriösen kriminellen Aktion« und »stundenlangen brutalen Schusswechseln« in den Salzgärten, bei denen »der bekannte Kommissar Georges Dupin um ein Haar erschossen worden wäre«. Natürlich wurde auch seine Anwesenheit kommentiert: »Auch der Grund, warum sich der Kommissar überhaupt außerhalb seines Einsatzgebietes in den Salzgärten der Guérande aufhielt, liegt bisher vollständig im Dunkeln.«

Mit einem gut gelaunten »Kommen Sie!« hatte Guy Jaffrezic sich in Bewegung gesetzt und lief über den breiten Schotterweg, der vom Parkplatz wegführte, entlang einer der sicher zehn imposanten lang gezogenen Lagerhallen der

Kooperative. Jaffrezic, vielleicht Anfang sechzig, schätzte Dupin, war klein, sehr rundlich, mit flinken Augen und ebenso flinken Händen, die permanent gestikulierten. Das stand in einem seltsamen Kontrast zu der körperlichen Gemütlichkeit, die er ausstrahlte, so als gehörten Augen und Hände eigentlich zu einem anderen Körper. Dupin musste um ein Haar grinsen.

»Wir benutzen die Fässer erst seit Kurzem, seit dieser Saison. Für das getrocknete Salz. Das für die Salzmühlen. Wir produzieren es seit zwei Jahren. Die Leute lieben es. Ein Renner. Das *Gros Sel spécial moulin.* – Ich weiß nicht, ob Sie es kennen.«

Er hatte sich an Dupin gewandt, er schien davon auszugehen, dass die Kommissarin Bescheid wusste. Beides wohl zu Recht. Dupin seufzte. Bis vor ein paar Jahren war Salz für ihn einfach Salz gewesen (und er fand die Haltung auch immer noch plausibel). Nolwenn hatte ihm dann in ihren bretonischen Lektionen ein paar erste Unterweisungen gegeben. Richtig zugehört hatte er bei diesem Thema nicht, musste er sich eingestehen.

»Commissaire Rose hat gesagt, Sie sind der Commissaire aus Paris. Man hat ja von Ihnen gehört.«

Nach über fünf Jahren in der Bretagne reagierte Dupin auf Sätze dieser Art einfach gar nicht mehr.

»Sie werden vom Salz keine Ahnung haben.«

Eine tiefe Trauer schwang in Jaffrezics Satz mit. Auch Sorge. Und Mitleid.

»Ohne Salz stirbt der Mensch, das dürfen Sie nie vergessen.«

Dupin wäre fast rausgerutscht: »Mit Salz auch.«

»Ich werde Ihnen alles zeigen und erklären, was Sie wissen müssen. – Wenn Sonne und Wind es wollen.«

Dies nun war – wie schon die Einlassungen zum Sel Moulin – in einem eindeutig pädagogischen Tonfall formuliert. Wie der Auftakt zu einer Führung.

»Das ist eine polizeiliche Ermittlung. Es gab einen Mordversuch«, ging nun Rose freundlich, aber bestimmt dazwischen.

Jaffrezic blieb vollkommen unbeeindruckt, er fuhr im Salinenführer-Modus fort.

»Wir lassen das Gros Sel Moulin nach der Ernte achtundvierzig Stunden in der Sonne trocknen, manchmal sogar zweiundsiebzig Stunden, mindestens einen Tag länger als das normale Gros Sel. Dann kommt es in die Fässer. Aber nur zum Transport bis in die Lagerhallen hier. – Die wichtigste Unterscheidung ist die zwischen Gros Sel und Fleur de Sel. Das sind die beiden Grundarten.«

Jaffrezic verließ den Schotterweg, bog scharf rechts ab und lief nun auf einem der schmalen Graswege mitten in eine Saline hinein. Hinter einem größeren Speicherbecken begannen die rechteckigen Becken, in denen durch das mittlerweile nur noch zentimetertiefe Wasser der blaugraue Boden durchschimmerte. Die warme Luft stand, es roch stark nach Salz, nach schwerer Erde. Brackig.

»Die ›Blume des Salzes‹ ist das feinste, das edelste aller Salze der Welt, auch das seltenste. – Wussten Sie, dass es bis in die Achtziger für die Konservierung von Sardinen eingesetzt wurde und allgemein eher als minderwertig galt?«

Das hatte Dupin in der Tat noch nicht gewusst.

»Direkt nach der Ernte hat es ein Veilchenaroma und

einen leicht rosigen Schimmer. Nach dem Trocknen ist es strahlend weiß! Es macht nur vier Prozent unserer Produktion aus«, jetzt wurden Stimme und Gesichtsausdruck pathetisch: »Es bildet sich nur bei perfekten Wetterverhältnissen. Auf wahrhaft alchimistische Weise. Viel Sonne, geringe Luftfeuchtigkeit und ein beständiger Wind, der weder zu stark noch zu schwach sein darf, heute ist er viel zu schwach. Die Ostwinde sind die besten!« Jaffrezics Augen blitzten kennerhaft. »Der leichte Wind bläst die feinen, nahe der Oberfläche schwebenden Salzkristalle zusammen, was eine eisähnliche Schicht erzeugt. Fleur de Sel schwimmt auf dem Wasser! Kleine bewegliche Inseln, wussten Sie das?«

Auch das war Dupin neu.

»Ist der Wind zu kräftig oder wird das Wasser im Erntebecken unvorsichtig bewegt, sinkt das Fleur de Sel zu Boden und ist verloren.«

»Ist es noch weit?«

Roses prosaische Frage machte klar, dass sie zur Sache kommen wollte. Die Lehmstege waren immer schmaler geworden, sie waren bereits ein paarmal abgebogen. Commissaire Rose ging zwei, drei Meter hinter Dupin. Jaffrezic überhörte die Frage souverän.

»Ordinäres Salz, das sogenannte ›Speisesalz‹, besteht zu über 99 Prozent aus reinem Natriumchlorid. Eine Zumutung! Unsere Salze zu nur 91 Prozent, der Rest aus verbliebener Feuchtigkeit, reinem Meerwasser also, wir nennen es die ›Salzmutter‹, und vor allem aus zahlreichen lebenswichtigen Mineralien und Spurenelementen. Magnesium, Kalzium«, der Leiter der Kooperative hörte nicht auf, sich zu ereifern, »Mangan, Jod natürlich. Sechzig verschiedene! Eisen, Zink. Und Selen! Brom, Schwefel.«

Das klang skurril – vor allem war Dupin sich nicht sicher, wie groß der Werbeeffekt bei Schwefel und Brom war. Aber in Jaffrezics Gesichtszügen lag Stolz.

»Das macht seinen einzigartigen Geschmack aus! Es ist ungleich milder, zugleich würziger, aromatischer und vollmundiger als primitives Salz. Ohne alle Bitterstoffe. Das einzige Salz mit einem Bouquet!«, er war nun vollends in einen hundertfach schon erprobten Text geraten, »Feinschmecker auf der ganzen Welt verehren unser bretonisches Fleur de Sel! Ein Teil des kulinarischen Erbes der Menschheit.«

Dupin musste schmunzeln. In der Bretagne war Salz selbstverständlich nicht einfach Salz.

»Auch Konsistenz und Oliofaktur unterscheiden sich von allen anderen Salzen: Die feine kristalline Struktur zerfällt wie ein Hauch auf der Zunge!«

»Und auf zartem Salzlamm von den Wiesen des Mont-Saint-Michel, nachdem es bei achtzig Grad sieben Stunden im Ofen war. Mit Knoblauch, Rosmarin, Schalotten, regelmäßig mit Weißwein übergossen.«

Dupin war sich zunächst nicht sicher, ob er richtig gehört hatte. Er drehte sich um und sah, für einen Augenblick, ein hübsches, offenes Lachen auf Roses Gesicht. Sie hatte es wirklich gesagt. Noch ehe er reagieren konnte – er hätte gern etwas Nettes erwidert –, war es wieder verschwunden.

»Achtung!«

Jaffrezic war abrupt scharf links abgebogen auf einen abenteuerlich schmalen Damm, der zwischen zwei Becken auf einen Erdwall zulief. Und Dupin wäre beinahe geradeaus in das Becken gelaufen. Geschickt und mit unvermindertem Tempo marschierte der korpulente Jaffrezic den Damm entlang, bis zu einem Spalt.

»Sie müssen sich vorstellen, dass wir über diese schmalen Dämme und Stege sogar mit den voll beladenen Schubkarren fahren.«

Im nächsten Augenblick sahen sie auf einem breiten Grasstreifen zwischen zwei Salinen eine Reihe hoher Salzberge auf grünen Planen, daneben, ebenso als Reihe angeordnet, blaue Plastikfässer. Dupin schätzte sie auf siebzig, achtzig Zentimeter hoch, vierzig, fünfzig Zentimeter im Durchmesser.

»Ihre mysteriösen Fässer. Voilà! – Sehen Sie, das ist das normale Gros Sel. Das wird unser Sel Moulin. – Es bildet sich anders als das Fleur de Sel, die Salzkristalle setzen sich auf den Tonböden des Erntebeckens ab. – Wenn Wind und Sonne wollen! Die Böden geben dem Salz die besondere hellgraue Farbe.«

Dupin hatte sich vor die Fässer gestellt und betrachtete sie. Rose gesellte sich zu ihm.

Die Fässer waren leer. Alle. Standen ordentlich in Reih und Glied. Es gab sie also wirklich. Blaue Fässer in den Salinen. Immerhin. Der Salzbauer schien sich nicht daran zu stören, dass die Kommissare abgelenkt waren.

»Wie auch immer. Es wird mit einer Schubkarre zum Rand der Saline gebracht. Nach zwei Tagen des Trocknens dann hier in die Fässer gefüllt. In ihnen wird es dann auch in den Hallen gelagert. Bis es abgepackt wird. – Und darin erschöpft sich das ganze Mysterium der blauen Fässer.«

Rose und Dupin hatten nun wieder aufmerksam zugehört.

»Die Fässer dienen Ihnen ausschließlich zu diesem Zweck?«, übernahm Dupin das Wort.

»Absolut.«

»Und sie werden nur in Ihrer Kooperative verwendet?«

»Wir sprechen von siebenundsechzig Paludiers!«

Dupin hatte sein Clairefontaine gezückt. Endlich. Er hätte es eben beim Aussteigen fast wieder vergessen (das war kein gutes Zeichen), im letzten Moment hatte er daran gedacht. Er begann, einige Dinge festzuhalten. Nach dem simplen Prinzip, was ihm wichtig schien. Intuitiv. Dies wiederum allerdings in aufwendiger Systematik.

»Und wie könnten einige dieser Fässer in die Salinen von Monsieur Daeron gelangt sein?«

»Das ist unmöglich.«

»Aber geschehen«, Dupin spürte einen richtiggehenden Affekt.

»Was hat sich dort abgespielt nach Ihrer Meinung, Monsieur Jaffrezic?«, schaltete sich nun Rose ein.

»Haben Sie die Fässer dort gesehen? Wie gesagt: Ich halte das für ausgeschlossen. Nicht unsere Fässer!«

Dupin und Rose schwiegen.

»Vielleicht«, Jaffrezic machte eine Kunstpause, »waren es die verrückten Zwerge von Mikaël. Aus Pradel. Wer weiß?«

Dupin konnte gar nicht mehr zählen, wie oft ihm in Ermittlungen keltische Legenden und Sagen erzählt worden waren. Zur Ablenkung, zur Erheiterung – oder, und das war nicht selten der Fall: aus vollem Ernst.

»Sobald der letzte Paludier abends die Salinen verlassen hat, gehören die Salinen nicht mehr uns Menschen. Sie merken es sofort. Dann geht es hier nicht mehr mit rechten Dingen zu«, Jaffrezic machte das sehr effektvoll (und er beschrieb gut, wie Dupin sich gestern Abend gefühlt hatte): »Dann gehören die Salinen ihnen, und sie kommen hervor, die Zwerge: zehn, hundert, tausend. Mit Schubkarren in Blau – in Blau, wie Ihre Fässer. Sie haben früher nachts die Salinen des Mikaël bestellt, dem es zu viel Arbeit war, bis sie eines Nachts einen gigantischen Salzberg aufgeschüttet hatten, der alle Salinen unter sich begrub, fünfzig Meter reinstes Salz.«

Jaffrezic schaute sie mit theatralischem Blick an.

»Teuflische kleine Wesen. Sie treiben bis heute ihr Unwesen. Und nicht nur sie!«

Er brach in ein kurzes, lautes Lachen aus.

»Monsieur Jaffrezic, sehen Sie bei irgendjemandem ein Motiv, Maxime Daerons Ernte zu sabotieren?«

Commissaire Rose hatte die lustige Legende vollkommen unbeeindruckt gelassen. Dupin hatte an Riwal denken müssen. Er kannte sie gewiss.

Erste Liebe

I

In den ersten Jahren dieses Jahrhunderts stand im Schaufenster eines Reisebüros auf dem Newskij-Prospekt das meterlange Modell eines eichenbraunen internationalen Schlafwagens. In seiner zierlichen Naturgetreuheit stellte es das bemalte Blech meiner Aufzieheisenbahnen völlig in den Schatten. Unglücklicherweise war es nicht verkäuflich. Im Innern konnte man die blaue Polsterung erkennen, die bossierte Lederverkleidung der Abteilwände, ihre polierte Holztäfelung, eingelassene Spiegel, tulpenförmige Leselampen und andere betörende Einzelheiten. Breite Fenster wechselten mit schmaleren, die einzeln oder paarweise angeordnet waren, und einige von den schmaleren hatten Milchglasscheiben. In mehreren Abteilen waren die Betten gemacht.

Der Nord-Express, in jenen Tagen noch groß und herrlich (nach dem Ersten Weltkrieg war er nie wieder der gleiche), bestand ausschließlich aus solchen Wagen, verkehrte nur zweimal die Woche und verband Petersburg mit Paris. Ich hätte gesagt: direkt mit Paris, wären die Reisenden nicht genötigt gewesen, einmal in einen ihm oberflächlich gleichenden Zug umzusteigen – an der russisch-deutschen

Grenze (Wershbolowo-Eydtkuhnen), wo die normale europäische Spurweite von 1 m 435 mm die breite und behäbige russische von 1 m 524 mm ablöste und Kohle an die Stelle der Birkenscheite trat.

Am anderen Ende meines Geistes vermag ich mindestens fünf solcher Reisen nach Paris, deren endgültiges Ziel die Riviera oder Biarritz war, aus einem Knäuel zu lösen. Im Jahre 1909, das ich jetzt herausgreifen möchte, waren meine beiden kleinen Schwestern in der Obhut der Kindermädchen und Tanten zu Hause geblieben. Mit Handschuhen und einer Reisemütze saß mein Vater in einem Abteil, das er mit unserem Hauslehrer teilte, und las ein Buch. Ein Waschraum trennte sie von meinem Bruder und mir. Meine Mutter und ihr Mädchen hatten ein Abteil neben unserem. Der Ungerade unserer Reisegesellschaft, Ossip, der Diener meines Vaters (den die pedantischen Bolschewisten zehn Jahre später erschießen sollten, weil er sich unsere Fahrräder angeeignet hatte, statt sie dem Volk zu überlassen), teilte sein Coupé mit einem Fremden.

Im April jenes Jahres hatte Peary den Nordpol erreicht. Im Mai hatte Schaljapin in Paris gesungen. Im Juni hatte das Kriegsministerium der Vereinigten Staaten, beunruhigt von Gerüchten über neue und bessere Zeppeline, Reportern gegenüber etwas von Plänen für eine Luftflotte verlauten lassen. Im Juli war Blériot von Calais nach Dover geflogen (mit einer kleinen zusätzlichen Schleife, als er seine Richtung verlor). Jetzt war es Ende August. Die Tannen und Sümpfe Nordwestrußlands flogen vorüber und wichen am Tag danach den Kiefern, dem Sand und der Heide Deutschlands.

An einem herabklappbaren Tischchen spielten meine Mutter und ich ein Kartenspiel, das sich *duratschki* nannte. Obwohl es noch hell am Tage war, spiegelten sich im Fenster unsere Karten, ein Glas und auf einer anderen Ebene die Kofferschlösser. Durch Feld und Wald, in plötzlichen Hohlwegen und unter enteilenden Hütten spielten jene körperlosen Hasardeure unentwegt um unentwegt funkelnde Einsätze.

»*Ne budet-li, ty wed ustal* (hast du nicht genug, du bist doch müde)?« fragte meine Mutter und versank in Gedanken, während sie langsam die Karten mischte. Die Abteiltür stand offen, und ich konnte das Gangfenster sehen, wo die Drähte – sechs dünne schwarze Drähte – ihr Bestes taten, um anzusteigen, um sich himmelwärts zu schwingen, den blitzartigen Schlägen zum Trotz, die ihnen ein Telegraphenmast nach dem anderen versetzte; doch gerade, wenn alle sechs in einem triumphalen Aufschwung rührender Begeisterung im Begriff standen, den oberen Rand des Fensters zu erreichen, holte ein besonders tückischer Schlag sie auf ihre vormalige Tiefe herunter, und sie mußten von vorn anfangen.

Wenn der Zug auf Reisen wie dieser durch irgendeine große deutsche Stadt kam, seine Geschwindigkeit zu einem würdigen Paßgang minderte und Hausfassaden und Ladenschilder um ein Haar streifte, fühlte ich eine zweifache Erregung, wie sie mir die Zielbahnhöfe nie verschaffen konnten. Ich sah eine Stadt mit ihren Spielzeugstraßenbahnen, Linden und Ziegelmauern ins Abteil dringen, mit den Spiegeln schäkern und die Fenster auf der Seite des Ganges bis zum Rand füllen. Diese zwanglose Berührung von Zug und Stadt machte den einen Teil des Reizes aus. Der andere bestand darin, daß ich mich an die Stelle irgendeines Passanten versetzte, der – so stellte ich mir vor – ebenso entzückt war, wie ich es an seiner Stelle gewesen wäre, die langen, romantischen, nußbraunen Wagen mit ihren fledermausflügelschwarzen Harmonikas und ihren in der niedrigstehenden Sonne kupfern glänzenden Metallaufschriften gemächlich eine Eisenbahnbrücke, die über eine alltägliche Hauptstraße führte, überqueren und dann mit aufblitzenden Fenstern um einen letzten Häuserblock entschwinden zu sehen.

Diese optischen Amalgamierungen hatten auch ihre Kehrseiten. Der breitfenstrige Speisewagen, eine Allee keuscher Mineralwasserflaschen, mitraartig gefalteter Servietten und bunter Schokoladentafelattrappen (deren Hüllen – Cailler, Kohler und so weiter – nichts als Holz enthielten), schien nach den schwankenden blauen Gängen zunächst ein kühles Refugium; aber während die Mahlzeit auf ihr verhängnisvolles letztes Gericht zuging, ertappte man den Wagen immer wieder dabei, daß er mitsamt seinen taumelnden Kellnern rücksichtslos in die Landschaft gestoßen wurde, die ihrerseits eine komplizierte Folge von Bewegungen durchlief – ein Tagmond hielt beharrlich Schritt mit dem Teller, die fernen Wiesen öffneten sich wie Fächer, die nahen Bäume flogen auf unsichtbaren Schaukeln an den Bahndamm heran, ein Parallelgleis beging unversehens Selbstmord durch Anastomosis, und eine Böschung blinzelnden Grases stieg und stieg und stieg, bis der kleine Zeuge durcheinandergeratener Geschwindigkeiten seine Portion *omelette aux confitures de fraises* wieder von sich geben mußte.

Nachts jedoch wurde die *Compagnie Internationale des Wagon-Lits et des Grands Express Européens* dem Zauber ihres Namens erst wirklich gerecht. Von meinem Bett unter der Koje meines Bruders aus (schlief er? war er überhaupt da?) beobachtete ich im Halbdunkel unseres Abteils, wie sich Gegenstände und Teile von Gegenständen und Schatten und Stücke von Schatten behutsam hin und her bewegten, ohne irgendwohin zu gelangen. Leise knarrte und ächzte die Holztäfelung. Ein undeutliches Kleidungsstück an einem Haken und die Quaste einer blauen, doppelschaligen Nachtlampe schwangen neben der Tür zur Toilette im Takt hin und her. Es war schwer, eine Beziehung zwischen diesen zögernden Annäherungen, dieser verkappten Heimlichkeit und der ungestüm vorüberrauschenden Nacht draußen herzustellen, von der ich nur wußte, daß sie tatsächlich vorüberrauschte – funkengestreift und unlesbar.

Wenn ich einschlafen wollte, brauchte ich mir nur vorzustellen, ich sei der Lokomotivführer. Ein Gefühl schläfrigen Wohlbehagens durchströmte meine Adern, sobald ich alles wohlgeordnet wußte – die sorglosen Reisenden in ihren Abteilen waren die Fahrt zufrieden, die sie mir verdankten, sie rauchten, lächelten einander wissend zu, nickten und dösten; die Kellner und Köche und Schaffner (die ich irgendwo unterbringen mußte) veranstalteten im Speisewagen ein Trinkgelage; und ich selber starrte rußig und mit einer Schutzbrille vor den Augen aus dem Lokführerstand auf die spitz zulaufenden Gleise, auf den rubinroten oder smaragdgrünen Punkt in der schwarzen Ferne. Und im Schlaf dann erblickte ich etwas ganz anderes – eine Glasmurmel, die unter einen Konzertflügel rollte, oder eine

Spielzeuglokomotive, die auf der Seite lag und deren Räder sich munter weiterdrehten.

Manchmal, wenn der Zug seine Geschwindigkeit drosselte, wurde der Strom meines Schlafs unterbrochen. Langsame Lichter stolzierten vorüber; jedes lugte im Vorbeigehen in denselben Spalt, und ein leuchtender Zirkel maß die Schatten. Kurz darauf hielt der Zug mit einem langgezogenen Westinghouseschen Seufzer. Irgend etwas (die Brille meines Bruders, wie sich am nächsten Tag herausstellte) fiel von oben herunter. Es war wunderbar aufregend, zum Fußende des Bettes zu kriechen, wobei man die Hälfte des Bettzeugs hinter sich herzerrte, um vorsichtig den Haken des Fenstervorhangs zu lösen, den man nur bis zur Hälfte des Fensters hochschieben konnte, da ihm die Kante des oberen Bettes im Wege war.

Wie die Monde um den Jupiter kreisten bleiche Nachtfalter um eine einsame Lampe. Auf einer Bank regte sich eine zergliederte Zeitung. Irgendwo im Zug konnte man gedämpfte Stimmen und ein behagliches Husten hören. Das Stück Bahnsteig vor mir war nicht besonders interessant, und dennnoch konnte ich mich nicht von ihm losreißen, bis es sich von selbst zurückzog.

Am nächsten Morgen sagten mir mißgestaltete Weiden, die einen radialen Graben säumten, oder eine ferne Pappelreihe, durch die sich ein milchig-weißer Nebelstreifen zog, daß der Zug durch Belgien zuckelte. Um vier Uhr nachmittags war er in Paris, und selbst wenn wir nur eine Nacht dort blieben, hatte ich immer Zeit, mir irgend etwas zu kaufen – einen kleinen, ziemlich unordentlich mit Silberfarbe bemalten Eiffelturm aus Messing zum Beispiel –, bevor wir am folgenden Mittag in den Süd-Express stiegen, der uns auf seinem Weg nach Madrid um zehn Uhr vormittags auf dem Bahnhof Biarritz-La Négresse absetzte, einige Kilometer vor der spanischen Grenze.

2

Biarritz hatte seine Eigenart in jenen Tagen noch bewahrt. Staubige Brombeersträucher und *terrains à vendre* voller Unkraut säumten die Straße, die zu unserer Villa führte. Das Carlton-Hotel war noch im Bau. Etwa sechsunddreißig Jahre mußten noch verstreichen, bis Brigadegeneral Samuel McCroskey das königliche Appartement des Hôtel du Palais bezog, eines Gebäudes, das auf dem Grundstück eines früheren Palastes steht, wo man in den sechziger Jahren jenes unerhört wendige Medium, Daniel Home, dabei überrascht haben soll, wie er mit seinem bloßen Fuß (in Nachahmung einer Geisterhand) das gütige, vertrauensvolle Gesicht der Kaiserin Eugénie streichelte. Auf der Promenade am Casino steckte eine ältliche Blumenfrau mit Kohleaugenbrauen und einem angemalten Lächeln die dicke Wulst einer Nelke behende in das Knopfloch eines angehaltenen Spaziergängers, dessen linke Wange sich noch königlicher faltete, wenn er auf die Blume hinunterschielte, die ihm da gewandt angesteckt wurde.

Auf dem hinteren Teil der *plage* standen die verschiedensten Strandstühle und -hocker, und auf ihnen saßen die Eltern der Kinder, die Strohhüte trugen und vorne im Sand spielten. Mich zum Beispiel konnte man auf den Knien mit dem Versuch beschäftigt sehen, einen gefundenen Kamm mit Hilfe eines Brennglases in Brand zu setzen. Die Männer hatten weiße Hosen an, die für heutige Begriffe aussähen, als seien sie in der Wäsche lächerlich eingelaufen; die Damen trugen in jener Saison leichte Mäntel mit Seidenaufschlägen, Hüte mit großem Kopf und weitem Rand, dicht bestickte weiße Schleier, Blusen mit Brustkrausen, Krausen an den Handgelenken, Krausen an den Sonnenschirmen. Die Brise machte einem die Lippen salzig. Mit gewaltiger Geschwindigkeit flatterte ein verirrter goldorangenfarbener Schmetterling über den wimmelnden Strand.

Für weitere Bewegung und weiteren Lärm sorgten die Verkäufer, die *cacahuètes*, kandierte Veilchen, himmlisch grünes Pistazieneis, Cachous und riesige, konvexe Stücke einer trockenen, sandsteinartigen Masse aus einem roten Faß feilboten. Mit einer Klarheit, die keine späteren Erinnerungsüberlagerungen getrübt haben, sehe ich den Waffelmann mit dem schweren Faß auf dem gebeugten Rücken durch den tiefen, mehligen Sand waten. Wenn man ihn rief, streifte er es mit einer Drehung des Gurtes von der Schulter, knallte es auf den Sand, wo es wie der schiefe Turm von Pisa zu stehen kam, wischte sich das Gesicht mit dem Ärmel und setzte eine Art Wahlvorrichtung mit einem Pfeil und Zahlen auf dem Faßdeckel in Bewegung. Der Pfeil scharrte und schwirrte im Kreis herum. Fortuna war es überlassen, die Größe einer Waffel zu bestimmen, die man für einen Sou bekam. Je größer das Stück, desto mehr tat er mir leid.

Die Badeprozedur spielte sich an einem anderen Teil des Strandes ab. Berufsmäßige Bademeister, stämmige Basken in schwarzen Badeanzügen, waren zur Stelle, um den Damen und Kindern behilflich zu sein, sich der Schrecken der Brandung zu erfreuen. Ein solcher *baigneur* stellte einen mit dem Rücken zur heranrollenden Welle und hielt einen an der Hand, wenn der steigende, wirbelnde Schwall schäumenden grünen Wassers von hinten auf einen niederging und den Füßen mit einem mächtigen Schlag den Halt nahm. Nach einem Dutzend derartiger Stürze führte der *baigneur*, selber glänzend wie ein Seehund, seinen keuchenden, fröstelnden, feucht schnüffelnden Schützling landwärts zum flachen Strand, wo eine unvergeßliche alte Frau mit grauen Haaren auf dem Kinn einem unverzüglich einen Bademantel von mehreren aussuchte, die dort an einer Wäscheleine hingen. In der Sicherheit einer kleinen Kabine half einem ein weiterer Wärter, sich des triefenden, vom Sand schweren Badeanzugs zu entledigen. Er klatschte auf die Bretter, und immer noch zitternd vor Kälte trat man aus ihm heraus und trampelte auf seinen diffusen bläulichen Streifen herum. Die Badekabine roch nach Fichtenholz. Der Wärter, ein Buckliger mit vergnügt strahlenden Runzeln, brachte eine Schüssel dampfend heißen Wassers, in die man die Füße tauchte. Von ihm erfuhr ich etwas, das ich seitdem in einer gläsernen Zelle meines Gedächtnisses verwahre – daß Schmetterling in der baskischen Sprache *misericoletea* heißt – oder zumindest klang es so (unter den sieben Wörtern, die ich in Wörterbüchern gefunden habe, kommt *micheletea* ihm noch am nächsten).

Auf dem brauneren und nasseren Teil der *plage*, der bei Ebbe den besten Schlamm lieferte, um Burgen damit zu bauen, geschah es, daß ich eines Tages Seite an Seite mit einem kleinen französischen Mädchen namens Colette buddelte.

Sie wurde zehn im November, ich war im April zehn geworden. Ich wies auf ein zackiges violettes Muschelstückchen hin, auf das sie mit der bloßen Sohle ihres schmalen, langzehigen Fußes getreten war. Nein, ich war kein Engländer. Ihre grünlichen Augen schienen mit dem Überschuß der Sommersprossen gesprenkelt, die die scharfen Züge ihres Gesichts bedeckten. Sie trug, was man heute einen Spielanzug nennen würde, ein blaues Trikothemd mit aufgekrempelten Ärmeln und kurze blaue Strickhosen. Ich hatte sie zunächst für einen Jungen gehalten, aber dann hatten mich das Armband um ihr schmales Handgelenk und die braunen Korkenzieherlocken, die unter ihrer Matrosenmütze hervorhingen, stutzig gemacht.

Ihre Sprache war ein jähes, vogelartiges, schnelles Gezwitscher, in dem sich Gouvernantenenglisch und Pariser Französisch vermengten. Zwei Jahre zuvor war ich auf dem gleichen Strand dem liebreizenden, sonnengebräunten Töchterchen eines serbischen Arztes zugetan gewesen; doch als ich Colette kennenlernte, wurde mir sogleich klar, daß dies jetzt das Richtige war. Colette schien mir soviel fremdartiger als meine anderen zufälligen Spielgefährten in Biarritz. Irgendwie gewann ich den Eindruck, daß sie weniger glücklich war als ich, daß man ihr weniger Liebe entgegenbrachte. Ein blauer Fleck auf ihrem zarten, flaumigen Unterarm gab zu schrecklichen Vermutungen Anlaß. »Er kneift genau so doll wie Mammi«, sagte sie und meinte einen Krebs. Ich entwarf verschiedene Pläne, um sie vor ihren Eltern in Sicherheit zu bringen, die »*des bourgeois de Paris*« waren, wie irgend jemand in meinem Beisein mit einem leichten Achselzucken zu meiner Mutter bemerkt hatte. Ich deutete mir die Geringschätzung auf meine Art, da ich wußte, daß diese Leute die ganze Strecke von Paris in ihrer gelb-blauen Limousine gekommen waren (ein mondänes Abenteuer in jener Zeit), Colette jedoch schäbigerweise in Begleitung ihres Hundes und ihrer Gouvernante mit dem Personenzug geschickt hatten. Der Hund war ein weiblicher Foxterrier mit Schellen am Halsband und einem höchst wedligen Hinterteil. Aus lauter Übermut leckte er Salzwasser aus Colettes Spielzeugeimer. Ich erinnere mich an das Segel, den Sonnenuntergang und den Leuchtturm, die auf diesem Eimer abgebildet waren, aber mir will der Name des Hundes nicht einfallen, und das läßt mir keine Ruhe.

Während unseres zweimonatigen Aufenthalts in Biarritz übertraf meine Liebe zu Colette beinahe meine Schmetterlingsleidenschaft. Da meine Eltern keinen Wert darauf legten, mit den ihren zusammenzutreffen, sah ich sie nur am Strand; doch unablässig waren meine Gedanken bei ihr. Wenn ich feststellte, daß sie geweint hatte, fühlte ich einen hilflosen Schmerz in mir aufwallen, der mir Tränen in die Augen trieb. Ich konnte die Mücken nicht umbringen, die ihren zarten schmalen Hals zerstochen hatten, aber ich konnte mich mit einem rothaarigen Jungen prügeln (und ich tat's), der ruppig zu ihr gewesen war. Sie pflegte mir warme Hände voller harter Bonbons zu geben. Eines Tages, als wir uns zusammen über einen Seestern beugten und ihre Ringellocken mein Ohr kitzelten, drehte sie sich plötzlich zu mir um und drückte mir einen Kuß auf die Wange. Meine Bewegung war so groß, daß mir keine andere Antwort einfiel als: »Du Äffchen.«

Ich besaß eine Goldmünze, die ich ausreichend glaubte für unsere Flucht. Wohin wollte ich sie entführen? Nach Spanien? Amerika? In die Berge oberhalb Pau? »*Là-bas, là-bas, dans la montagne*«, wie ich Carmen in der Oper singen gehört hatte. In einer merkwürdigen Nacht lag ich wach, lauschte auf das regelmäßige dumpfe Rauschen des Ozeans und schmiedete den Plan für die Flucht. Der Ozean schien sich in der Dunkelheit zu erheben, umherzutasten und dann schwer auf sein Gesicht zu fallen.

Von unserer eigentlichen Flucht habe ich wenig zu berichten. In meiner Erinnerung sehe ich, wie sie sich auf der Leeseite eines flatternden Zeltes gehorsam Leinenschuhe mit Hanfsohlen anzieht, dieweil ich ein zusammenklappbares Schmetterlingsnetz in eine braune Papiertüte stopfe. Als nächstes sehe ich, wie wir, um der Verfolgung zu entgehen, ein stockdunkles Kino in der Nähe des Casinos betreten (das uns selbstverständlich absolut verboten war). Dort saßen wir, reichten uns über den Hund hinweg, der auf Colettes Schoß hin und wieder ein leises Geklingel hören ließ, die Hände, und betrachteten uns einen zittrigen, verregneten, aber höchst aufregenden Stierkampf in San Sebastian. Endlich sehe ich noch, wie ich von meinem Lehrer die Promenade entlanggeführt werde. Seine langen Beine schreiten unheilverkündend forsch aus, und ich kann erkennen, wie sich die Muskeln seiner grimmig verzogenen Kinnbacken unter der straffen Haut bewegen. Mein bebrillter neunjähriger Bruder, den er an der anderen Hand hält, geht hin und wieder ein Stück voraus, um wie eine kleine Eule mit entsetzter Neugier zu mir herüberzublicken.

Unter den trivialen Andenken, die ich vor der Abreise in Biarritz erwarb, sind mir weder der kleine Stier aus schwarzem Stein noch die tönende Muschel die liebsten, sondern etwas, das mir heute fast symbolisch vorkommt – ein Federhalter aus Meerschaum mit einem winzigen kristallenen Guckloch an seinem verzierten Ende. Man hielt es ganz dicht vor das Auge, kniff das andere zu, und wenn einem dann auch die eigenen flimmernden Wimpern nicht mehr im Wege waren, erblickte man im Innern eine wunderbare photographische Ansicht der Bucht und der Klippenreihe, die mit einem Leuchtturm endete.

Und jetzt geschieht etwas Herrliches. Indem ich mir jenen Federhalter und den Mikrokosmos in seiner kleinen Öffnung wieder vorstelle, wird mein Gedächtnis zu einer letzten Anstrengung angespornt. Noch einmal versuche ich, mich an den Namen von Colettes Hund zu erinnern – und wirklich, er kommt, er kommt, jene fernen Ufer entlang, über die leuchtenden Abendsände der Vergangenheit, wo sich jeder Fußstapfen langsam mit Sonnenuntergangswasser füllt, widerhallend und tremolierend: Floss, Floss, Floss!

Colette war wieder in Paris, als wir unsere Heimreise dort für einen Tag unterbrachen; und eben dort sah ich sie (dank einer Übereinkunft unserer Erzieher, glaube ich) in einem rehbraunen Park unter einem kalten blauen Himmel zum letzten Male. Sie trug einen Reifen und einen kurzen Stock, um ihn vor sich herzutreiben, und alles an ihr war außerordentlich adrett und elegant, war herbstliche, pariserische *tenue-de-ville-pour-fillettes.* Von ihrer Gouvernante nahm sie ein Abschiedsgeschenk entgegen, das sie meinem Bruder in die Hand steckte, eine Schachtel Mandeldragees, die – das wußte ich – ganz allein für mich bestimmt waren; und schon war sie wieder fort, trieb mit leichten Schlägen ihren schimmernden Reifen durch Licht und Schatten und immer im Kreis um einen von welken Blättern verstopften Springbrunnen, neben dem ich stand. Das Laub vermengt sich in meiner Erinnerung mit dem Leder ihrer Schuhe und Handschuhe, und irgendeine Einzelheit ihrer Kleidung (vielleicht ein Band an ihrer Schottenmütze oder das Muster ihrer Strümpfe) erinnerte mich, soviel weiß ich noch, an die Regenbogenspirale in einer Glasmurmel. Immer noch scheine ich jenes schimmernde Wölkchen zu halten, ungewiß, wohin damit, während sie mit ihrem Reifen schneller und schneller um mich herumwirbelt und sich endlich zwischen den schlanken Schatten auflöst, die von den verschlungenen Bögen eines niedrigen Schleifenzaunes auf den Kiesweg geworfen werden.

Rien ne vas plus

Antoine Bazin war ein gewissenhafter Mensch. Er war nie voreilig, stets dachte er zuerst nach, bevor er handelte. Weil dies oft eine gewisse Zeit in Anspruch nahm, galt Bazin bei den wenigen Menschen, die ihn wirklich kannten, nicht unbedingt als besonders schnell. Aber eben als sehr gewissenhaft, und er selbst fand, dass dies wesentlich wichtiger war. Denn eine schnelle Entscheidung war selten die richtige. Eine gewissenhafte Entscheidung blieb hingegen, ob richtig oder falsch, doch immer gewissenhaft. So sah er das.

Und daher war er verblüfft, wie sehr er an jenem Abend von sich selbst überrumpelt wurde. Nach mehr als zehn Jahren als Croupier im Casino von Deauville traf er eine Entscheidung, die nicht nur schnell war, sondern auch grundlegend falsch. Und eben überhaupt nicht gewissenhaft. Aber als er das bemerkte, war es bereits zu spät, und am Ende der Nacht war Antoine Bazin tot.

Der Mann kam gegen dreiundzwanzig Uhr an seinen Tisch. Er war nicht sehr groß, eher jung als alt, was aber aufgrund seines etwas gedrungenen Körpers schwer einzuschätzen war. Bazin hatte das unbestimmte Gefühl, ihn schon einmal gesehen zu haben. Zwei andere Croupiers saßen mit ihm am Tisch, und noch ein weiterer, es war an diesem Abend Bécaud, etwas abseits auf einem leicht erhöhten Holzstuhl.

Er hätte wissen müssen, dass sein Fehler nicht unbemerkt blieb. Mit Bécaud war nicht zu spaßen, das galt für Spieler wie für Croupiers.

Bazin hatte dem Mann, der jetzt zwei Stühle neben ihm einen frei gewordenen Platz einnahm, zuerst auf die Hände geschaut. Das tat er immer bei einem neuen Spieler, und aus dem Augenwinkel konnte er sehen, wie die anderen Croupiers den Neuen ebenfalls musterten. Oben auf seinem Sitz beobachtete auch Bécaud in diesem Moment misstrauisch jede Bewegung des Gastes. Der Croupier aber, der dem neuen Spieler am nächsten saß, war nun mal er, Bazin. Erst im Laufe der Nacht würde ihm klar werden, dass der Fehler, den er gemacht hatte, bereits zu diesem frühen Zeitpunkt unvermeidlich gewesen war.

Bazins Tisch stand im linken Teil des großen Saals. Das Licht der Kronleuchter spiegelte sich auf den Gläsern und Zigarettenetuis der acht Spieler und wurde von dort auf den Roulettetisch geworfen. Ein stetes Murmeln schob sich durch den Raum, begleitet vom feinen Klicken der Kugel, die erst zögernd, dann zielsicher auf der 24 landete, gefolgt von den kurzen und präzisen Ansagen des Croupiers.

»24, schwarz, *Pair* und *Passe,* gerade und in der zweiten Hälfte des Tisches. Mittleres Dutzend.«

Ein Schieber glitt über den Filz und sammelte die Einsätze ein, während gleichzeitig die Gewinne in fließenden Bewegungen ausgeteilt wurden. Kein Jeton gelangte an eine falsche Stelle. Die Hände des Mannes lagen auf dem Tisch wie zwei Stücke totes Fleisch.

Hände, die sich wenig bewegten, waren schwer zu lesen. Und Antoine Bazin war einer der Besten, wenn es darum ging, Hände zu lesen, die Absichten ihres Besitzers am Trommeln der Finger zu erkennen, am nervösen Verschieben eines Eherings. Gepflegte Hände, zitternde Hände. Schweiß, Unruhe, Gelassenheit. Eine *Transversale,* das Setzen auf eine Querreihe aus drei Zahlen, als maximales Risiko. Die Bereitschaft zur Unvernunft. Ein Kolonnen-Spieler. *Passe* und *Manque,* den ganzen Abend. Oder ein *Cheval,* das Setzen auf zwei nebeneinanderliegende Zahlen. Hohes Risiko. Auszahlungsquote 17:1. Bazin brauchte oft nur wenige Augenblicke, um seine Spieler im Kopf zu sortieren. Er schob sie in Schubladen, im gleichen Rhythmus, wie der Schieber die Jetons von ihnen wegholte. Er gab ihnen Namen und Bezeichnungen, sortierte sie in eine bestimmte Reihenfolge und änderte diese, wenn ein Spieler sich vom Tisch erhob. Bazin räumte gerne auf, und die Gedanken an sein langweiliges Leben außerhalb des Casinos kamen dabei in seinem Kopf stets weit nach hinten. Er durfte gar nicht erst an das viele Geld denken, das in Form von Jetons vor ihm lag. Ein neues Leben an einem anderen Ort, weniger trostlos. Es lag jeden Abend vor ihm, dieses Leben, und er sortierte es, stapelte und ordnete es nach Größe und Farben.

Und er gab es aus den Händen, jedes Mal.

Aber immerhin, er räumte auf, das gefiel ihm. Nur wenn jemand diese Aufräumarbeiten behinderte, sie ins Stocken gerieten, brachte ihn das aus der Ruhe. Und genau das geschah gegen dreiundzwanzig Uhr, als jener Mann sich an seinen Tisch setzte, beim Kellner einen Wodka bestellte und seine toten Hände auf den grünen Filz legte. Antoine Bazin gab ihm den Namen *Schnitzel*.

Er hasste Unordnung.

Sie verursachte Schmerzen am ganzen Körper, sie ließ ihn fahrig werden und unkonzentriert. Roulette hatte eine Ordnung, so wie Bazins Leben eine Ordnung hatte. Es gab siebenunddreißig Felder, es gab Rot und Schwarz, *Pair* und *Impair*. *Passe* und *Manque* waren nicht hinterfragbar. Links, rechts, Mitte. Dazu Reihen und Blöcke. Wer Roulette spielte, der musste sich an eine perfekt komponierte Ordnung halten, so wie sich Bazin an den Weg hielt, den die rollende Kugel des Lebens ihm zugewiesen hatte. Seine kleine Wohnung an der Hauptstraße von Blonville lag auf der linken Seite, Hausnummer 29. *Impair, Passe*. Drittes Dutzend. Er wohnte im zweiten Stock, rechts. *Pair, Manque*. Mittlere Kolonne. Sein Klingelschild war rot. Wenn er auf dem Weg zur Arbeit die Hauptstraße überquerte und etwas vergessen hatte, kehrte er niemals einfach um. Lieber würde er drüben ankommen, sich umdrehen und wieder zurückgehen.

Keine Unordnung.

Erst recht nicht, wenn es um Geld ging.

Unter all den Unmöglichkeiten, die das Leben ihm aufbürden konnte, war demzufolge ein unsortierter Haufen Jetons die größte aller denkbaren Katastrophen. Bazin musste sich zwingen, nicht über den Tisch zu greifen, um die Jetons zu ordnen. Immerhin lag dort ein beträchtlicher Wert, einschließlich mehrerer eckiger blauer Jetons. Das *Schnitzel* musste zuvor an einem anderen Tisch groß abgeräumt haben. Bazin schwitzte. Er dachte an die Baustelle in seiner Straße, sein Bus hatte einen Umweg fahren müssen, und er war heute Morgen von der falschen Seite nach Hause gekommen. Links war rechts.

Unordnung. Er hätte ahnen müssen, dass dieser Tag kein guter werden würde.

Die Hände des Mannes waren grobschlächtig, sie sahen aus wie das ausgefranste Ende seiner mittlerweile erkalteten Zigarre. Vor ihnen der Haufen, in all seiner perversen Unordnung. Bazin schluckte.

»Faites vos jeux.«

Der Fehler geschah etwa zwei Stunden später. Aus dem Hügel war ein Berg geworden, und Bazin verabschiedete jeden Jeton, den er in Richtung des Mannes werfen musste, mit einem mitleidigen *»Au revoir«*.

Seine Schicht würde in dreißig Minuten enden.

9, rot, *Impair. Manque,* dritte Kolonne.

Ein selbstgefälliges Schnaufen von links, und Bazin wusste, wohin er gleich wieder sehr viel Geld würde schieben müssen. Das *Schnitzel* leerte mit einem Grinsen sein viertes Glas Wodka und wartete auf die Jetons. Er hatte eine *Transversale* gesetzt, auf 7, 8 und 9. Quote 11:1. Und obwohl Bazin ihm den Stapel fein geordnet hinüberschob, ließ der Mann die Jetons einzeln auf den Haufen fallen. Schließlich schob er seinen Stuhl nach hinten, stand auf und warf Bazin, ohne ihn dabei anzusehen, einen großen blauen Jeton zu. Dann blickte er auf die Uhr und murmelte: »Müsste längst fertig sein, die Schlampe.«

Er war mittlerweile sichtlich angetrunken.

In einer geschmeidigen Bewegung, die man nach mehr als zehn Jahren am Tisch beherrschen musste, hatte Bazin den Jeton mit der rechten Hand aufgegriffen, schob ihn über den Filz in seine linke Hand und ließ ihn von dort in einen für das Trinkgeld vorgesehenen Schlitz in der Tischplatte verschwinden. Er nickte dem Mann zu, der sich aber bereits abgewandt hatte.

Da war er. Der Fehler.

Antoine Bazin hatte an diese Hände denken müssen, an den unsortierten Haufen vor seinen Augen und an sein eigenes Leben, das ohne jede Ordnung wäre, wenn seine Mutter einmal sterben würde. Ein neues Leben bekam man nicht für einen eckigen Jeton. Aber vielleicht ein wenig Ablenkung. Letztendlich aber fällte er seine Entscheidung, ohne vorher wirklich darüber nachzudenken. Und ohne gewissenhaft zu sein.

Das schimmernde blaue Rechteck lag noch immer unter seiner linken Handfläche. Ein kleiner runder Jeton war dafür ungesehen im Schlitz verschwunden. Als er kurz darauf von einem anderen Croupier abgelöst wurde, bemerkte er, dass der Stuhl von Bécaud leer war.

Wenig später verließ Antoine Bazin das Casino durch den Personaleingang, draußen regnete es leicht, und die Straßenlaternen standen mit gesenkten Köpfen auf dem Pont des Belges. Ihr mattes Licht reichte kaum hinab zu den dunklen Wassern der Touques. Anfangs ging er noch etwas zaghaft, dann jedoch mit festem und zielgerichtetem Schritt hinüber auf die andere Seite des Flusses, der nicht weit von hier ins Meer mündete. Die Straßen waren menschenleer, der Wind trieb den Nebel von der Mündung herein, vorbei an den Platanen und den Fischerbooten, die an Seilen befestigt auf die Flut warteten. Eine Möwe schaukelte schlafend in der Mitte des Flusses, und Bazin überlegte kurz, ob er nicht doch lieber den Nachtbus nach Blonville hätte nehmen sollen. Linie sieben. Rot, ungerade, in der ersten Hälfte. Erste Kolonne. Aber dann dachte er an das ausgefranste Ende einer erkalteten Zigarre, an fleischige Hände, die ein Wodkaglas erwürgten, und an das Bündel Geld in der Innentasche seines eigenen billigen Mantels.

Bazin hatte die Entscheidung, hinüber nach Trouville zu laufen, sorgsam getroffen. Er hatte sich den blauen Jeton verdient, weil er den Anblick des Mannes ertragen hatte. Ein Stammkunde hatte sich für ihn den Jeton an der Kasse auszahlen lassen. Der Mann war eine treue Seele und ihm außerdem etwas schuldig. Bazin wusste, dass andere Croupiers ähnlich vorgingen, um ihren Stundenlohn zu erhöhen. Für ihn selbst war es das erste Mal, und er schämte sich dafür, genau wie für seinen Wunsch, das Geld im »Kakadu« auszugeben. Immerhin, er wollte es dort mit Bedacht einsetzen.

Er bog rechts ein in die Avenue du Président, ein Wagen tastete sich an ihm vorbei durch die Nacht. Er würde nach Janine fragen. Janine war jünger als er, aber nicht zu jung. Sie roch angeblich gut, sein Bruder war Stammkunde im »Kakadu« und hatte von ihr erzählt. Antoine Bazin war nirgendwo Stammkunde, außer im Zimmer seiner Mutter, die er tagsüber pflegte.

Er würde Janine bestimmt mögen, hatte sein Bruder gemeint und dabei höhnisch gelacht. Rote Haare, weiße Haut.

Sollte Janine nicht da sein, würde er wieder gehen. Das hatte er mit sich selbst beim Verlassen des Casinos vereinbart. Sie befand sich nach Angaben seines Bruders altersmäßig ungefähr in der Mitte des dritten Dutzend. Vielleicht zweiunddreißig, *Pair* und *Passe*. Quote 35:1. Der nächste Bus nach Blonville fuhr in einer halben Stunde. Noch konnte er ihn erreichen.

Als Bazin hinter sich Schritte hörte, blieb er stehen.

Die Touques gluckste zufrieden unterhalb der Brüstung. Der Nebel hatte sich mittlerweile bis auf Höhe des Kopfbahnhofes vorgeschoben, der auf der anderen Seite des Flusses kaum noch zu erkennen war. Er starrte in die Dunkelheit, konnte aber nichts sehen. Dabei hätte er schwören können, dass da Schritte waren. Weiter vorne erahnte er in einiger Entfernung das flackernde Licht über dem Eingang des »Kakadu«. Vor dem Haus konnte er eine Silhouette erkennen. Er räusperte sich, um die Stille zu vertreiben.

Als er sich umdrehte, sah er aber wieder nur die Schatten der Häuser und in der Ferne das schwankende Signallicht eines Kutters. Er nahm seine Brille ab, durch den Nebel begannen die Gläser zu beschlagen. Sein eigener Atem hing verloren in der Luft. Er dachte an Bécauds leeren Stuhl. Hatte er etwas mitbekommen? Aber wenn ja, hätte das Casino ihn nicht sofort festgehalten, kaum dass er den großen Saal verließ? Andererseits, Bécaud hatte ihn schon immer im Blick gehabt, ihn argwöhnisch beobachtet.

»Bazin, behalte deine Finger in der Nähe meiner Augen, dann werden wir beide die besten Freunde«, raunte er ihm immer wieder zu.

Ein blauer Jeton unter der Hand. Ein runder Jeton im Schlitz. Er drehte sich um und ging hastig in Richtung des Lichts, die Nacht verschluckte das Echo seiner Schritte.

Die Silhouette blickte ihn höhnisch an.

»Da hat es aber jemand eilig! Lange nicht mehr zum Zug gekommen, was?« Der Mann schnippte Asche von seiner Jacke. Er stand auf der obersten Stufe, direkt vor dem Eingang, und blickte auf Bazin herab.

»Guten Abend, ich möchte gerne …«

»Schon klar, was du willst. Aber so läuft das hier nicht. Warum sollte ich dich reinlassen?«

Bazin stammelte etwas, er fühlte sich unwohl. Er dachte an Janine. Eine andere wollte er nicht. Der Mann war größer als er, ein gewaltiger Brustkorb zeichnete sich unter der Sportjacke ab. Sein kahlrasierter Kopf glänzte im roten Neonlicht. Er grinste wie das *Schnitzel,* das soeben mit einer *Transversale* viel Geld gewonnen hatte.

»Ich kann bezahlen …« Bazin ahnte, dass er das nicht hätte sagen sollen, aber er fror, und der Nebel umhüllte ihn von allen Seiten.

»So, so, der Herr kann bezahlen. Beim Roulette gewonnen, oder was?«

Ihm wurde heiß, und er wollte wieder umkehren, aber die Dunkelheit hinter ihm hinderte ihn daran. Er dachte an die Schritte und nahm einen Schein aus seiner Innentasche, streckte ihn dem Mann entgegen und räusperte sich.

»Ah, das nenne ich mal ein gutes Argument!« Der Mann in der Sportjacke schob sich zur Seite und schlug Bazin lachend auf die Schulter. »Willkommen im ›Kakadu‹, das warme Zuhause für Gewinner und solche, die es gerne wären!« Ein schallendes Lachen begleitete Bazin nach drinnen.

Er nahm den Hut ab und öffnete den schweren Samtvorhang.

Janine hieß in Wirklichkeit Isabelle, und ihre echten Haare waren nicht rot, sondern durchzogen von einer aschblonden Müdigkeit. Die Arbeit im »Kakadu« hatte ihre Haut fahl werden lassen, um ihre Augen zeichneten sich die langen Nächte ab. Mittlerweile brauchte sie zwischen zwei Kunden ein paar Minuten länger, um sich aufzuhübschen. Es war daher nicht gerade von Vorteil, dass ihr Gast in ihrem Arm eingeschlafen war. In zwanzig Minuten würde Bruno an die Tür klopfen und sie auffordern, nicht herumzutrödeln.

Sie flüsterte leise Bazins Namen, es war an der Zeit. Außerdem wollte sie sich auf gar keinen Fall dem Gedanken hingeben, wie es wäre, in einem normalen Bett, einem normalen Zimmer, einem normalen Leben. Sie nahm einen Schluck Weißwein, der auf dem Nachttisch stand. Er ist nett, dachte sie. Ein netter, unscheinbarer Mann.

»*Allez*, Antoine, wachen Sie auf!«

Bazin murmelte etwas, drehte sich schlaftrunken um und griff nach einem Kissen. Janine kniff ihn in die Seite und blickte auf die Uhr. Noch zehn Minuten, verdammt.

»Raus jetzt, Bruno wird stinksauer, wenn ich nicht gleich wieder bereit bin!« Hastig begann sie, sich anzuziehen.

»Doppelt …«, murmelte Bazin, aber sie hörte ihm nicht zu, während sie nach ihrem Rock griff.

»Los! Hören Sie!«

»Ich habe das Doppelte bezahlt. Wir haben Zeit.« Bazin setzte sich jetzt mühsam auf, tastete nach seiner Brille und lächelte sie verlegen an. »Ich dachte, vielleicht … Also, wir könnten doch einfach liegen bleiben, oder?«

»Sie haben das Doppelte gezahlt? Warum haben Sie das nicht vorher gesagt, ich hätte Ihnen …«

»Nein, nein …«, stotterte er. »Ich wollte nur die Zeit. Einfach nur … die Zeit.«

Sie setzte sich wieder auf die Bettkante und blickte ihn unschlüssig an. Draußen flackerte die Neonanzeige und warf rote Linien auf ihr Gesicht.

»Was meinen Sie mit Zeit?«

»Wir haben noch genau zwei Stunden«, sagte Bazin und dachte an schwarz, *Pair, Manque*. Gewinnchance 2:1, er und sie. Und an diesen Bruno, der hinter der Bar gestanden und nach seinem Geld gegrabscht hatte. Er stand auf und zog sich an, um ihr zu zeigen, dass er sie nicht nackt wollte. Er hasste seinen schlaffen Körper und fühlte sich angezogen deutlich wohler.

»Und was machen wir jetzt, reden? Karten spielen?« Janine war immer noch verblüfft.

»Was du willst.«

Zwei Stunden. Sie zündete sich eine Zigarette an und ging ans Fenster. Der Nebel war noch dichter geworden, aber es wurde allmählich heller. Der Tag würde bald beginnen, und sie konnte mit einiger Mühe die Umrisse eines kleinen Fischkutters erkennen, der seinen Bug langsam Richtung Flussmündung drehte. Sie öffnete das Fenster einen kleinen Spalt.

Bazin hatte mittlerweile seine Hose und sein Hemd angezogen und setzte sich auf den roten Plüschsessel in der Ecke. Seine Hände spielten nervös mit dem halbleeren Weinglas, er hatte eigentlich gar nicht so viel trinken wollen. Er blickte durchs Zimmer. Das große Bett, der Spiegel, die Tapeten, die in den Ecken abgewetzt waren. In der linken oberen Ecke war ein Schimmelfleck zu sehen, hinter einem gelben Paravent stand ein kleiner Tisch mit Schminksachen. Er schloss die Augen und hörte das Geräusch eines eckigen blauen Jetons, der durch den Schlitz im Tisch hinabfiel. Er würde seiner Mutter Blumen kaufen. Einen großen Strauß Lilien vielleicht. Zwölf Lilien, *Pair, Manque,* dritte Kolonne. Weiß wie die Null.

Als er die Augen öffnete, kniete Janine direkt vor ihm. Er merkte, dass sie zitterte.

»Antoine. Sie müssen mir einen Gefallen tun.«

Als er das nächste Mal auf die Uhr blickte, blieben ihnen noch siebzehn Minuten. Schwarz. Ungerade. Fast in der Mitte des Tisches, am schwersten mit dem Schieber zu erreichen. Die 17 war keine gute Zahl, aber das war egal, denn dies war ein guter Moment.

Er spürte Janines warme Finger in seiner Hand und einen leichten Salzgeschmack auf den Lippen. Er hörte die Möwen hoch über ihnen und das leise Tuckern eines Bootes, das sich aus dem Hafen hinausschob auf die offene See. Er konnte den Sand zwischen den Zehen spüren und die aufsteigende Unruhe in seinem Innern. Siebzehn Minuten, das war nicht viel. Das Meer lag flach vor ihnen, wie der Spiegel über einem Tisch hinter einem gelben Paravent. Der Horizont hatte sich aufgelöst.

Sie waren durch den Hinterausgang des »Kakadu« geschlichen, wie zwei Diebe in der Nacht. Mit klopfendem Herzen hatte Bazin sie bei der Hand genommen und war mitten hineingelaufen in den Nebel. Die ersten Seeleute waren in den Straßen zu sehen, auf dem Weg zum Hafen. Die Flut kam mit schnellen, feuchten Schritten, und als sie über den Pont des Belges liefen, konnten sie sehen, wie ein blauer Kutter mit dem hübschen Namen *Notre Dame de Grâce* sich bereit machte, auszulaufen.

Meine Dame, dachte Bazin.

»Lassen Sie uns an den Strand gehen«, hatte Janine ihm in ihrem Zimmer zugeflüstert, ihr Atem ging schnell. »Ist es ruhig dort, jetzt um diese Zeit?«, hatte sie gefragt und ihn mit großen Augen angesehen.

»Janine, du weißt, dass du nicht raus …«

»Bitte! Ich will das Meer sehen. Und die Stille.«

Im engen, muffigen Zimmer des »Kakadu« hatte er es noch als seltsam empfunden, dass sie meinte, Stille hören zu können. Hier draußen am Strand verstand er es.

Bruno durfte sie auf keinen Fall sehen, Janine hatte panische Angst vor ihm. Aber offenbar war ihre Sehnsucht nach dem Meer größer.

»Er bringt uns um, wenn er erfährt, dass ich mit Ihnen abgehauen bin«, hatte sie geflüstert, während sie die Treppen hinabstiegen. Seltsamerweise dachte Bazin, dass ihm das egal war. Er hatte nichts zu verlieren in dieser Nacht.

Er hatte das Licht ausgemacht, als sie Janines Zimmer verließen, er machte immer das Licht aus, wenn er einen Raum verließ. Antoine Bazin war gewissenhaft. Dass ein dunkles Zimmer Verdacht erregen konnte, daran hatte er nicht gedacht.

Der Nebel hatte sich etwas gelichtet, als sie in Deauville die Rue Mirabeau entlangliefen. Hinter ihnen entstand noch etwas zögerlich das erste Licht des Tages. Von Bruno keine Spur, offenbar hatte keiner ihren kleinen Ausbruch bemerkt.

Und jetzt blieben ihnen nur noch vierzehn Minuten. *Pair, Manque,* zweites Dutzend. Sie würden rennen müssen, wieder zurück über die Touques, aber es war zu schaffen. Und es war es wert gewesen.

Sie hatten die hölzernen *Planches* von Deauville überquert, die berühmte Strandpromenade mit den grünen Türen, und die Schuhe ausgezogen, als sie den Sand erreichten. Janine hatte seine Hand fest umklammert und angefangen zu weinen. Er wusste nicht warum, aber er wollte vor allem, dass sie seine Hand nicht losließ.

Das Wasser hatte sich aus der Dunkelheit herausgeschält. Ein grauer Vorhang, der sich langsam hob. Bazin schaute auf die Uhr. Er räusperte sich leise.

»Janine, wir müssen zurück.«

Sie drehte den Kopf und schaute ihn an. Dann wischte sie sich über die Augen und lächelte.

»Antoine Bazin. Du bist ein guter Mann. Und jetzt los!« Sie lachte hell auf. Dann rannten sie zurück Richtung Promenade.

Bazin keuchte bereits heftig, als sie die *Planches* erreichten. Aber dass sie ihn geduzt hatte, machte ihn froh.

Im Nachhinein wusste er nicht, was er zuerst bemerkt hatte.

Das Geräusch.

Oder die Fußabdrücke.

Aber das *Nachhinein* war auch nicht besonders lang.

Er wusste nur, dass er auf das beleuchtete Casino geblickt hatte, das immer wieder ein erhabenes Gefühl in ihm auslöste. Das große Casino von Deauville. Es waren nur wenige Schritte von dort bis zur Promenade, auf der sie nun entlanghasteten.

In zwölf Minuten mussten sie zurück sein im »Kakadu«.

Zu dieser frühen Stunde waren nicht einmal Hundebesitzer unterwegs, die grünen Holztüren der Umkleidekabinen waren geschlossen, ein vergessener Sonnenschirm lag einsam in einer Ecke.

»*Allez,* Antoine!«

Bazin blieb stehen. Da war ein Wimmern. Leise, kaum hörbar. Gerade hatten sie abbiegen wollen, die *Planches* verlassen, um durch die Straßen der Stadt wieder zurückzulaufen. Bazin rang nach Atem, er war es nicht gewohnt zu rennen.

Janine hörte es jetzt auch.

Unschlüssig blickte sie zu ihm. Die Fußabdrücke begannen kurz hinter der Umkleidekabine von June Alysson. Der Name der Broadway-Schauspielerin war mit schwarzer Farbe auf das weiße Geländer geschrieben. Links daneben stand der Name Douglas Fairbanks jr. Es folgten Tony Curtis und Jean Nebulesco. Dutzende bekannter Schauspieler und Regisseure waren an den Kabinen verewigt, sie alle hatten das Festival von Deauville besucht. Bazin hatte einige von ihnen im Casino gesehen, aber da er sich nicht fürs Kino interessierte, hatte er die Namen und Gesichter schnell wieder vergessen.

Das Wimmern wurde lauter. Zögernd gingen sie an den Umkleidekabinen entlang, Janine hatte wieder seine Hand genommen. Ihnen war nicht entgangen, dass die Fußabdrücke noch feucht waren. Frisch.

Und dass sie eine rötliche Farbe hatten.

Die Konturen der Fußsohlen waren mit jedem Schritt besser zu erkennen, die Zehen zeichneten sich deutlich auf dem Holz ab. Es waren die Fußspuren einer Frau. Bazin wollte sich räuspern, aber mehr als ein trockenes Schlucken gelang ihm nicht. Es wurde heller um sie herum. Ein neuer, grau melierter Tag hatte begonnen.

Die Frau saß zwischen Rock Hudson und Shelley Winters, und an ihren nackten Beinen trocknete das Blut nur langsam. Sie hatte den Rücken an die grüne Holztür gelehnt und atmete ruhig.

»*Mon Dieu!*«, flüsterte Janine. Bazin merkte, dass er den Atem anhielt.

Die Frau hat keine Schuhe dabei, war das Erste, was ihm durch den Kopf ging. Vielleicht, weil er selbst seine Schuhe noch in der Hand hielt, er hatte sie erst an der Straße anziehen wollen, wo kein Sand mehr war. Sie war jung. *Manque,* gerade eben im letzten Drittel, schätzte er. Die dunklen Haare lagen strähnig auf ihren Schultern, der knielange Rock war hochgerutscht. Auf dem Wollmantel waren zahlreiche Blutflecke zu sehen.

»Ist sie tot?«

Bazin hatte noch nie eine Tote gesehen, schon der Anblick von so viel Blut ließ ihn schwindelig werden. Langsam ging er auf die Frau zu, ihre rechte Hand hatte einen blutigen Abdruck auf Rock Hudsons weißem Geländer hinterlassen.

Ihre Lippen bewegten sich unmerklich.

Die Augen waren geschlossen, der Kopf leicht nach links gekippt. Bazin ließ Janine los und beugte sich zu der Frau hinab. Das Blut begann die Holzplanken zu verfärben.

»Da Da Da Dabadabada …«

Es war eine Melodie. Kaum hörbar versuchte die junge Frau, eine Melodie zu flüstern, und für einen kurzen Moment kam Leben zurück in ihren Körper. Sie lächelte.

»Hören Sie mich? Sollen wir Hilfe holen?«

Was für eine idiotische Frage, Bazin verfluchte sich selbst. Janine würde denken, er sei ein Feigling. Er suchte nach einer Handtasche, einem Portemonnaie. Und er ertappte sich dabei, dass er auch nach einer Waffe suchte, bei so viel Blut musste doch …

»Da Da Da Dabadabada …«

Ihre Augen waren noch immer geschlossen, Blut tropfte von ihren Beinen auf das Holz. Bazin fühlte sich hilflos und dachte an das Casino. Das war am nächsten, er würde zum Casino laufen und Hilfe holen.

Janine hatte sich jetzt ebenfalls zu der Frau hinuntergebeugt, offensichtlich machte ihr das viele Blut weniger aus. Sie hielt ihr Ohr ganz dicht an den Mund der jungen Frau.

»Janine, wir müssen Hilfe holen.«

»Ich kenne diese Melodie«, sagte sie leise. »Ich habe sie schon einmal gehört, und ich weiß auch wo.«

Bruno hatte sie vor einigen Monaten mit ins Kino genommen, sie hatte ihn deswegen tagelang angefleht, ihm versprochen, noch mehr zu arbeiten, noch mehr Geld für ihn zu verdienen, wenn er sie nur ein Mal ins Kino gehen ließe. Sie hatte in der letzten Reihe gesessen und leise geweint, während er sich draußen an der Bar ein Bier gönnte. Ein großer samtener Vorhang hatte sich gehoben, das Licht im Saal war erloschen, und sie hatte noch tagelang diese Melodie im Kopf gehabt.

Die Stimmen hörten sie beide gleichzeitig. Sie drangen von weit weg leise durch die feuchte Luft und vermischten sich mit dem noch müden Krächzen der Möwen.

»Sie muss doch … irgendwo … Scheiße!«

Bazin wollte aufstehen, um nach Hilfe zu rufen, als jemand seine Hand festhielt. Er spürte eine klebrige Flüssigkeit auf seiner Haut und erschauerte. Die junge Frau hatte ihre Augen weit aufgerissen, und er blickte in ein so tiefes Blau, dass er dachte, darin ertrinken zu müssen, wenn sie ihn weiterhin so anblickte. In ihrem Blick lag nackte Angst.

»Keine Angst, da kommt Hilfe«, flüsterte er. Er wusste nicht, warum er noch immer leise sprach.

»Weg …« Die Frau versuchte sich aufzurichten, sie zitterte, und Bazin bemerkte, wie erschöpft sie aussah.

Entleert.

Die Stimmen kamen näher.

»Sie müssen weg … schnell!« Es war kaum mehr als ein Flüstern, das ihre Lippen verließ, aber sie sprach die Worte mit einer solchen Härte aus, dass Bazin es mit der Angst zu tun bekam. Unschlüssig blickte er Janine an.

»Bitte … weg.«

Ein leichter Wind war aufgekommen und trug die letzten

Fetzen Nebel hinaus aufs Meer, wo dieser sich in vollkommener Stille auflösen würde. Bazin konnte zwei Umrisse erkennen. Breite Umrisse, die die *Planches* entlangeilten und ab und zu die Tür einer Umkleidekabine aufrissen. Er griff Janine bei der Hand und zerrte sie einige Meter weiter zu einer geöffneten Kabinentür. Auf dem weißen Geländer stand in schwarzer Schrift der Name Rita Hayworth.

Innen war es muffig und feucht, es gab kaum Platz für sie beide. Janine zitterte in seinem Arm, und Bazin dachte, dass sie gerade eine hilflose Frau im Stich gelassen hatten. Aber sein Gefühl sagte ihm, dass sie selbst in Gefahr waren. Er wollte die Tür ganz zuziehen, aber sie klemmte. Durch einen kleinen Spalt fiel mattes Licht herein, und er konnte den Körper der Frau in einigen Metern Entfernung sehen. Sie hatte sich wieder an die grüne Tür gelehnt. Ihr Atem ging schnell.

Nach einigen Sekunden waren sie da.

Bazin hörte ihre Schritte auf dem Holz. Es waren zwei Männer.

»Da ist sie, die verdammte Hure.« Bazin musste Janine den Mund zuhalten, als eine Hand klatschend im Gesicht der verletzten Frau landete.

»Lass gut sein, wir müssen hier weg.«

»Verdammt, sie blutet wie ein Schwein. Was fällt dir ein, du blöde Kuh!«

Bazin konnte die Männer nicht sehen. Er versuchte, den Atem anzuhalten.

»Komm, wir müssen weg.«

Zwei Hände griffen den schlaffen Körper und zerrten ihn hoch. Die Frau wimmerte, aber es war nicht das Wimmern, worauf Bazin achtete. Er sah auch nicht das Blut, das vom Mantel tropfte und für lange Zeit das Holz verfärben würde.

Er starrte stattdessen auf die Hände, die er gehofft hatte, nie wiederzusehen. Hände, die er heute schon einmal hatte erdulden müssen.

Kurz darauf wurde es still draußen.

Sie warteten noch eine Weile, nachdem die Stimmen verklungen und die beiden Männer nicht mehr zu sehen waren. Janine weinte, und auf dem Meer warf ein Kutter seine ersten Netze aus.

Der Strand lag noch immer verlassen vor den Toren der Stadt und wartete auf den Ansturm der letzten Badegäste für diese Saison. Es würde ein schöner Tag werden.

»Sind sie weg?«, flüsterte sie.

»Ich glaube, ja.« Bazin versuchte, in der Dunkelheit der Kabine das Ziffernblatt seiner Armbanduhr zu erkennen. Zweiundzwanzig Minuten über der Zeit. Schwarz, *Pair*, erste Kolonne.

»Alles wird gut«, flüsterte er und küsste sie auf die Stirn.

In diesem Moment wurde die grüne Tür zu Rita Hayworths Kabine mit einem brutalen Ruck aufgerissen, kalte Luft strömte herein. Gegen das gleißende Licht des frühen Morgens konnte Bazin zuerst nichts erkennen. Er blinzelte, und als er nach draußen gezerrt wurde, sah er zuerst den Totschläger.

»Bruno!«, schrie Janine.

»Halt dein Maul!«

Als der erste Schlag Bazin direkt im Gesicht traf, zersplitterte seine Brille, und er sah verschwommen, wie die

Holzplanken auf ihn zurasten. Überall Rot, dachte er. Aus seiner Nase tropfte dickes Blut und vermischte sich mit dem Blut der jungen Frau, die ihm jetzt vorkam wie eine nächtliche Erscheinung, die es nie gegeben hatte. Ein schwerer Stiefel traf ihn in die Seite, er stöhnte auf.

Janines flehende Stimme war verschwunden, vermutlich brachten sie sie zurück. Er dachte an den Nachtbus nach Blonville. Er setzte sich stets in die dritte Reihe, auf der Fahrerseite. Links. Rot. *Manque,* dritte Kolonne. *Impair.*

Als ihn jemand hochriss und in die Dunkelheit einer Kabine zerrte, sah er eine kleine Holzkugel, die über die Kanten und Vorsprünge des Kessels sprang, sich drehte und wendete, als würde sie sich umblicken, wohin sie fallen sollte. Es war immer der schönste Moment seiner Arbeit gewesen. Dieser kurze Moment, bevor die Kugel fiel. Dieser Satz, den nur er sagen durfte, der ihm Macht verlieh. Ihm, der nie Macht hatte haben wollen, sondern nur ein ruhiges Leben in Deauville.

Rien ne va plus.

Draußen lachte hämisch eine Möwe.

7. August 1944

Flugblätter

Bei Tagesanbruch regnen sie vom Himmel. Sie wehen über die Befestigungsmauern, fliegen radschlagend über die Dächer und flattern in die Schluchten zwischen den Häusern. Ganze Straßen sind von ihren Wirbeln erfüllt, weiß blitzen sie auf dem Pflaster. *Dringende Mitteilung an die Bewohner dieser Stadt*, steht auf ihnen. *Begeben Sie sich sofort aufs offene Land.*

Die Flut steigt. Klein, gelb und bucklig hängt der Mond am Himmel. Auf den Dächern des Strandhotels im Osten und in den Gärten dahinter lädt ein halbes Dutzend amerikanischer Artillerie-Einheiten ihre Mörser mit Brandgranaten.

Bomber

Sie überqueren den Kanal um Mitternacht. Es sind zwölf, und sie sind nach Liedern benannt: *Stardust* und *Stormy Weather*, *In the Mood* und *Pistol-Packin' Mama*. Das Meer gleitet tief unter ihnen her, übersät mit zahllosen weißen, zackigen Schaumkronen. Bald schon können die Navigatoren die flachen, mondbeschienenen Umrisse von Inseln ausmachen.

Frankreich.

Funkgeräte knistern. Bedächtig, fast gemächlich verlieren die Bomber an Höhe. Rote Lichtstrahlen steigen von den Flugabwehrstellungen entlang der Küste auf. Dunkle Schiffswracks tauchen auf, versenkt oder zerschossen, eines mit abgetrenntem Bug, ein zweites brennt flackernd. Auf einer weit der Küste vorgelagerten Insel rennen verschreckte Schafe zwischen Felsen umher.

In jedem Flugzeug sitzt ein Bombenschütze, sieht durchs Zielfenster und zählt bis zwanzig. Vier, fünf, sechs, sieben. Für die Schützen sieht die näher kommende, ummauerte Stadt auf ihrer granitenen Landzunge wie ein fürchterlicher Zahn aus, schwarz und gefährlich, ein letzter Abszess, der weggeschnitten werden muss.

Das Mädchen

In einer Ecke der Stadt, in dem hohen, schmalen Haus mit der Nummer 4 in der Rue Vauborel, kniet die blinde sechzehnjährige Marie-Laure LeBlanc im fünften und obersten Stock über einem niedrigen Tisch, der ganz von einem Modell bedeckt ist. Es ist eine Miniaturausgabe der Stadt, in der sie kniet, mit maßstabsgetreuen Nachbildungen der Häuser, Läden und Hotels innerhalb der Stadtmauern. Hier ist die Kathedrale mit dem durchbrochenen Turm, dort das wuchtige alte Chateau von Saint-Malo, und rundum ranken sich die Reihen zum Meer gewandter Häuser mit ihren Schornsteinen. Ein schmaler hölzerner Steg ragt von der Plage du Môle ins Wasser, über dem Fischmarkt wölbt sich ein zartes, netzartiges Dach, und auf den kleinen öffentlichen Plätzen stehen winzige Bänke, kaum größer als Apfelkerne.

Marie-Laure fährt mit den Fingerspitzen über die zentimeterbreite Brüstung oben auf der Mauer, die einen unregelmäßigen Stern um das Modell zeichnet. Sie findet die Öffnung auf der Mauer, wo die vier Böllerkanonen aufs Meer hinausdeuten. »Bastion de la Hollande«, flüstert sie, und ihre Finger wandern eine kleine Treppe hinunter, zur anderen Seite. »Rue des Cordiers. Rue Jacques Cartier.«

In einer Ecke des Zimmers stehen zwei verzinkte, bis an den Rand mit Wasser gefüllte Eimer. Fülle sie, wann immer du kannst, hat ihr Großonkel gesagt, und die Badewanne im dritten Stock auch. Wer weiß, wann das Wasser wieder versiegt.

Ihre Finger wandern zurück zum Turm der Kathedrale. Nach Süden zum Tor von Dinan. Den ganzen Abend schon durchstreift sie das Modell und wartet auf ihren Großonkel Etienne, dem das Haus gehört. Gestern Nacht ist er weggegangen, als sie schlief, und noch nicht zurückgekommen. Und jetzt wird es wieder Nacht, der Zeiger hat das Zifferblatt ein weiteres Mal umkreist, in den Häusern ringsum ist es ruhig, und sie kann nicht schlafen.

Sie hört die Bomber, als sie bis auf fünf Kilometer herangekommen sind. Ein lauter werdendes Summen. Das Rauschen in einer Muschel.

Als sie das Schlafzimmerfenster öffnet, wird der Flugzeuglärm lauter. Ansonsten ist die Nacht schrecklich still: keine Motoren, keine Stimmen, kein Geklapper. Keine Sirenen, keine Schritte auf dem Pflaster. Nicht mal Möwen sind zu hören. Nur die Flut, die einen Block weiter und fünf Stockwerke tiefer gegen den Fuß der Stadtmauer schlägt.

Und noch etwas.

Da raschelt etwas. Leise und sehr nahe. Sie öffnet den linken Fensterladen und fährt mit der Hand hinaus über die Latten des rechten. Da steckt ein Blatt Papier.

Sie hält es sich an die Nase. Es riecht nach frischer Tinte. Vielleicht auch Benzin. Das Papier ist trocken, es hat nicht lange dort gesteckt.

Marie-Laure steht zögernd am Fenster, in Strümpfen, das Zimmer im Rücken. Muscheln und Schneckenhäuser sind auf dem Schrank aufgereiht, Steine entlang der Fußleiste. Ihr Stock steht in der Ecke, der große Roman in Blindenschrift liegt umgedreht auf dem Bett. Das Dröhnen der Flugzeuge wird lauter.

Der Junge

Fünf Straßen weiter nördlich wird der achtzehnjährige, weißhaarige deutsche Gefreite Werner Hausner von einem schwachen, abgehackten Brummen geweckt. Kaum mehr als ein Summen. Fliegen an einer weit entfernten Fensterscheibe.

Wo ist er? Der süße, leicht chemische Geruch von Gewehröl hängt in der Luft, der Holzgeruch frisch gezimmerter Granatenkisten, das Mottenkugelaroma alter Bettwäsche – er ist in einem Hotel. Dem Hôtel des Abeilles, dem Hotel der Bienen.

Es ist immer noch Nacht. Immer noch früh.

Vom Meer her erklingen Pfiffe und Explosionen. Flak-Feuer.

Der Feldwebel des Luftabwehrkommandos läuft über den Korridor zur Treppe. »Runter in den Keller«, ruft er über die Schulter. Werner schaltet seine Lampe ein, rollt die Decke in sein Bündel und macht sich auf den Weg.

Vor noch gar nicht so langer Zeit war das Hôtel des Abeilles ein fröhlicher Ort, hellblaue Fensterläden schmückten die Fassade, im Café gab es Austern auf Eis, und hinter der Theke standen bretonische Kellner mit Fliegen und polierten Gläsern. Das Hotel hatte einundzwanzig Gästezimmer, alle mit Seeblick, und der Kamin in der Halle war groß wie ein Lastwagen. Wochenendausflügler aus Paris nahmen hier einen Aperitif, vor ihnen waren es gelegentlich Abgesandte der Republik gewesen, Minister und Vizeminister, Äbte und Admiräle, und in den Jahrhunderten davor windgegerbte Korsaren: Mörder, Plünderer, Piraten, Seefahrer.

Noch früher, bevor es zu einem Hotel wurde, vor gut fünfhundert Jahren, war es das Heim eines wohlhabenden Privatiers gewesen, der das Schiffekapern aufgegeben hatte, um die Bienen auf den Weiden außerhalb von Saint-Malo zu studieren, seine Beobachtungen in Notizbüchern festzuhalten und den Honig direkt aus den Waben zu essen. In den aus Eichenholz geschnitzten Wappen über den Türstöcken sind immer noch Hummeln zu erkennen, und der mit Efeu überwucherte Brunnen im Hof hat die Form eines Bienenstocks. Am besten gefallen Werner fünf verblichene Fresken an den Decken der schönsten Räume oben, auf denen kindsgroße Bienen vor einem blauen Hintergrund schweben, große, faule Drohnen und Arbeiterinnen mit durchscheinenden Flügeln, und über einer achteckigen Badewanne windet sich eine einzelne, fast drei Meter lange Königin über die Decke. Sie hat zahllose Augen und einen pelzigen Leib.

Während der letzten vier Wochen ist das Hotel zu etwas anderem geworden: einer Festung. Ein österreichisches Flugabwehrkommando hat die Fenster vernagelt und die Betten beiseitegeräumt. Sie haben die Eingangstür verstärkt und die Treppe kistenweise mit Artilleriegranaten vollgestellt. Der dritte Stock des Hotels, dessen »Gartenzimmer« mit ihren großen Balkontüren direkt auf die Befestigungsmauer hinausführen, ist das Zuhause einer alternden Hochgeschwindigkeits-Flak geworden, einer Acht-Acht, deren Zehn-Kilo-Granaten eine Reichweite von fünfzehn Kilometern haben.

Ihre Majestät nennen die Österreicher ihre Kanone, und während der letzten Woche haben die Männer sie umsorgt, wie Arbeiterbienen eine Königin umsorgen. Sie haben sie mit Öl gefüttert, ihren Lauf frisch lackiert und die Räder geschmiert. Sandsäcke haben sie wie Opfergaben um sie herum angeordnet.

Die königliche Acht-Acht, die tödliche Monarchin, die sie alle beschützen soll.

Werner ist auf der Treppe, auf halbem Weg nach unten, als die Acht-Acht in schneller Folge zweimal feuert. Es ist das erste Mal, dass er die Kanone aus solcher Nähe feuern hört, und es klingt, als wäre der obere Teil des Hotels weggesprengt worden. Er stolpert, reißt die Arme hoch und drückt sich die Hände auf die Ohren. Die Wände erbeben bis hinunter ins Fundament, und von dort wieder herauf.

Werner kann die Österreicher zwei Stockwerke über sich herumrennen hören, wie sie nachladen, und dazu das abschwellende Kreischen der beiden übers Meer schießenden Granaten, die bereits vier, fünf Kilometer entfernt sind. Einer der Soldaten singt, vielleicht sind es auch mehrere. Vielleicht singen sie alle. Acht Männer der Luftwaffe, die keine Stunde mehr zu leben haben, singen ihrer Königin ein Liebeslied.

Werner folgt dem Lichtkegel seiner Lampe durch die Hotelhalle. Die mächtige Kanone detoniert ein drittes Mal, nicht weit zerspringt Glas. Ein Schwall Ruß rauscht den Kamin herunter, und die Wände des Hotels dröhnen wie eine angeschlagene Glocke. Werner fürchtet, der Lärm könne ihm die Zähne aus dem Mund reißen.

Er zieht die Kellertür auf und hält einen Moment lang inne, sein Blick verschwimmt. »Ist es so weit?«, fragt er. »Kommen sie wirklich?«

Aber wer soll ihm darauf antworten?

Saint-Malo

Überall in den Straßen schrecken die letzten, nicht evakuierten Bewohner aus dem Schlaf, stöhnen, seufzen. Alte Jungfern, Prostituierte, Männer über sechzig. Zauderer, Kollaborateure, Ungläubige, Trinker. Nonnen jeden Ordens. Die Armen. Die Sturen. Die Blinden.

Einige eilen in die Luftschutzkeller. Einige sagen sich, es

ist nur eine Übung. Einige nehmen noch schnell eine Decke mit, ein Gebetbuch, ein Kartenspiel.

D-Day, der Tag der Invasion, liegt zwei Monate zurück. Cherbourg ist befreit, Caen ist befreit und auch Rennes. Die Hälfte West-Frankreichs ist befreit. Im Osten haben die Russen Minsk zurückerobert, in Warschau rebelliert die Polnische Heimatarmee. Einige Zeitungen sind so kühn zu behaupten, das Blatt habe sich gewendet.

Aber nicht hier. Nicht in dieser letzten Zitadelle am Rande des Kontinents, diesem letzten deutschen Bollwerk an der bretonischen Küste.

Hier, flüstern die Leute, haben die Deutschen zwei Kilometer unterirdischer Gänge unter den mittelalterlichen Mauern instand gesetzt. Sie haben neue Verteidigungsanlagen gebaut, neue Verbindungen, neue Fluchtwege, haben unterirdische Strukturen von verblüffender Komplexität geschaffen. Unter der Halbinsel-Feste von La Cité im Süden gibt es Lager mit Verbandszeug, Lager mit Munition, sogar ein unterirdisches Lazarett, heißt es. Da haben sie eine Belüftungsanlage, einen zweihunderttausend Liter fassenden Wassertank und eine direkte Telefonverbindung mit Berlin. Da gibt es Flammenwerferfallen und ein ganzes Bunkernetz mit Periskopen. Die Deutschen haben genug Nachschub angesammelt, um rund um die Uhr mit Granaten das Meer zu beharken, Tag für Tag, ein ganzes Jahr lang.

Hier, so flüstern sie, sind tausend Deutsche bereit zu sterben. Vielleicht auch fünftausend. Vielleicht auch mehr.

Saint-Malo: Wasser umgibt die Stadt auf vier Seiten. Ihre Verbindung mit dem Rest Frankreichs ist schmal, ein Damm, eine Brücke, ein Streifen Sand. Zunächst einmal sind wir Malouins, sagen die Bewohner von Saint-Malo. Dann Bretonen. Und wenn dann noch etwas bleibt, auch Franzosen.

Bei Sturm schimmert der Granit bläulich. Bei heftigen Springfluten dringt das Meer bis in die Keller im Zentrum der Stadt. Zieht es sich besonders weit zurück, ragen die muschelüberzogenen Gerippe Tausender Schiffswracks aus dem Wasser.

Über dreitausend Jahre lang ist diese Landspitze immer wieder belagert worden.

Aber nie wie dieses Mal.

Eine Großmutter drückt sich ein quengelndes Kleinkind an die Brust. Ein, zwei Kilometer weiter, in einer Gasse außerhalb von Saint-Servan, uriniert ein Betrunkener in eine Hecke und zieht ein Blatt Papier daraus hervor. *Dringende Mitteilung an die Bewohner dieser Stadt,* steht darauf. *Begeben Sie sich sofort aufs offene Land.*

Über den Flugabwehrbatterien auf den vorgelagerten Inseln blitzt es auf, und die großen deutschen Kanonen in der Altstadt jagen eine weitere heulende Salve aufs Meer hinaus. Dreihundertachtzig französische Gefangene hocken im mondhellen Hof des Fort National, einer Inselfeste vierhundert Meter vor dem Strand, und sehen zum Himmel.

Vier Jahre Besatzung, und was bedeutet das Dröhnen der herannahenden Bomber? Erlösung? Auslöschung?

Das Knattern von Gewehrfeuer. Das rasselnde Trommeln der Flak. Ein Dutzend Tauben hockt auf der Spitze der Kathedrale, stürzt am Turm herunter und schwenkt aufs Meer hinaus.

4, Rue Vauborel

Marie-Laure LeBlanc steht allein in ihrem Zimmer und riecht an dem Flugblatt, das sie nicht lesen kann. Sirenen heulen. Sie schließt Fensterläden und Fenster. Mit jeder Sekunde kommen die Flugzeuge näher, jede Sekunde ist eine verlorene Sekunde. Sie sollte nach unten laufen. Sie sollte in die Küche laufen, in deren Ecke es durch eine Falltür in einen staubigen Keller mit von Mäusen angefressenen Teppichen und uralten, seit langer Zeit nicht geöffneten Truhen geht.

Stattdessen kehrt sie zum Tisch zurück und kniet sich vor das Modell der Stadt.

Wieder tasten ihre Finger über die äußere Mauer, die Bastion de la Hollande, die kleine Treppe, die von ihr herabführt. In dem Fenster, genau da, schlägt eine Frau jeden Samstag ihre Teppiche aus, und aus dem Fenster dort schrie einmal ein Junge: *Pass auf, wo du hintrittst, bist du blind?*

Die Fensterscheiben scheppern in den Rahmen. Die Flak feuert eine weitere Salve ab. Die Erde dreht sich ein kleines Stück weiter.

Unter ihren Händen trifft die winzige Rue d'Estrées auf die winzige Rue Vauborel. Marie-Laures Finger wenden sich nach rechts, fahren an Haustüren entlang. Eins, zwei, drei. Vier. Wie oft haben sie das schon getan?

Nummer 4: das große, heruntergekommene, vogelnestartige Haus ihres Onkels Etienne, in dem sie seit vier Jahren lebt. In dem sie allein auf dem Boden des fünften Stocks kniet, während ein Dutzend amerikanische Bomber auf sie zurast.

Sie drückt gegen die winzige Haustür, und ein versteckter Riegel öffnet sich. Das kleine Haus löst sich vom Modell. In ihrer Hand ist es etwa so groß wie eine der Zigarettenschachteln ihres Vaters.

Jetzt sind die Bomber so nahe, dass der Boden unter ihren Knien zu beben beginnt. Draußen im Flur schlagen die Glasanhänger des Kronleuchters gegeneinander. Marie-Laure kippt den Kamin des winzigen Hauses zur Seite und entfernt drei Holztäfelchen, die das Dach bilden. Sie dreht das Haus herum.

Ein Stein fällt in ihre Hand.

Er ist kalt. Groß wie ein Taubenei. In der Form einer Träne.

Marie-Laure hält das kleine Haus in der einen, den Stein in der anderen Hand. Das Zimmer kommt ihr brüchig und instabil vor. Riesige Finger drohen durch die Wände zu stoßen.

»Papa?«, flüstert sie.

Der Keller

Unter dem Eingang des Hôtel des Abeilles haben die Korsaren einen Keller in den Fels gemeißelt. Hinter Kisten, Schränken und hängenden Brettern voller Werkzeuge findet sich nackter Granit. Drei mächtige handbehauene Balken aus einem alten bretonischen Wald sind vor Jahrhunderten hier hineingehievt worden und stützen die Decke.

Eine einzelne Glühbirne taucht alles in wandernde Schatten.

Werner Hausner sitzt auf einem Klappstuhl vor einer Werkbank, überprüft die Ladung seiner Batterie und setzt die Kopfhörer auf. Das Funkgerät in seinem stählernen Gehäuse hat eine 1,6-Meter-Band-Antenne, die es mit einem Funkgerät oben im Haus verbindet, mit zwei weiteren Flugabwehrbatterien innerhalb der Stadtmauern und der unterirdischen Kommandozentrale der Garnison im Süden, jenseits des Hafens.

Das Funkgerät wird summend warm. Ein Aufklärer liest Koordinaten in sein Mikrofon, und ein Artillerist wiederholt sie. Werner reibt sich die Augen. Hinter ihm türmen sich bis zur Decke konfiszierte Schätze: aufgerollte Teppiche, Standuhren, Schränke und ein riesiges, rissiges Landschaftsgemälde. Auf dem Regal gegenüber stehen acht oder neun Gipsköpfe, deren Zweck er nicht kennt.

Der riesige Oberfeldwebel Frank Volkheimer kommt die schmale hölzerne Treppe herunter und zieht den Kopf unter den Balken ein. Er lächelt Werner zu und setzt sich in einen großen, mit goldener Seide gepolsterten Sessel, das Gewehr auf den mächtigen Schenkeln, wo es wie ein Stecken wirkt.

Werner sagt: »Geht's los?«

Volkheimer nickt. Er schaltet seine Lampe aus und blinzelt mit seinen seltsam zarten Lidern ins Dämmerlicht.

»Wie lange wird es dauern?«

»Nicht lange. Hier unten sind wir sicher.«

Berning, der Ingenieur, kommt als Letzter. Er ist klein, hat mausgraues Haar und einen auseinanderstrebenden

Blick. Er schließt die Kellertür hinter sich, legt einen Balken vor die Tür und setzt sich auf die hölzernen Stufen. Sein Gesicht scheint feucht, ob es Angst ist oder Schmutz, lässt sich schwer sagen.

Bei geschlossener Tür heulen die Sirenen weniger laut. Die Glühbirne über ihren Köpfen flackert.

Wasser, denkt Werner. Ich habe das Wasser vergessen.

Eine zweite Flugabwehrbatterie feuert aus einer fernen Ecke der Stadt, und schon kracht die Acht-Acht oben erneut, ohrenbetäubend, tödlich, und Werner hört die Granate in den Himmel kreischen. Staub und Sand brechen fauchend aus der Decke. In seinem Kopfhörer kann Werner die Österreicher immer noch singen hören.

»... auf d'Wulda, auf d'Wulda, da scheint d'Sunn a so gulda ...«

Volkheimer kratzt schläfrig an einem Fleck auf seiner Hose. Berning bläst sich in die Hände. Im Funkgerät knistern und knacken Wind, Luftdruck und Geschosse. Werner denkt an Zuhause, sieht Frau Elena über seine kleinen Schuhe gebückt, die sie ihm mit einem extra Knoten zuschnürt. Sterne ziehen an einem Mansardenfenster vorbei. Seine kleine Schwester Jutta hat sich eine Decke um die Schultern gelegt und trägt einen Kopfhörer im linken Ohr.

Vier Stockwerke über ihm schieben die Österreicher eine weitere Granate in den rauchenden Verschluss der Acht-Acht, überprüfen die Zielrichtung und drücken sich die Hände auf die Ohren, als das Geschütz feuert, aber Werner im Keller hört nur die Radiostimmen seiner Kindheit: *Die Göttin der Geschichte sah auf die Erde hinab. Nur durch die heißesten Feuer kann Reinigung erfolgen.* Er sieht einen Wald sterbender Sonnenblumen. Ein Schwarm Amseln bricht aus einem Baum.

Bombardement

Siebzehn, achtzehn, neunzehn, zwanzig. Das Meer rast unter den Zielfenstern durch. Dann Dächer. Zwei kleinere Flugzeuge säumen den Korridor mit Rauch, der führende Bomber wirft seine Ladung ab, elf weitere folgen. Die Bomben fallen diagonal, die Bomber steigen auf.

Die Unterseite des Himmels füllt sich mit schwarzen Flecken. Marie-Laures Großonkel, der mit Hunderten anderer im Fort National vierhundert Meter vor der Küste gefangen sitzt, blickt zum Himmel auf und denkt: *Heuschrecken,* und ein Bibelspruch aus dem Alten Testament hebt sich zwischen Spinnweben aus einer lange vergangenen Unterrichtsstunde in der Gemeindeschule hervor: *Die Heuschrecken haben keinen König, und doch ziehen sie allesamt aus in geordneten Scharen.*

Eine dämonische Horde. Umgedrehte Bohnensäcke. Hundert zerrissene Rosenkränze. Es gibt tausend Metaphern, und alle sind unzureichend: vierzig Bomben pro Flugzeug, vierhundertachtzig insgesamt, zweiunddreißigtausendfünfhundert Kilogramm Sprengstoff.

Eine Lawine geht auf die Stadt nieder. Ein Orkan. Tassen treiben aus Regalen, Bilder springen von ihren Nägeln. Eine Viertelsekunde später sind die Sirenen nicht mehr zu hören. Nichts ist zu hören. Das Donnern ist laut genug, um Trommelfelle platzen zu lassen.

Die Flugabwehrkanonen feuern ihre letzten Geschosse ab. Zwölf Bomber drehen ab und steigen unversehrt in die blaue Nacht auf.

Im fünften Stock von Nummer 4, Rue Vauborel kriecht Marie-Laure unter ihr Bett und drückt sich den Stein und das kleine Modell ihres Hauses an die Brust.

Im Keller unter dem Hôtel des Abeilles verlöscht die einzige Glühbirne an der Decke.

Nachweis

Grégoire Delacourt (*1960, Valenciennes)

Pimpernelle. Auszug aus: ders., *Die vier Jahreszeiten des Sommers.* Copyright © 2015 by éditions Jean-Claude Lattès. Copyright der deutschsprachigen Ausgabe © 2016 by Hoffmann und Campe Verlag, Hamburg. Übersetzung aus dem Französischen von Claudia Steinitz.

Anthony Doerr (*1973, Cleveland, Ohio)

7. August 1944. Ausschnitt aus: ders., *Alles Licht, das wir nicht sehen.* Copyright © Verlag C.H.Beck, München, 2014. Übersetzung aus dem Amerikanischen von Werner Löcher-Lawrence.

Marguerite Duras (1914, Gia Định – 1996, Paris)

Der Zug von Bordeaux. Ausschnitt aus: dies., *Das tägliche Leben.* Marguerite Duras im Gespräch mit Jérôme Beaujour. Copyright © Suhrkamp Verlag Frankfurt am Main 1988. Alle Rechte bei und vorbehalten durch Suhrkamp Verlag Berlin. Übersetzung aus dem Französischen von Ilma Rakusa.

Gustave Flaubert (1821, Rouen – 1880, Croisset) und Maxime Du Camp (1822, Paris – 1894, Baden-Baden)

Zwei Freunde unterwegs durch die Bretagne (Titel von der Herausgeberin). Ausschnitt aus: dies., *Über Felder und Strände. Eine Reise in die Bretagne.* Zürich: Dörlemann 2016. Copyright der deutschsprachigen Ausgabe © 2016 by Dörlemann Verlag AG, Zürich. Übersetzung aus dem Französischen von Cornelia Hasting.

Benoîte Groult (1920, Paris – 2016, Hyères)

Geh, Karedig (Titel von der Herausgeberin). Ausschnitt aus: dies., *Salz auf unserer Haut.* Copyright © 1989 Droemer Verlag. Ein Imprint der Verlagsgruppe Droemer Knaur GmbH & Co. KG, München. Übersetzung aus dem Französischen von Irène Kuhn.

Guy de Maupassant (1850, Tourville-sur-Arques – 1893, Passy)

Die Morithat. Aus: ders., *Tag- und Nachtgeschichten.* Gesam-

Bitte beachten Sie
auch die folgenden Seiten

Gefährliche Ferien –
Italien

Mit Donna Leon, Andrea De Carlo,
Carlo Lucarelli und anderen
Ausgewählt von Silvia Zanovello

Ein Buch fürs Handgepäck oder für die Reise im Kopf
– an die herrlichen Schauplätze, die Italien zu bieten
hat: dunkle piemontesische Trüffelwälder, vor Hitze
flirrende toskanische Steinbrüche, das Labyrinth der
Calli in Venedig, Strände mit übermütigen Jungs und
attraktiven Frauen, blühende Mandelhaine sowie ein
sizilianisches Castello mit einem phantastischen Blick
über Palermo und das Meer.

Doch hinter der Dolce Vita lauert Gefahr. Nicht nur
von Mafiabossen und Kriminellen, sondern auch von
Badegästen, Hunden und Schmetterlingen ... Fünfzehn
Geschichten aus den Ferienregionen des Bel Paese, ge-
schrieben von so berühmten Autoren wie Donna Leon,
Erri De Luca, Carlo Lucarelli und Patricia Highsmith.
Und mit zwei Exklusivgeschichten von Andrea De Car-
lo und Christoph Poschenrieder.

Martin Walker
im Diogenes Verlag

Bruno
Chef de police

Roman. Aus dem Englischen
von Michael Windgassen

Bruno Courrèges – Polizist, Gourmet, Sporttrainer
und begehrtester Junggeselle von Saint-Denis – wird
an den Tatort eines Mordes gerufen. Ein algerischer
Einwanderer, dessen Kinder in der Ortschaft wohnen,
ist tot aufgefunden worden. Das Opfer ist ein Kriegs-
veteran, Träger des Croix de Guerre, und weil das Verbrechen offenbar rassistische Hintergründe hat, werden
auch nationale Polizeibehörden eingeschaltet, die Bruno
von den Ermittlungen ausschließen wollen. Doch der
nutzt seine Ortskenntnisse und Beziehungen, ermittelt
auf eigene Faust und deckt die weit in der Vergangenheit wurzelnden Ursachen des Verbrechens auf.

»Martin Walker hat mit Bruno einen großartigen Charakter geschaffen, den man beim Ermitteln genauso
gerne begleitet wie beim Schlemmen! Dieser Flic
macht Appetit auf mehr.« *Emotion, München*

Auch als Diogenes E-Hörbuch erschienen,
gelesen von Johannes Steck

Grand Cru
Der zweite Fall für Bruno,
Chef de police

Roman. Deutsch von Michael Windgassen

In vino veritas? Ja, aber manchmal ist die Wahrheit gut
versteckt.
Ein geheimes Paradies auf Erden, das ist das Périgord.
Oder vielmehr war, denn die Weinberge der Gegend
sollen von einem amerikanischen Weinunternehmer

aufgekauft werden. Es gärt im Tal, in den alten Freund-
und Seilschaften, und in einem Weinfass findet man
etwas völlig anderes als Wein – eine Leiche.

»Martin Walker hat schon viele Ideen für die nächsten
Folgen. Spannend, lehrreich genug sind die *Brunos* al-
lemal geschrieben. Und zumindest die beiden ersten
erinnern uns in leuchtenden Farben daran, dass Gott
in Frankreich wohnt. Wo sonst.«
Tilman Krause / Die Welt, Berlin

Schwarze Diamanten
Der dritte Fall für Bruno,
Chef de police
Roman. Deutsch von Michael Windgassen

Was haben Trüffeln mit Frankreichs Kolonialkrieg in
Vietnam und mit chinesischen Triaden zu tun? Die
Lösung von Bruno Courrèges' drittem Fall ist so tief
vergraben wie die legendären schwarzen Diamanten
unter den alten Eichen im Périgord – und genauso
schwer zu finden.

»Der Autor schafft das Kunststück, den Fall in ein halbes Jahrhundert französischer Kulturgeschichte einzu-
betten und damit nicht nur spannend, sondern auch
lehrreich zu erzählen.«
Manfred Papst / NZZ am Sonntag, Zürich

»Martin Walker hat wieder ein ebenso packendes wie
lehrreiches Buch geschrieben. Dem Leser läuft das
Wasser im Munde zusammen, und er beginnt unwei-
gerlich von einer der schönsten Regionen Frankreichs
zu träumen.«   *Ute Wolf / Nürnberger Zeitung*

chen Chef de police, stören zusätzlich höchst verwirrende Frühlingsgefühle.

»Martin Walker schafft es erneut, Gemütlichkeit und Spannung zu paaren. Dabei ist ihm Savoir-vivre ebenso wichtig wie die Aufklärung der Tat – genüssliche Lektüre.« *SonntagsZeitung, Zürich*

Auch als Diogenes Hörbuch erschienen,
gelesen von Johannes Steck

Reiner Wein
Der sechste Fall für Bruno,
Chef de police
Roman. Deutsch von Michael Windgassen

Es ist Sommer im Ferienparadies Périgord. Doch Bruno, Chef de police, muss eine Serie von Raubüberfällen aufklären. Deren Spuren führen zurück in den Sommer 1944, als Résistance-Kämpfer einen Geldtransport überfielen und mit Milliarden alter Francs das Weite suchten. Eine Beute, die in dunklen Kanälen versickerte …

»*Reiner Wein* ist – einmal mehr – nicht nur geschmeidig geschrieben, sondern auch wieder exzellent recherchiert.« *Axel Hill / Kölnische Rundschau*

Auch als Diogenes Hörbuch erschienen,
gelesen von Johannes Steck

Provokateure
Der siebte Fall für Bruno,
Chef de police
Roman. Deutsch von Michael Windgassen

Saint-Denis im Périgord ist ein Sehnsuchtsort für viele. Auch für einige, die hier aufgewachsen sind. Doch als ein autistischer Junge aus Saint-Denis auf einer französischen Armeebasis in Afghanistan auftaucht und nach Hause möchte, ist unklar, ob als Freund oder

Feind. Dies herauszufinden ist die dringende Aufgabe für Bruno, *Chef de police*, ehe sich verschiedene Provokateure einmischen und alle in tödliche Gefahr bringen können.

»Martin Walker holt mit seinem Buch *Provokateure* zum siebten Schlag aus und ist dabei so aktuell und politisch wie noch nie.«
Frauke Kaberka / Focus Online, München

Auch als Diogenes Hörbuch erschienen,
gelesen von Johannes Steck

Eskapaden
Der achte Fall für Bruno,
Chef de police
Roman. Deutsch von Michael Windgassen

Das Périgord ist das gastronomische Herzland Frankreichs – neuerdings auch wegen seiner aus historischen Rebsorten gekelterten Weine. Doch die Cuvée Éléonore, mit der die weitverzweigte Familie des Kriegshelden Desaix an ihre ruhmreiche Vergangenheit anknüpfen will, ist für Bruno, *Chef de police*, eindeutig zu blutig im Abgang.

»Spannungsgeladen. Faszinierend. Ein Pageturner der Extraklasse.« *Ingrid Müller-Münch / WDR 1, Köln*

Auch als Diogenes Hörbuch erschienen,
gelesen von Johannes Steck

Grand Prix
Der neunte Fall für Bruno,
Chef de police
Roman. Deutsch von Michael Windgassen

Es ist Hochsommer im Périgord und Hochsaison für ausgedehnte Gaumenfreuden und Fahrten mit offenem Verdeck durch malerische Landschaften. Eine Oldtimer-Rallye, von Bruno, *Chef de police*, organisiert, bringt auch zwei besessene junge Sammler nach Saint-Denis. Sie sind auf der Jagd nach dem begehrtesten und wertvollsten Auto aller Zeiten: dem letzten von nur vier je gebauten Bugattis Typ 57 SC Atlantic, dessen Spur sich in den Wirren des Zweiten Weltkriegs im Périgord verlor. Ein halsbrecherisches Wettrennen um den großen Preis beginnt …

»Martin Walker hat die definitive Erfolgsformel für den literarischen Krimi gefunden.«
Frank Dietschreit / Mannheimer Morgen

Auch als Diogenes Hörbuch erschienen,
gelesen von Johannes Steck

Revanche
Der zehnte Fall für Bruno,
Chef de police
Roman. Deutsch von Michael Windgassen

Bruno Courrèges bekommt eine junge Kollegin aus Guadeloupe zur Seite gestellt, die seine Ermittlungsmethoden studieren und ihn in puncto soziale Medien auf den neuesten Stand bringen soll. Doch ihnen bleibt wenig Zeit, denn vor den prähistorischen Höhlen unterhalb der Templerburg Commarque wird die Leiche einer Archäologin entdeckt, die dort nach einem mittelalterlichen religiösen Artefakt suchte. Dessen Fund würde im Nahen Osten für gefährlichen Aufruhr sorgen – von Saint-Denis ganz zu schweigen. Nur eine sehr innige Abstimmung zwischen Brunos und Amélies Ermittlungsmethoden könnte noch rechtzeitig eine Katastrophe verhindern.

»Die *Bruno*-Romane sind reich an Atmosphäre und an Figuren, deren Herkunft sie niemals loslässt. Man kann sie nicht lesen, ohne hungrig und durstig zu werden.«
The New York Times

Außerdem erschienen:

Schatten an der Wand
Roman. Deutsch von Michael Windgassen

Martin Walkers früher Roman über die Entstehung einer prähistorischen Höhlenzeichnung, deren Verwicklung in blutige Kriege und Intrigen zur Zeit der Höhlenmaler von Lascaux und während des 2. Weltkriegs. Die Geschichte gipfelt in dem erbitterten Kampf von fünf Menschen, sie heute zu besitzen. Denn wer diese Zeichnung findet, erhält den Schlüssel zur Aufklärung eines Verbrechens, das bis in die höchste Politik reicht und von dem bis heute keiner wissen darf.

»Ausgerechnet ein Schotte ist es, der das Périgord auf die literarische Weltkarte gesetzt hat: Martin Walker. Schon vor 17 000 Jahren schufen prähistorische Picassos dort Kunstwerke von atemberaubender Schönheit. ›Sixtinische Kapelle der Wandmalereien‹ nennen sie die Höhlen von Lascaux.«
Gerd Niewerth / Westdeutsche Allgemeine, Essen

Germany 2064
Ein Zukunftsthriller
Deutsch von Michael Windgassen

Deutschland 2064: Das Land ist in zwei Welten geteilt. High-Tech-Städte mit selbstlenkenden Fahrzeugen und hochentwickelten Robotern unter staatlicher Kontrolle stehen Freien Gebieten gegenüber, in denen man mit der Natur, bewusst und in selbstverwalteten Kommunen lebt. Als bei einem Konzert die Sängerin Hati Boran entführt wird, muss Kommissar Bernd Aguilar ermitteln. Sein engster Mitarbeiter und Vertrauter: ein Roboter. Doch ist dieser nach dem letzten Update noch uneingeschränkt vertrauenswürdig?

»Faszinierend und ein wenig unheimlich.«
Ariane Arndt-Jakobs / Trierischer Volksfreund

Brunos Kochbuch
Rezepte und Geschichten
aus dem Périgord

100 marktfrische Lieblingsrezepte des Krimihelden Bruno, Chef de police, mit vielen Bildern aus dem gastronomischen Herzen Frankreichs, dem Périgord.

Selbst innerhalb Frankreichs hat die Küche des Périgord einen besonderen Stand: Sie gilt als ursprünglich, köstlich und wird gern in möglichst großer Runde genossen.

Mit vielen Klassikern aus der Gegend wie *Tarte Tatin mit roten Zwiebeln, Kartoffeln à la sarladaise, Bœuf à la périgourdine* oder *Crème brûlée aux truffes,* mit Menüvorschlägen, auch vegetarischen, einem kleinen Weinführer, einer kurzen Produktkunde sowie Brunos hilfreichen Tipps.

Kochbuch und kulinarischer Reiseführer zugleich, garniert mit zwei delikaten Fällen für Bruno, *Chef de police.*